消失的西康

張永久著

目次
Contents

卷二
磅礴的邊地史詩

卷三
醉臥沙場

卷四

那些西征的將士們

引子　一個從地圖上消失了的地方——西康

◎

有一個地方，一旦知道了它的名字，就會魂牽夢縈；一旦踏上了那片土地，就會終身牽掛和思念，至死也不會忘記。

——那個地方如今已從地圖中消失了，曾經的地名叫做西康。

西康有太長的歷史，太豐富的內涵，這本書講述的是近代西康往事。

西康與西藏接壤，其開化卻早於西藏。進入晚清以來，英國人窺伺西藏，與之相連的西康更是成了世人關注的焦點。

最先警惕西康問題的是晚清大臣鹿傳霖。他認為邊事危急，以藏事為最，英國控制了印度、尼泊爾、不丹等國，形成了對西藏的包圍圈；沙俄也不甘示弱，一邊與英國在遠東地帶展開角逐，一邊窺覬西藏。同時西藏分裂勢力沉迷於「大西藏」的迷夢，以瞻對為橋頭堡，試圖向東部擴張。在這種背景下，西康的地理位置便顯得尤其重要了。

鹿傳霖（1836-1910），字滋軒，直隸定興人，清末重臣，也是張之洞的姊夫。曾任兩廣總督、吏部尚書、太子太保。

鹿傳霖在這裡開啟了改革政務的改土歸流，然而卻遭遇到晚清官場同僚的排斥和抵禦，折戟沉沙，失敗得很慘。

接過鹿傳霖改土歸流大旗的，是晚清另外一位大臣趙爾豐。這位人稱「屠夫」的鐵腕人物，上任邊務大臣後即掀起了氣勢磅礴的改土歸流浪潮，試圖通過革新政務來使這塊原始蠻荒的土地煥發活力和生機。但是他的革新同樣以失敗而告終，辛亥革命爆發，趙爾豐不僅未能完成其夙願，還被砍了頭。

這之後是二十多年的空白。不，說空白太過於輕鬆。連綿不斷的災難和戰爭始終籠罩在這片土地上空，在西康，美麗的

西康小知識

西康

「康」是藏族傳統區劃中沿用至今的地域古稱，又譯名為「喀木」、「坎麻」，早先人們的習慣稱謂是「康區」或「康巴」，拉丁文轉寫為「khams」。在藏文中，「康」的原意係指「邊地」，著名藏學家任乃強則認為：「康之得名，源於此地廣闊四通」。

趙爾豐（1845-1911），字季和，生於奉天，清漢軍正藍旗人，曾任山西靜樂、永濟知縣，1905年5月，駐藏大臣鳳全在巴塘遇害，趙爾豐遂被調任建昌道，平定地方土司的叛亂，任川滇邊務大臣，在西康推行改土歸流的政策。1911年被任命為四川總督，保路運動起，趙爾豐曾聯名地方各級官員請求中央改變鐵路收歸國有的政策，未獲允許，後來發生保路運動，引發全省乃至全國的騷動，趙爾豐因此遭免職。武昌起義後，四川獨立，標統尹昌衡進攻總督府，趙爾豐被押至貢院斬首。

景色讓人心痛，悽楚的故事讓人心酸，動盪的局勢讓人心碎。直到一九三九年元旦，劉文輝在康定城的一個操場上宣佈西康省正式成立，這塊土地似乎才從惡夢中驚醒過來。那戎裝的軍人，那戴禮帽的官員，那身穿節日服裝的百姓和喇嘛……多年以後依然歷歷在目。

然而這個新誕生的省份只存活了十六年就消失了。

一九五五年七月三十日，中華人民共和國第一屆全國人民代表大會第二次會議通過撤銷西康省的決議[1]，西康成了一個消亡的名詞，成了人們親切而遙遠的記憶。

◎

其實，西康並沒有真正消失。或者換句話說，西康只是從地圖上消失了，並沒有從人們的心中消失。

許多年來，無論是生活在康區的藏漢邊民，還是外省奔赴邊地的考察者、探險家、科考隊員、商賈以及旅人，他們提到

1 西康省人民委員會亦於一九五五年九月底撤銷，其政務由四川省人民委員會接管。

劉文輝（1895-1976），字自乾，四川人。1938年任西康省政府主席。抗日戰爭時期，贊成共產黨政策，抗戰勝利後，任川康綏靖副主任。1949年12月在四川彭縣起兵，擊退胡宗南的軍隊。中共成立後，歷任西南軍政委員會副主席、國防委員會委員、中國人民政治協商會議全國委員會常務委員、中國人民代表大會常務委員會委員等職。

這個地方時，總會用「西康」、「康區」、「康」等字眼來表述，這是一種約定俗成。

還有那麼多淒美悱惻的傳說和故事，關於戰爭，關於愛情，關於生與死……那些傳說和故事沉澱在這塊土地裡，像一粒粒恒久彌新的鑽石，在記憶深處幽幽閃爍著詭異的光芒，吸引著現代人的靈魂。

請允許我講述兩個小故事，看看西康帶來的快樂和感動。

一

一九二九年初夏，一個偶然的機會，時任川康邊防總指揮部邊務處長的胡子昂看到了一本新出版的、散發著油墨香味的小冊子，書名叫《四川史地——鄉土史講義》，作者任乃強，是他讀北京高等農業學堂時的校友。

胡子昂大喜過望，一封急件寄往成都，要將同窗好友任乃強召到邊陲西昌來作徹夜長談。

任乃強這年三十五歲，應胡子昂之召喚，一襲長衫，一匹白馬，兩個隨從，就踏上了神秘的西康之旅。

胡子昂（1897-1991），原名胡鶴如，字子昂，四川人。1926年任命於24軍的政務委員會建設股主任（劉文輝為軍長），並任川康邊防督辦公署邊務處長，統理川康交界二十多個縣的縣政，開銅礦、建農場、辦銀行、禁鴉片、輕賦稅，建設出一批華西工廠。1946年出任重慶市參議會議長，獲選國民參政會參政員和立法委員，但並不支持國民黨。1949年9月出席中國人民政治協商會議第一屆全體會議，中共建國後，歷任重慶市政協副主席、副市長、全國政協副主席，全國人大常委會委員等職。

誰知他這一去，就終身不渝地愛上了西康。

當時的西康氣候嚴酷，交通閉塞，盜匪橫行，物質生活條件極其艱苦，過雪山時，甚至還會出現前用人拉、後用人推的罕見情景。那次考察歷時一年，任乃強遊遍了康定、丹巴、瀘定、道孚、爐霍、甘孜、瞻化、理化、雅江等川邊藏地九縣，徒步千里，餐風臥雪，歷盡艱險，每到一地，他都不顧高山缺氧，爬到最高處考察地形，測繪地圖，探尋河流、山脈源頭和走向，深入民戶和寺廟調查訪問，考察史蹟掌故。在他眼中，西康的一切都有著神奇的魅力，他為西康特殊的地理、獨特的文化、純樸而又帶有野性的民風所吸引。從西康歸來時，任乃強帶回了五十餘本筆記、近千萬字的資料以及他親手繪成的西康各縣地圖。也帶回了一位極富才情的妻子——羅哲情措。

任乃強娶西康才女羅哲情措為妻的故事，傳說中有多種版本。最為廣泛流行的說法是他為了與藏人溝通。任乃強在他後來的著作《西康圖經》中，提及過這樁奇異的婚姻：羅哲情措是瞻對德雍頭人甲屋村披的女兒，土司多吉朗嘉的外甥女。生於牧場，長於土司家，她身上既有平民精神，又浸染過貴族氣息，其性情足以代表西康人的一般性情，任乃強常常戲稱她為「西康人的標本」。

當時的情形是，任乃強沿著康藏線一路西行，來到上瞻對時，住在土司多吉朗嘉家。這位博學多才的青年贏得了多吉朗嘉土司的極大好感，土司想收任乃強為婿，可惜兩個女兒已嫁人，只好讓最小的養女羅哲情措來擔當此任。嫁人前，羅哲情措與任乃強不曾謀面，養父土司也未同她商量，但羅哲情措出嫁後「一切順從，縱然偶爾意見不合，亦未嘗強爭。」

先是，有喇嘛卜婚，說她不宜入川。跟隨任乃強到達打箭爐後，羅哲情措死活再也不肯走。但經過勸說，她便毅然決定東行。那個夏天的上午，羅哲情措抹去了眼角的淚水，由新郎任乃強陪同走進天主教堂，讓德國女護士給她種痘。她安靜地笑著，神情像窗外的玉蘭花一樣迷人。

從此，羅哲情措與任乃強共涉愛河，成了一對學者伉儷，也成了藏學領域裡一個美麗的傳說。

一九四九年，妻子病逝後，任乃強悲痛萬分，寫了〈悼羅哲情措〉一文。他在文章中剖白心跡，透露了當初的秘密：「余娶此婦，非為色也。當時決心研究邊事，欲藉此婦力，詳知番中風俗語言，及其他一切實況。又當余在瞻對時，曾重罰劣紳土豪數人，慮其途中報復，故結婚上瞻對土司家，藉此自衛。」

自一九二九年的西康之行後，任乃強無數次穿行於西康腹地，生命與那塊土地緊密相連。在藏族妻子羅哲情措的協助下，他先後完成了《西康圖經》之〈疆域篇〉、〈民俗篇〉、〈地文篇〉等著作，全面系統介紹了西康區域的歷史沿革、自然地理、民族風貌，被學術界譽為「開康藏研究之先河」的重要作品，至今仍為康藏研究者的必讀之書。任乃強也成為中國近代藏學重要的奠基人和先驅者。

II

一九三一年，二十二歲的莊學本還是上海一家保壽公司的職員。一個極偶然的機會，他和五個青年結緣組成了「全國步行團」，喊出了鼓舞人心的口號：「憑我兩條腿，行遍全國路，百聞不如一見，前進！前進！前進！」

那次的長途跋涉，莊學本癡迷地愛上了攝影。回到上海，他離開原先的保壽公司，進了一家照相館當學徒。

一九三三年，十三世達賴喇嘛去世，國民政府組織「赴藏致祭專使公署」的使團入藏，莊學本覺得機會來了，辭職後悄悄來到南京，申請自費跟隨入藏。

可是他的夢想卻落空了。赴藏使團抵達成都後，專使大人黃慕松發話，不准記者隨行，莊學本也被認定為「身份來歷不明」，剝奪了他跟隨隊伍繼續西行的資格，莊學本滯留於成都，失望至極。

在一個朋友的幫助下，他在蒙藏委員會辦理了一張去西康的旅行護照，證件上用了「開發西北協會調查西北專員」的頭銜。西康是入藏的必經之地，邊地富有神秘的想像和冒險的性質，對於一個城市青年的吸引力是巨大的。正如莊學本後來在日記中所說：「險地一定多奇事，有研究的價值，有一探的必要。我為了這樣大的使命更應該進去一探。……開發西北並不是空喊口號，要開發整個西北，必先明瞭這個關係重大的腹地。」

從此，莊學本與西康結下了不解之緣。

在那次長達半年的探險旅行中，莊學本途經理縣、瑪律康、阿壩、白衣寺、莫壩桑、清清奪寺、貢馬桑、瓦司爾、康干、康斯爾、松潘、茂縣，免費為那些在地圖和歷史中已消失的土著原住民拍攝照片。每當拍攝了一個家庭或一個人物，他都要在當天晚上沖洗出來，第二天親自送到被拍攝者手中。消息一傳十十傳百，在那塊神秘廣袤的白地（地圖上沒有標注的地方）上，幾乎所有居民都來找莊學本拍過照。

為了和當地人打成一片，莊學本特地買了帳篷。在藏區俄洛，土司夫人那貞汪姆專門為他搭建了一個紅帳篷，給他做沖洗照片的暗房，這在當時是最高待遇。每當沖洗照片時，當地原住民都前來觀看，帳篷外擠滿了人。在彝區昭覺城，莊學本拿出了他私藏的一架留聲機，引起當地原住民極大的興趣，他在日記中寫道：「夷人初聽唱片，以為機中有鬼，因此天天有數百人進城參觀，看了驚奇讚歎，我也就有充分的機會和他們照相或訪問，彼此漸漸也廝混熟了。」

莊學本的攝影及考察活動，幾乎囊括了當時西康社會生活的所有領域：從社會組織形式、生產方式、生活形態、自然生態到文化、宗教、習俗、貿易等。

西康成了他的第二故鄉。這之後莊學本用了十年時間，拍攝了五千多幅關於西康生活場景的老照片，考察了藏、彝、苗、羌、傈、納西等少數民族地區，並於一九四一年在成都、重慶、雅安三城市先後舉辦了「西康影展」，三處觀眾達二十餘萬人次。當時暢銷世界的上海名刊《良友》，也破例地為莊學本開闢專刊，取名《新西康專號》，轟動滬上，風靡一時。

◎

上面的兩個小故事，只是無數奔赴西康的行者中極尋常的兩例。

近年來，藏學成為一門顯學。關於西藏的圖書汗牛充棟，數不勝數；而關於西康的圖書卻是鳳毛麟角，與這塊地方所處地理位置的重要性不成比例。

寫作這本書的過程中，我一次次體會到：已經從地圖中消失的西康是一座含金量極高的富礦，它還有待於人們的挖掘和開發。

古往今來，不知有多少人將西康視為心中的聖地，排除萬難千里迢迢來朝拜。遠的不說，進入民國以來，進入康區考察的人員就數以百計。其中有國民政府特派專使和官員，如黃慕松、馬鶴天、趙一清、劉曼卿、唐柯三、劉家駒、楊仲華、陳重為、柯象峰等；有入康區求教拜佛者，如大勇法師、恒演法師、觀空法師、法尊法師等；還有民俗學者、探險家、旅行家、有組織的科學考察團以及相關機構人員……這些進入西康的人士，留下了大量文字記載，這些史料大多是私人筆記性質，細細讀之，記錄者濃郁的感情躍然紙上，每每欲罷不能。

行走和閱讀，是現代人精神生活領域中最有意義的兩件事。

閱讀這些史料，猶如在故紙堆中遊歷秀美山川，常有美不勝收之感慨。

那麼，走吧，到西康去，領略那裡神奇的一切，寺院氈房皆有生命，山水草木皆有魂魄，千萬個誘惑在遠方召喚，你的生命將獲得洗禮和提升；如果因俗務纏身，一時去不了西康，就坐到書桌前，撳亮檯燈，桔黃色燈光溫暖你身心的同時，西康的陳年往事也會飄過來，環繞在你的身邊……那些筆記野史讀得多了，一個個人物也就活過來，像是熟悉的朋友，同你聊天拉家常，時而快樂時而沉痛地講述著他們的故事。

好長一段時期以來，我就是在這麼一種氛圍中度過的。

哦，西康，有一種魔力讓人心馳神往。那雪域高原，那山野林地，那土司府，那轉經輪，那世世代代生活其間的土著邊民……為什麼總是讓無數英雄為之歌，為之泣，為之喜，為之憂，為之歎，為之神魂顛倒，為之寢食不安！那塊混沌初開的土地，究竟蘊藏著怎樣的密碼？

卷一

瞻對的前世今生

「飛地」的由來

四川省甘孜藏族自治州新龍縣，舊稱「瞻對」。

瞻對南為理塘，西北為德格，是中國內陸進入西藏的必經之地。

瞻對古為白狼國地，從南到北分為上瞻、中瞻和下瞻。俗稱「三瞻」。

相傳，三瞻土司家族源於元代的喜繞降澤。

關於喜繞降澤的出身，有個神奇的傳說：一個藏族未婚少女到雄龍扎嘎神山去朝聖。雄龍扎嘎神山，三面分別是觀音菩薩、普賢菩薩和文殊菩薩的臉譜，中心有一個秘密的山洞，是蓮花生大師的藏寶之地。神山漫山遍野佈滿了神靈，凡是修行到一定層次的人，都可以在那裡找到通天的秘密通道。藏族少女並不是修行之人，但是奇怪的是，轉山歸來，少女神奇地懷孕了，更奇特

西康小知識

轉山

藏人的一種宗教儀式，朝聖者與罹苦者可透過反覆繞走神山（通常是指西藏神山「崗仁波齊峰」）而減少罪愆，據說轉一圈可洗脫過去的罪惡，轉十圈可免於輪迴，轉一百零八圈則可立地成佛。進行轉山儀式的人不僅是為了自己，也為眾生祈福。

的是，嬰兒還在娘胎中，竟能發出「媽媽」的叫聲。不久，孩子降生了，那天清晨，天空出現五彩祥雲，一大群褐色鳥群一邊飛翔一邊呱呱鼓噪，彷彿在慶賀什麼節日。

喜繞降澤未及成年，便皈依佛門，拜白玉嘎拖寺紅教喇嘛益西茂為師。因修道有成，於一二五三年隨佛教薩迦派第五代宗師八思巴赴京城講經，當元世祖忽必烈召見時，喜繞降澤當眾顯示法力，將一桿丈八鐵矛挽成了一個鐵疙瘩。元世祖見後驚喜交加，當場冊封喜繞降澤為「瞻對本沖」（意為有挽鐵疙瘩本事的官），並贈其官印、文書，元世祖笑顏逐開地說道：「你就回家鄉去做一個瞻對本沖，給我治理好那一方土地。」

喜繞降澤回到家鄉後，並沒有去當土司，而是在霍曲河畔的山上修建了一座寺廟，命名為占堆寺（現名羌堆寺）。在喜繞降澤的宣導下，藏傳佛教大行其道，寺廟林立，先後興建了沙堆牙窩寺、日巴湯波寺、大蓋巴如寺、切衣尼古寺、則劣寺、朱倭寺、如幾寺、五花席達寺等寺廟，為芸芸眾生撐開了一片心靈皈依的神秘天地，喜繞降澤生前最後二十年，也成為瞻對藏傳佛教的鼎盛時期。

至今，在甘孜自治州新龍縣，仍然將喜繞降澤受印獲封後回到瞻對的那一天（藏曆臘月十三）作為最隆重的節日紀念。臘月十二日，即是新龍人的除夕，男人們把從山上砍來的樺樹枝用白馬鬃、白雞毛、白山羊毛串連起來，將隨身佩帶的木刀、木劍塗成紅色或綠色，準備在十三節這天敬奉給山神，為自己和家人驅魔避邪。無論男女老少，都要精心梳妝打扮一番。新龍男子的頭飾尤有韻味，頭上染成紅髮辮，人稱「英雄結」，據說與慘烈的戰爭有關，雖然鮮血染紅了頭顱，仍然一往直前，康巴漢子的威武勇猛栩栩如生，使人想起中國古代神話中那個人物——頭顱斷了依然勇猛直前的共工。

夜幕降臨，靜謐的村莊喧鬧起來，村民們點燃了麥稈做成的火把，在房前屋後口念咒語驅除妖魔鬼怪。然後所有人都手持火把，向空曠的田野聚集，高聲呼喊著妖魔鬼怪的名字，將手中的火把扔到一起，不斷添加用來驅鬼的柏樹枝，撒上青稞酒、糌粑、酥油、茶葉、大米……熊熊大火沖天燃燒，村民們圍繞著火堆轉經，男女青年紛紛開始在火堆上跳來跳去，身穿紅袍的喇嘛在一旁齊聲祈福，祈禱黴運結束，好運開始。

我常常暗自揣摩：喜繞降澤的傳說中，到底隱藏了什麼樣的密碼？

遙想當年，喜繞降澤從京城歸來，將受封的土司印信交給他的兩個妹妹，自己卻獨自一人轉身，毅然朝霍曲河畔的占堆寺走去。

西康小知識

轉經

佛教用語，指唱誦佛經、轉動藏經的層龕，藉以祈福的儀式。

一顆狂野而又寂寞的心，期盼能找到一個恬淡的場所。喜繞降澤在小香爐裡點燃藏香——那是採集多種天然名貴藥材，由高僧親手製作而成的藏香，嫋嫋青煙中，他在氈毯上打坐，微閉雙眼，手捻佛珠，不停地轉動著經輪，在寺廟柔和的燈光下，喜繞降澤顯得神聖而又莊嚴。

在傳說中，喜繞降澤手拈一枝花，微笑著站立於藍天白雲之間。靜穆的佛光中，他的臉上流動著彩霞，像是一尊迷人的大佛。他的笑發自內心，發自心靈深處，人們看上一眼，靈魂就會為之戰慄震撼！

——喜繞降澤在佛教中找到寧靜了嗎？

這是一個沒有答案的問題，給人們留下了無限的遐想空間。

喜繞降澤挽丈八鐵矛為鐵疙瘩的故事，透露出的訊息是瞻對先民強悍尚武的風氣。這種剽悍的民風，一直在瞻對延續。清朝前期，瞻對土司便以桀驁不馴聞名於世，屢次三番與清廷武裝對抗，清廷曾五次用兵瞻對。這種武裝對抗的結果為後來的歷史埋下了伏筆，直接影響了瞻對的命運。

對瞻對的討伐，最初的起因是該地區的「夾壩」。

「夾壩」是藏語，意思是攔路搶劫。「夾壩」在西康是普遍現象，除瞻對外，果洛、三岩等地也屢有發生。生產力低下，民風剽悍，致使西康治安基本處於無政府狀態。因瞻對直接毗鄰川藏大道，其搶劫行為更容易受到中央政府關注。他們的搶劫不僅針對商人、旅行者和探險家，有時還針對清廷軍隊，如乾隆九年（一七四四年），西藏江卡汛清軍撤防回川，途經下瞻時遭遇「夾壩」，馱馬、軍器、行李、銀兩、糧草等悉數被劫。乾隆皇帝嚴詞訓令，讓四川巡撫紀山處理此事。征討一度增兵至兩萬餘人，但瞻對以其碉樓戰術頑強抵抗，清軍內部上至欽差督提下至普通士兵，普遍厭戰，一場大規模征討竟不了了之。

近代著名藏學家任乃強先生，娶妻羅哲情措，即為瞻對女子。任乃強所著《西康札記》一書中，有篇〈瞻對娃〉寫道：「瞻對娃剽悍橫豪，馳名全康，鄰縣人聞瞻對娃名，莫不恇怯避之也。」瞻對民間舊時習俗：殺人不用償命，最多也就是賠償命價了事。因此，瞻對的兇殺案層出不窮，聞名整個西康。甚至發生過這樣的事：在甘孜街頭，四個瞻對娃對峙十幾個人，竟以瞻對娃的凱旋歸來而鳴鑼收兵。

喜繞降澤是在那片混沌未開的蠻荒之地成長起來的一個瞻對娃，從小見慣了野蠻的械鬥、群毆、搶劫、各種酷刑乃至殺人放火，他希望在藏傳佛教中尋找到一片心靈的淨土。喜繞降澤或許已悟到了生命的真諦，他說：芸芸眾生，內心生滅無常，凡事均需適度。藏傳佛教具有人們所期望的未來宇宙宗教的內涵：它超越個人化的神，涵蓋自然和精神兩個方面，達到天人合一。然而，喜繞降澤夢想的天堂是那麼遙不可及，瞻對這塊苦難深重的土地，將繼續在黑暗的深淵中掙扎沉淪。

貢布朗結的誕生，意味著這塊土地上又一輪苦難的開始。

貢布朗結生於瞻對瓦達寨，年幼時在一次械鬥中被打傷左眼，人們稱他為「布魯曼」，意思是瞎子娃娃。據地方史料記載，貢布朗結是喜繞降澤的後代，但是他卻與先祖走上了截然不同的道路，成為瞻對歷史上赫赫有名的奴隸起義首領。

對於貢布朗結其人，民族史學界歷來有著較大的爭論：有的盛讚他是農民起義的英雄，有的斥罵他是製造戰亂的魔鬼。對於他與清政府以及周邊土司發生的無數爭鬥，有的稱之為「民變」，有的稱之為「擴張」，眾說紛紜，莫衷一是。

最初的糾紛源自於世代家仇。為了爭奪世襲的農奴、土地和財產，從先祖的某一代開始，這個龐大家族的諸多成員就展開了無何止的糾纏、械鬥和仇殺。

貢布朗結出生時，當地一位名喇嘛曾預言是「魔鬼降生」，而另一位名喇嘛則說他是「護法神」的化身。貢布朗結從小性情殘酷，喜歡傷害生命，見到螞蟻、蟲子、老鼠、麻雀等，都要將其整死。年歲稍長，他跟著哥哥羅布出外闖蕩，經常夥同一些夷蠻青年摔跤、賽馬、打靶，四處搶劫。

有一次，他跟隨哥哥到爐霍搶劫，遭人出賣，哥哥羅布被逮捕，戴上鐐銬，關押在地牢裡。爐霍土司去看他，說道：「最兇殘的鷹鷂也嚮往自由，最懶惰的流氓才追逐錢財。聽說你是瞻對最凶最凶的人，今天倒要看一看，是不是也會趴在我腳下，哀求留條活命？」羅布回答：「即使我死九次，也不會向你這個吃詛咒的人投降。」說著便拖著腳鐐向爐霍土司衝去。爐霍土司嚇得倒退幾步，從看守士兵手裡奪過刀來，當場將羅布刺死。

得知哥哥的死訊，貢布朗結嚎啕大哭，那一刻他感到自己成熟了。

在家族成員的耳濡目染下，在哥哥暴死噩耗的刺激下，貢布朗結發誓要報仇雪恨。成年以後，他率眾先後奔襲爐霍及上、下瞻對地界，進而進攻甘孜、德格、理塘，侵佔明正、麻書、孔撒、章谷、白利、魚科、朱窩、納妥、靈蔥、革什咱等十三部落。貢布朗結率領隊伍，一路遇鬼殺鬼、遇佛殺佛，甚至公然向維持川邊秩序的清軍叫板，多次與清軍部隊作戰。據駐藏大臣景紋在給清政府的一份報告中稱：西起打箭爐（今四川康定），西到察木多（今西藏昌都），北到德格，橫亙萬餘里，無不遭其荼毒。報告中還說，貢布朗結的常用手段是：或暫結姻親，充作人質，或勒逼從逆，旋復殺害。

景紋，正黃旗漢軍旗人，佐領楊慶之次子。他的這份充滿怨氣的報告，是在入藏途中受阻的情況下寫成的。當時，因受貢布朗結的侵擾，曾經勢力浩大的明正土司已逐漸衰落，撤掉了西康入藏沿途的驛站。景紋的團隊走走停停，輾轉拖延，一段並不算長的入藏之路他竟走了四年才到達拉薩就職。不難想像，面對強悍的貢布朗結，委屈地蝸居於雪山腳下帳篷裡的駐藏大臣，內心曾有過怎樣的悽楚與悲涼？

當時清廷正受到太平天國的猛烈衝擊，石達開率部進入四川，清廷不得不從瞻對分兵應對，川邊地帶一時虛空。直到太平天國運動的後期，湘軍幫助清廷穩定了局勢，清廷才得以騰出手來，處理瞻對問題。

其具體方案是：由西藏地方政府以及乍丫、察木多、類烏齊三地的宗教集團共同調集一萬餘名藏軍部隊進入川邊，與四川軍隊合力圍剿貢布朗結。

但是很快，清廷發現犯了一個錯誤。藏軍軍紀很差，到達巴塘後，即肆意搶劫掠奪，無端拆毀民房、商鋪和橋樑，對聯合作戰的川軍也不甚友好，曾有前來投送公文的士兵被藏軍抓捕，脫光了衣服，戴上腳鐐手銬，丟進地牢。

四川總督駱秉章在一封奏摺中向朝廷表示了他的擔憂：瞻對之患未除，根基又被騷動。駱秉章指出，「眼下四川腹地與石達開鏖戰正激，籌募糧餉本來已顯困難，現在又要為防剿不得力、只知搶劫自肥的一萬餘名藏軍提供帑金，為臣認為實在沒有必要。」

駱秉章的上疏受到了景紋的嚴厲指責。景紋在遞交給朝廷的一份新報告中指出：「藏兵業已進逼至瞻對酋賊的老巢，屢次獲勝，正在得手之際，若遽然撤退，不僅前功盡棄，且將來遺害更大。」景紋滯留川邊的尷尬處境，決定了他寫這份報告時的態度；而他的態度，又決定了清廷在瞻對問題上的取捨。本來還在搖擺不定的清廷採納了景紋的建議，繼續任由藏軍會同川軍追剿貢布朗結。

同治四年（一八六五年）八月，貢布朗結的勢力被徹底翦滅。孤獨地蜷縮在瞻對碉樓裡的貢布朗結，此時已是一位風燭殘年的老者（六十六歲），親眼看見家族裡的親人一個個在戰亂中喪生，他那顆堅硬的心終於破碎了，他匍匐在地上，親吻著冰冷的石頭，泣不成聲。「我們現在該念六字經啦——」貢布朗結雙手合十，率眾朝著白雪覆蓋的神山高聲朗念「唵嘛呢叭咪吽」，企盼靈魂得到超度。那一刻，貢布朗結與他的先祖喜繞降澤的靈魂神奇地會合了。

當天傍晚，寨子裡的碉樓燃起了熊熊大火。

村民們被那場大火驚呆了。火焰泛起一片奇異的紅光，似波濤翻滾，濃濃的黑煙中，有人聽見貢布朗結的大兒子其米貢布吼了一聲，又聽見一聲槍響，接下來便沒有了動靜。萬籟俱寂，死一樣的寂靜籠罩了整個寨子……

第二天，大火熄滅，燒毀的碉樓兀立在風中，空氣中飄蕩著肅殺的味道。藏軍在廢墟中核對屍體，只發現了貢布朗結幾個妻妾子女的遺骸。景紋在寫給清廷的請功報告中描述攻破碉樓後的情景道：「卑職等在大火焚燒後即進入碉樓，驗明貢布朗結屍身，雖係被火焚燒，容貌模糊，其佩帶金飾腰刀等物，大概形狀尚可辨認，經訊問各土司，均稱貢布朗結被火燒死，並無差錯。」

實際情況並非如此。據當地村民說，那天傍晚大火燃燒起來後，貢布朗結便帶著幾個親信隨從逃出了碉樓，擬經玉樹逃往蒙古，途經雄龍扎嘎神山時，遭遇雪崩，眾人遇難。

正如村民們背後議論的那樣：占堆家的祖輩都是神的後裔，到了貢布朗結這裡，偷盜搶劫，製造械鬥，無惡不作，已經變成了魔鬼的化身。

在貢布朗結生命的最後幾年，鋒鏑餘生，他似乎有所皈依，手捻佛珠，搖動轉經輪，默念「唵嘛呢叭咪吽」，虔誠信佛，也想戒惡向善。但是西康這塊土地上連綿不斷的戰爭培植了野蠻尚武的民風，加之殘酷惡劣的生存環境，使得他們有著比其它區域人種更強壯的體魄和更堅強的神經。佛教是反暴力的，但是藏傳佛教是佛教與苯教的融合體，苯教源自西藏，是最古老的原始宗教，它以咒語為本源，給暴力留下了合理的空間。

貢布朗結事件平息後，清廷面臨著一個問題：對這塊一百多年來的肇禍之地如何善後？

也許是這塊土地的劫數未盡，瞻對再一次陷入了紛亂的漩渦中。

當時的四川總督駱秉章建議將瞻對劃給西藏，清廷在當年十二月發佈上諭：「所有瞻對上中下三處地方，即著賞給達賴喇嘛。」

關於這段史實的原委，後來的四川總督鹿傳霖和川滇代理邊務大臣傅嵩炑都曾經在相關文件中有過說明。

鹿傳霖在奏疏中云：「剿滅貢布朗結的戰役中，四川委派道員史致康率兵至打箭爐，延宕不進。藏軍先攻克瞻對，藉口耗費兵餉三十萬，要求朝廷償還。其時川中局勢未穩，財政支出困難，駱秉章建議劃地維穩，朝廷因念藏軍破賊有功，遂降旨將三瞻賞給達賴喇嘛，派藏官管理。」

傅嵩炑的奏疏中說得更明白：「貢布朗結肇亂之初，四川總督為駱秉章。適逢有石達開之亂，無暇顧及瞻對戰事，而藏軍已派兵東來，各土司群起而助藏軍。駱秉章飛檄止藏軍，藏軍不聽，駱總督即派史道員率兵前往瞻對。誰知史道員至打箭爐，畏怯不前，等到藏軍攻克瞻對，史道員往收其地，藏人索賠兵餉三十萬金。史道員報告給駱總督，駱以府庫空虛未允。後與藏人達成協定，以割讓瞻對為西藏飛地為代價了結這樁公案。」

西康小知識

苯教

又稱本教、缽教，因教徒頭裹黑巾，俗稱黑教。是佛教傳入西藏之前，西藏最流行的宗教，崇拜天地日月、雷電冰雹、山石草獸等自然界的神靈。

從此，川邊腹地出現了一塊由西藏管理的飛地。

瞻對劃藏很可能是出於四川總督「甩包袱」的消極態度。瞻對民風強悍，從「夾壩」到土司擴張，屢屢成為川邊動盪不安的因素，清朝五次用兵瞻對，四川當局疲憊不堪，又始終不能徹底解決問題，索性將瞻對交由西藏管理。

瞻對劃藏後，西藏地方政府即派官赴任。藏官治理瞻對的辦法極其嚴酷。每任官員到任，即張貼公告：不准捕獵殺生，不准修建寺廟，不准造房、挖貝母、淘金……公告雖然如此，如果賄賂禮物，所有的禁令又會暗中解除。他們常常以修官寨等為藉口，派以餵馬、造紙、挖壕溝等各種差役。

按照西藏地方政府為瞻對地區制定的頭賦章程：「瞻對每千餘戶每歲應納金銀、青稞、酥油、茶草、奶渣等物，按中等估價共合銀一萬二千八百二十兩。」僅論這項額度，並不算太高，但問題在於，除了正式規定的稅賦外，駐瞻官員私自規定的苛捐雜稅以及因事恫嚇欺詐的費用，要比正式稅賦多出三倍。

西康小知識

飛地

飛地是一種特殊的人文地理現象，指隸屬於某一行政區管轄但不與本區毗連的土地（《辭海》一二〇頁）。

為這些規章制度助紂為虐的是駐瞻官員經常使用的酷刑，包括挖眼、抽筋、砍手、剁腳、割鼻子、剮舌頭、從高山推下摔死、用牛皮包裹身體投入水中等等。瞻對百姓在民歌中唱道：「不是聖土，是罪惡的地方；不是神兵，是作惡的鬼卒；不是佛官，是妖魔的替身……」

光緒十五年（一八八九年），瞻對頭人撒拉雍珠曾領導了一場起義，將藏官「禮送」出境。但是很快清廷便採取了鎮壓的態度——第六次用兵瞻對，將撒拉雍珠捕獲殺頭，重新讓西藏管理瞻對。變故突如其來，又轉瞬平息，新任官員赴任，一切恢復照舊。光緒皇帝在給軍機處的一封密件中寫道：瞻對地方同治年間已交給達賴喇嘛管理，不可失信。如該商上（達賴喇嘛辦事機構之總稱）能清除苛政，妥為撫馭，則瞻對境內自然會呈現出靜謐祥和的景象。

據佛經記載，雅礱江河谷為「大地之肚臍」，雪山環抱的瞻對，潛藏著超自然力的最高智慧，通過「大地之肚臍」與整個世界秘密連通，從而牢牢地控制世界，讓世界始終處於均衡狀態。佛經上還說，在「大地之肚臍」那裡，漫山遍野生長著奇珍異樹，還有天國的廟宇、無數法器、珠寶以及各司其職的神靈。

——這真是一個美麗的傳說。

但是歷史並沒有如此美好。瞻對劃歸西藏後，不僅邊患未能消弭，反而因藏官介入，愈發成為多事之區、肇亂之源，加劇了西康的動盪不安。此後幾任川督（鹿傳霖、岑春煊、錫良），無一不想收回瞻對，但都因清廷瞻前顧後，疑慮重重，未能成功。

本書中的故事，就是在此背景下逐漸展開的。

演藏戲的土司府

色達草原位於雅礱江上游，是西康最著名的天然牧場。沿著一條色曲河北上，河的兩岸是連綿起伏的山丘，以及許多開滿了野花、牧草豐美的草溝。早晨下了一場雨，現在雨停了，陽光燦爛，草原上水汽蒸騰，到處是朦朧的霧氣，在陽光照射下，金色的霧海雲蒸霧繞，使得整個色達草原看上去更像一個仙境。

色達草原的深處，世世代代生活著瓦述村三百戶村民。相傳，瓦述村民是蒙古人的後裔。很久很久以前，蒙古一個大部落裡的三個兄弟發生爭執，難以共處，最小的弟弟帶著十幾個家族成員向南方大遷徙。途中遇到了一個喇嘛，喇嘛指點說：走到一個有金馬的地方，那裡便是你們的領地。喇嘛說完話就消失了。他們繼續朝南方走啊走啊，翻越一片群山，面前是大片大片的草原，再回頭看時，剛才翻過的那座山形狀正像是一尊馬頭。於是他們在這裡安營紮寨，從地下挖出了一塊塊母馬形狀的黃金。這裡土地肥沃，溪流眾多，牧草豐盛，在藏地，母馬象徵著財富，象徵著強壯的生命繁殖力，為祝福未來的日子，他們將這個地方取名為「金母馬貝」。

「金母馬貝」是藏語，譯成漢語就是色達。

瓦述村的村民常年過著游牧生活，逐水草而居，居無定所，從來沒有屬於他們自己的村落。

故事發生的年代，瓦述村的頭人名叫索布德，在蒙古語裡，這個名字象徵美麗的珍珠。可是那一天，索布德的心卻像冰冷的石頭。不，比冰冷的石頭還要寒心。

西藏官員三番五次來村子裡騷擾，任意擄掠，強行攤派差役糧餉。本來已按頒佈的稅賦條款繳納了金銀、青稞、酥油、雜糧等物品，又遭威逼勒索，強令繳納綿羊、犛牛、鹿皮、蟲草、貝母等，以及烏拉（意指：差役）若干，西藏官員進村當天，瓦述村供給酒飯兩桌。那個肥頭大耳的官員臨走時滿嘴噴著酒氣，一邊打著飽嗝一邊說：三天以後他們還會再來。

今天就是第三天。索布德揪心地朝草原張望，五顏六色的帳篷像雨後蘑菇，盛開在草原邊緣，縷縷炊煙升起，給靜謐的畫境增添了幾分生機。忽然，遠處傳來噠噠的馬蹄聲，十幾個藏兵騎在馬上，從一條溪流那邊迤邐而來，人影越來越近，馬脖子上的銅鈴聲，像鐵釘敲打在棺木蓋上的聲響。

士兵們挨家挨戶地敲門，揚起的皮鞭比毒蛇更兇狠。

轉眼之間，藏族騎兵已經來到了索布德的面前。

一陣馬嘶聲和叫罵聲，索布德感到眼前的情景一片混亂，沒等他來得及多想，一把四五尺長的彎刀已經逼到了鼻子底下，刀鋒閃爍著白光，寒氣逼人。為首的官員是個紅臉大漢，說話聲音有點發沙，問道：貢品準備得如何？索布德臉上強堆笑意剛解釋了幾句，就被旁邊一個士兵打斷了，「啪」地一聲，皮鞭抽斷了路邊一叢野花，他粗魯地罵了一句，喝令索布德少說廢話。

當天下午，士兵們帶走了十幾袋玉米、六十隻羊和二十四張狐狸皮，還帶走了瓦述村的頭人索布德，以及經常跟在頭人身邊的奴僕阿巴。

那次人間地獄的經歷驚心動魄，索布德每一想起當時的情形都會不寒而慄。在檔案館堆積如山的資料中，馮錄事記下了頭人索布德來官府告狀時的回憶：

小的被番官帶到他們的地界，將小的和阿巴戴上腳鐐，丟進黑屋再也不管。一直挨餓受凍，不敢吱聲。到第二天下午才被拖出黑屋，後來阿巴的耳朵就被割下了，眼珠也被挖掉了……

據索布德回憶：他被帶出黑屋時，眼睛被太陽光刺得發疼，十幾個藏兵圍在四周，他和阿巴像是被戲耍的猴子，在場子中間被藏兵們推推搡搡。他跪在地上，輪番向士兵們磕頭，請求繳納貢品的時間再寬限幾天，話還沒說完額角上就挨了一腳，接著索布德聽見一聲慘叫，阿巴的一隻耳朵被刀割下了，旋即又割下了另一隻耳朵，兩隻鮮血直滴的耳朵在托盤裡蹦跳著，像兩隻紅色的小動物。那個瞬間，索布德看見阿巴央求的眼神，悽楚可憐至極。再過一會兒，那雙悽楚可憐的眼睛也沒有了。一個士兵剜掉了阿巴的雙眼，也丟在托盤中，端到索布德面前，讓他仔細瞅瞅，一個官員大聲吼道：再不按時繳納貢品，這就是你的下場！

由馮錄事手抄的這份狀紙上，還記錄下了索布德的其它陳述：藏官百端盤剝，小的們實在苦不堪言。牧民烏金，一次被派差役因腹疼病重未去，罰款藏洋兩百元；牧民曲打，一次喇嘛念經沒有去坐經，罰藏洋三百元；曲打被逼於雨夜趕往丹巴城，賣了一頭奶牛和兩桶酥油，湊足了三百元藏洋前往繳款，藏官又說過期要加倍罰款六百元藏洋。他求藏官暫時收下，餘款以後再補，藏官說一文錢也不能少。曲打實在沒有辦法，表示願意留下來當差役，藏官也不要，他只好到處借錢籌款，設法湊足了六百元藏洋。牧民阿藹，家中因夫妻關係不和吵架，正好被路過的藏官撞見，當場罰款一頭犛牛。阿藹正在氣頭，嘴上不肯服輸，說他只認罰一隻綿羊，結果當時被挑了腳筋，成了跛足。阿力布上山打獵，被藏官抓捕，說是偷獵，阿力布不服，頂撞了幾句，藏官將他裹進一張牛皮，丟入水塘活活淹死……。

其它情況，馮錄事手抄的狀紙上記載不多，只有寥寥數語寫道：「索布德回到瓦述村後，連夜召集牧民開會，商討對策。」

那天傍晚，索布德牽著新瞎子阿巴，回到了色達草原上的瓦述村。

聽說頭人回來了，牧民們從四面八方聚集在他家前面的草場上，十幾根松明火把將草場照著通明。

以往牧民們的聚會，大多是為跳鍋莊而來，隨著馬頭琴沙啞的聲響，牧民們圍成圓圈，手牽著手，跳起歡快的舞蹈。可是這一次，牧民們聚集在一起，是商討他們未來的命運。因此無論是漢子還是婆姨，臉上的神情都肅穆莊重。尤其是看到被牽出來的瞎子阿巴，其悲慘處境使他們聯想起自家的經歷和遭遇，不由得黯然神傷，長嘘短歎，有的婆姨忍不住抹起了眼淚。

那次聚會從頭到尾都充滿了憤怒的情緒，牧民們平時壓抑在心中的怒火一旦爆發，像爆發的火山一樣顯得混亂無序，連會議主持者索布德都險些控制不住局勢。幾個激動的漢子叫嚷著要去拼命，另幾個年齡稍大的牧民則提出，同藏官拼命無異於以卵擊石，將會遭致瓦述村全村覆滅，有滅族的危險，不如去投奔清廷——牧民們不知從什麼地方得到了消息，四川總督鹿傳霖新近已上任，對藏官的野蠻行為極度不滿。

會議經過一番爭吵，結論慢慢浮出水面：集體投奔明正土司，尋求保護。

明正土司是西康著名的四大土司之一，全稱為「四川長河西魚通甯遠宣慰司」，從明朝永樂五年（一四〇七）其祖先阿旺堅被大明皇帝授予土司職位時算起，已經世襲了五百年。明正土司的本部，主要由木雅、嘉絨、九龍、木里等古老部落的「西番」組成。據傅嵩炑《西康建省記》中考證，西康土司一般都以地名命名，唯明正土司例外，取「光明正大」之義命名。明正土司管轄六個宣撫司、一個土千戶、四十八個土百戶，負責打箭爐的縣政，為眾土司的首領。關於明正土司所轄土地，《西康建省記》云：

> 其土司府居於打箭爐，所轄部落縱橫千餘里，東自咱裡土司界起，西至雅礱江理塘土司界止，南則越雋廳毗連，北則章谷屯接壤，其四隅與各土司連界之處尚多，惟所居之打箭爐，天氣寒冷，百穀不生，四面皆山，地方狹小，中有小河，水勢洶湧，商賈傍河兩岸，而貿易焉。

打箭爐即今康定，相傳是諸葛亮西征時造爐打箭的地方。

有一首歌叫《康定情歌》唱道：「跑馬溜溜的山上，一朵溜溜的雲喲；端端溜溜的照在，康定溜溜的城喲……」《康定情歌》唱遍了大江南北，也紅遍了長城內外，雖說本故事發生的年代，這首歌還沒有誕生，但是歌中所唱的「跑馬山」，是著名的跳鍋莊的好去處，與明正土司大有關係。

相傳明正土司的祖先喜歡狩獵。一天和同伴去打獵，晚上宿在半山腰的一個岩洞裡，睡至半夜，忽然被鼓樂之聲驚醒。睜眼一看，天上紅光四射，彩雲飄蕩，如同白晝。一群身著錦衣彩裙的仙女在草坪上翩翩起舞，優美的曲調，他平生沒聽過。土司王將曲譜暗中記下，回家後編成一本歌舞集，讓他所管轄的四十八家鍋莊練習。每年舊曆五月十三，土司府都會吹響嗩吶，燃燒柏枝，祭祀天神，這天還要舉行跳鍋莊比賽，歌舞曲譜就是土司王聽來的仙樂。

據說，明正土司的後裔中混雜著康熙十七子，也就是後來的果親王的血緣。

雍正初年，西藏有準噶爾寇逆騷擾，清廷派果親王赴藏，抵達川邊打箭爐時，與明正土司府關係融洽，逗留良久。當時果親王二十多歲，風雅而能作詩文，吸引他「逗留良久」的原因，是因為打箭爐有個美麗女子王蹙蹙，妙齡新寡，豔名遠播。果親王與善解人意的王蹙蹙一夜風流，生下了後代。後來，因果姓家中兄弟倆意見分歧，便將果字分為甲、木兩家，分地而居。木土司遷往金川，甲土司留在打箭爐。

傳說有多少可信的成份已不可考，但是明正土司衙門的大門上，懸掛著果親王親筆題寫的一塊匾，上書「武威將軍」四字，威風凜凜。明正土司把這塊匾懸於司衙大門正中，任何清朝官員來土司衙門，都得在匾前下馬下轎，而明正土司卻不必向官員下跪叩頭，其地位更加顯赫了。在明正土司府，還有一條繡著九條龍的套服，平時秘不示人，只要尊貴的客人到來，才有幸一見。

索布德帶領瓦逑村牧民前來投奔明正土司府的時候，明正土司傳承到第十六代，土司王是甲木參瓊望。藏語中，「甲木參」的含義為「勝利之經幢」[1]。

就瓦逑村牧民投奔事宜，甲木參瓊望召集了明正土司府的「內閣會議」，請「作涅清波」主持，各大管家以及鍋莊輪值的頭人全都出席。會上，那些大管家、頭人紛紛發言，表達他們對治理官員的憤懣情緒。有人提出要「針尖對麥芒」，拿起刀槍去同他們決一死戰。

老土司王甲木參瓊望坐在一張豹皮座椅上，一言不發。受會場氣氛影響，甲木參瓊望的內心裡升騰起了一種渴望——那是已經消失多年的征戰殺敵的渴望，遙想年輕繼位時，他率領明正土司府的千軍萬馬開拓疆域，衝鋒陷陣，那是多麼讓人嚮往的歲月啊！可是現在，他老了，不能親自披甲上陣了，更重要的是，他還必須考慮明正土司家族未來的命運，不能逞一時之強，使整個家族陷入深淵。

[1] 經幢：刻有經文的多角形石柱。

他還依稀記得第一次上山狩獵時的情景：身著獸皮做成的衣服，頭上戴著樹枝編織的荊冠，臉上塗滿了油彩，跟隨老土司王父親出征。父親一路上都在給他講述土司家族的故事，講述土司府中那些燙金的匾額、生鏽的土炮、折斷的槍、獸頭、獸皮等等戰利品的來歷，父親的聲音低沉而又沙啞，把甲木參瓊望帶回到了久遠的歲月。父親說，做一個土司王並不是享受，懂得享受是生命的奢侈品，做一個優秀的土司王，要有毅力，能吃苦耐勞，要掌握訣竅，能屈能伸，還要有仁愛之心。到了晚年，甲木參瓊望對藏傳佛教有了更深的理解，才真正明白父親所說「仁愛之心」的含義，藏傳佛教要求信徒做到知恩、念恩、報恩，重放生，忌殺生，發大慈悲心。因此，當甲木參瓊望面對瓦逑村牧民流離失所的處境和孤獨無助的眼神時，他沒有半點猶疑，當場決定收留了瓦逑村三百戶牧民。

但是土司王已經老了，面對一天天逼近的衰老，甲木參瓊望躲進了佛教中，尋求簡單而又寧靜的生活。

明正土司府裡，幾個頭人對收留瓦逑牧民有異議，消息傳到了老土司王耳朵裡，他派人將那幾個頭人叫來，給他們講了藏傳佛教中的一個故事：

兩個僧人去朝聖，途中遇到一條湍流不止的小河，有個又老又醜的老太婆坐在河邊，乞求僧人背她。其中的高個子僧人感到厭惡，沒有理睬，自顧自撩起僧袍涉水而去；另一個矮個子僧人，背起老太婆踏入漩渦激蕩的河中。就在這時，不可思議的事情發生了！河中央水流湍急的地方，僧人的毛料僧袍像神奇的氈毯一樣飛舞起來，他背上的重量遽然消失，回頭一看，他看見傳說中的智慧之神——金剛瑜伽母在頭頂上優雅地微笑，沒等矮個子僧人會過神來，就被金剛瑜伽母伸手拉到了一個長滿奇花異草的地方——那裡是傳說中神祇的淨土，他得道了。

老土司王甲木參瓊望講述了這個故事後不久就去世了。明正土司的位置，由他的弟弟甲木參瓊珀（後改名甲宜齋）繼位。此事發生在光緒二十八年，也就是西元一九〇二年。

甲宜齋決定為他的哥哥操辦一次隆重的葬禮。

西康地域與西藏唇齒相依，葬禮風俗也大致相同，主要形式有天葬、塔葬、火葬、水葬和土葬。甲宜齋為他哥哥老土司王選擇了火葬。奴僕們特選了上等木柴，堆砌成交叉狀，將老土司王放置於柴堆上「坐定」，往上堆砌木柴，木柴堆過頭頂時，澆灑酥油和青稞酒，先從底部四周點火，數百喇嘛面對火堆誦經，讚頌老土司王一生的功德，祝禱他靈魂升天。

甲宜齋還請來了一個藏戲班子，為他的哥哥超度靈魂。

藏戲的主要特徵是戴著面具演出。國王的面具是紅色，象徵威嚴；王妃的面具是綠色，象徵柔美；活佛的面具是黃色，象徵吉祥；仁者的面具是白色，象徵純潔；巫女的面具半黑半白，象徵複雜的人性；妖魔的面具青面獠牙，象徵恐怖和邪惡。

演出沒有戲臺，就在土司府前空曠的場壩上開演，觀者如堵，四面八方的鄉民都來了，把演藏戲的場地擠得水泄不通。

劇情簡單粗放，從開天闢地說起，主要講述明正土司家族的大事件，開場由十餘個戴著面具的演員輪番出場，飾演獅子、老虎、仙鶴等動物，然後轉入藏戲主題。按照明正土司府的安排，藏戲要連續演七天，才能演完整個故事。

喧天的鑼鼓聲中，一個身穿大紅袍的喇嘛出場，朗聲獨白：「先祖上山狩獵，夜晚宿在一個山洞裡，半夜被一陣仙樂驚醒，他睜開眼睛一看，身著錦衣彩裙的仙女在舞蹈——」隨著喇嘛的獨白聲，一群仙女在草坪上翩翩起舞，土司先祖混雜在仙女中，作驚喜莫名的表情。戴紅色面具的先祖與戴綠色面具的仙女在場上跳了一會，喇嘛再次出場，獨白道：「先祖歸來後，將他在山上聽到的仙樂記下，改編成鍋莊曲譜。」換裝後的一群夷族男女登場，圍繞先祖土司邊唱邊跳，在場的眾人皆唱和之，全場頓時掀起了排山倒海之勢。

當年那位藏戲編排者無名氏先生還把明正土司府最近發生的一些重大事件串連起來，合理地編入了劇情中。講到瓦述村牧民屢次三番受藏官侵擾，民不聊生，不得不前來投奔明正土司的情節時，喇嘛登場獨白：「番官又騎馬前來，無端催逼糧款。」幾名戴白面具的小丑身背法器上場，興風作妖，噴射煙霧，扮出種種滑稽詼諧的表情，觀眾嗤嗤發笑。再一轉身，白面具變成了黑面具，小丑的角色也變成了惡魔，青面獠牙，蓬頭散髮，在場上蹦跳撲跌，象徵擄掠燒殺，全場觀眾為之憤怒。

演出進行到第五天，忽然出現了變故。

有一個喇嘛模樣的人慌慌張張前來報信：由一個仔仲營官帶隊的西藏兵已經打到了少吾石喇嘛寺一帶，明正土司府的槍隊喝令對方停止前進，對方不聽，反而燒毀房屋，踐踏青苗，當場殺害數十人，其餘的砍耳、斷手、剜眼珠，不計其數，老百姓生靈塗炭，沒遇害的人大都被抓走，關進了地下黑屋。那個喇嘛說，他沒有被殺掉純屬僥倖，因為藏官需要一個人給明正土司府報信，挑來挑去選中了他，才免遭殺戮。

演戲的演員們停了下來，全場熙熙攘攘，像山風吹過樹林時掀起的喧嘩。一會兒又變得寂靜無聲，眾人的目光投向新土司甲宜齋，只等他一聲號令，就會奔赴前方殺敵。

關於那場戰事的起源，據清朝官方記載：實因瓦述村牧民投奔明正土司而引發。瓦述村民投明正土司後，藏官並不善罷甘休，前往明正土司府追逼瓦述村的糧餉。經過幾次反覆談判，老土司王甲木參瓊望答應每年另外繳納藏洋七十兩抵作瓦述村的糧餉。誰知不久老土司王病逝，新土司甲宜齋剛剛繼位，沒有及時繳納錢糧，藏官前來催逼，有個名叫奪洛的瓦述頭目不服，用獵槍打死了一名番兵，藏官復挾忿增兵，大肆滋擾，進而發生了上面的悲劇。

就在明正土司府辦理喪事演出戲劇前後，番兵到少吾石喇嘛寺等處焚殺搶掠，大肆蹂躪。新蒞位的土司王甲宜齋現場發佈號令，調兵抵禦，經過幾番廝殺，雙方互有傷亡。讓人難於接受又不得不接受的事實是：在更為強悍的番兵面前，明正土司府的軍事力量顯得單薄脆弱，他們一步步撤退，甚至於到了潰不成軍的地步。

明正土司府歷經了數百年的輝煌，如今不僅輝煌不再，而且面臨著覆滅的危險，在危急的形勢面前，新土司王甲宜齋能想到的唯一辦法，就是派人去向清朝的官府求援。

縣官張繼墨經出山

此時，新任命的瞻對縣官正在赴任途中。

這位縣官叫張繼，字少齋，甘肅人。事情發生的時候，張繼的母親去世了，按清制，無論何人任何官職，從得知父母喪事的那一天起，必須放下公事，回到老家守喪二十七個月，這叫丁憂。話說張繼正在家中丁憂，忽然接到四川總督鹿傳霖的一封加急公函，信上寫道：「西藏番官肆意侵擾，川邊局勢堪憂，已派提督周萬順率兵前往進剿，望少齋接信後，墨經從戎，迅速率領泰安中左營出關應援，辦理善後事宜。」

張繼接到老上司鹿傳霖的信函後，便率領泰安中左營的兩營士兵，匆匆忙忙往打箭爐方向趕路。

考察昔年入藏的路途，分為五條：四川、西寧、雲南、新疆和印度。張繼率兵奔赴打箭爐，走的是西寧入藏之路，這也是清代官員和一般商人常選擇的路徑。踏上這條路，一是覺得此處地

西康小知識
墨經從戎

漢語中「絰」的解釋，是指古代喪服中，圍纏在頭上和腰間的散麻繩。墨絰從戎，意思很明確，就是要張繼丁憂期間從軍作戰。墨絰從戎的故事，自古以來並不少見，太平天國戰亂期間，湘人曾國藩在家丁憂，接到清廷的聖旨，身穿黑色的喪服奉令征討，為清廷延緩了幾十年的基業。

大，一是覺得此處人稀，沿途盡是荒山野草，再往西走，便是起伏連綿的雪山，很難看見一棵大樹，房舍依稀，寥若晨星。從蘭州臨行之前，張繼有所準備，特意雇用了四十八頭馱騾，用來運載兵器輜重，然而行軍途中，還是遇到了種種難於言說的困難。張繼後來所著的《定瞻廳志略》一書，真實地記錄了當時的情景。

在〈皮船競渡〉一節，張繼寫道：「夷地多以皮船渡河，以人達溝為最險。水野而船小，每每失事。其製以木作架，繃以牛皮，圓似農家斗笠。每船可容三四人，一人盪槳，泛泛焉如飄萍。坐必停勻，稍偏即翻。此次大兵進瞻，淹斃不下十數人……」寥寥數語，當時的危險遭遇活靈活現。

〈妖幻篇〉一節，展現的是另一情境：「夷地人煙稀少，則鬼怪叢聚，深山大澤中，不敢高聲朗語，否則風雨冰雹立至。此地最信山神，常有人出門後失蹤（或掉入狹谷深淵，或遭遇搶劫斃命），人們便說此人是被山神抓去當差了。常有貿易商客，乘馬忽然倒斃，亦說是冒犯了山神。曾親眼看見一夷民，無緣無故在山道上狂奔，氣喘不止，此人甦醒過來後，說他此番舉動是在為山神牽馬。這次行軍途中，在雪山凍斃大兵數十人，後來當地多了一個傳說，說是山神作祟。山民們傳聞，經常見到有數十人騎馬而過，忽焉而沒。又傳聞寨外往往有鬼哭之聲，十數天不消，當地番民請喇嘛來祀神，又有蠻鬼跪在一旁聽經……。」

字裡行間透露出的混沌蠻荒資訊，細細品味讀到的是艱辛。

經過一個多月的艱難跋涉，張繼率領兩個營的士兵到達瞻對，臨時租借了幾套房屋，搭建起了一個臨時縣衙。這恐怕是中國近代史上最簡陋的一個縣衙門：沒有照壁[1]、牌坊、院落以及象

1 照壁：廳堂前與正門相對的短牆，具有遮蔽、裝飾的用途。

徵權力威嚴的太陽、祥雲和麒麟狀怪獸，只是在當街的顯眼處，豎立了一面「鳴冤鼓」，供老百姓喊冤報官之用。

開張辦公的第二天，有人敲響了鳴冤鼓。

敲鼓的人是明正土司府派遣來的使者。那位夷族漢子急如風火地敲擊了一陣大鼓，然後像一團旋風颳進了屋，一膝跪在縣官張繼面前，申訴道：

稟告漢官大人，小的主子是明正土司，自古以來都是大皇上的好百姓，並無犯法偷竊各事。近來藏族番官隔三差五來欺侮小的，不知受了他好多苦楚。番官過界時，所派烏拉要照數支應，每年所收各處糧餉貨物也要照數支應，不能短少一分一文。近日番官又生事惹非，藉瓦述牧民投明正土司之故勒索錢財……。

縣官張繼叫來了衙門裡的錄事，記錄下了這次申訴內容。

張繼在《定瞻廳志略》中，扼要記下了明正土司那位使者告狀的內容：

革什咱瓦述三百家，不堪其虐，逃至明正地方游牧。藏族番官以此為辭，每出侵擾，明正老土司無可奈何，歲納藏銀七十兩，逆焰稍息。去歲老土司病故，小土司尚未承襲，未與此款，番官帶兵侵擾少悟石寺以上地方，明正土司士兵抵禦敗績，藏兵遂燒毀房屋數站之遙，殺害數十人，其餘截耳斷手挖目者，不計其數。又生擒數十人，置之黑屋，大兵收寨後始釋放出，氣息僅存，慘不忍睹。

不難想像面對明正土司派遣來的告狀使者時，縣官張繼是怎樣的沉重心情。送走那位夷族漢子後，張繼叫人準備一乘綠呢小轎，他要去拜訪頂頭上司、巡邊來到瞻對的四川總督鹿傳霖，詳細彙報事情的來龍去脈。

四川總督鹿傳霖巡視川邊，已經在爐城（打箭爐）駐留好幾天了。

鹿傳霖，字芝軒，河北直隸人。父親早年擔任過貴州都勻知府，在一次苗民起義中喪身。奄奄一息的父親被人抬回家，鹿傳霖侍奉於病榻前，親眼目睹了一個親人死亡前痛苦掙扎的全部過程，父親的死，成為他永遠的痛。這之後鹿傳霖發憤讀書，同治元年（一八六二）中進士，旋選庶起士。他從廣西知縣做起，歷任知府、道台、按察使、布政使、巡撫等職，光緒二十一年（一八九五），鹿傳霖升任四川總督。

然而上任後，鹿傳霖才意識到，自己面對的是一個極其複雜的處境。

晚清政府內外交困，邊事危急，以藏事為最。英國在完全控制印度後，繼續向北擴張，逐步控制了尼泊爾、不丹等喜瑪拉雅山諸國，形成了對西藏的包圍圈。沙俄帝國此時也不甘示弱，他們一邊與英國在遠東地帶展開角逐，一邊窺覬西藏。同時，西藏分裂勢力沉迷於「大西藏」的迷夢，以瞻對為橋頭堡，試圖向東擴張。在這種背景下，清政府中的部分有識之士產生了警覺，採取了諸多革新西藏政務的積極對策。其中的重要人物之一，便是鹿傳霖。

鹿傳霖所開啟的川邊改土歸流，是革新西藏政務舉措中的一個組成部分。

所謂改土歸流，指的是改土司制為流官制。土司即原住民的首領，流官則由中央政府委派。改土歸流有助於消除土司制度的封建性和落後性，同時加強中央政府對邊地的統治權。對於瞻對問題，鹿傳霖頗有遠見，他深知四川與西藏「唇齒相依」的關係，又懂得加強川邊革新的重要性。如果西藏一旦遭遇英俄等國侵略，川軍可以在一夜之間渡江去支持西藏，在給清朝皇帝的一份奏稿中他寫道：「瞻對今日之得失，實關乎川省之安危。收復瞻對，不獨保川，兼可保藏。」

鹿傳霖從小跟隨父親在邊地貴州做官，對邊地原住民的生活方式、日常心態、野蠻習性等諸方面均有較深的瞭解。這次赴爐城巡邊，他隨身帶的侍從中，有一個黑臉大漢名叫馬龍，綽號「賽敬德」，是武藝高強、力能舉鼎的驍將。鹿傳霖讓人安排在爐城最顯赫的街口擺下擂臺比武，四個身穿藏袍的紅臉壯漢朝天吹響長號，嗚嗚的號角聲像一排滾地雷，招攬爐城遠近的遊人。擺擂臺的意義重在威懾，擂臺擺了好幾天，並沒有英雄上臺挑戰，場面上未免有點冷清。最後幾天，鹿傳霖讓人安排了好幾場高手比武，整座爐城著實熱鬧了好幾天。傳說也在當地不脛而走：清朝大官帶來的武功高手，一個個比水滸一百單八將還要厲害！

拐過一個街角，縣官張繼提前下了綠呢小轎，帶了兩個跟班隨從，直奔鹿傳霖的臨時住處而來。

鹿傳霖見到一身素服的張繼時，心裡忍不住有一絲動情。這些年來，張繼一直是他的得力助手，遭遇母親病亡，本該讓他盡夠孝心，丁憂期滿再召回官府，無奈眼下時局維艱，他實在需要這個助手。

雖說房間環境簡陋，但是鹿傳霖還是安排了最高規格的接待，親自出迎、讓座，吩咐下人倒茶，一個總督大人對一個屬下知縣如此禮待，這使得張繼感動不已，心中泛起了「士為知己者死」的念頭。

張繼彙報了邊地危急的情狀，鹿傳霖久久不語。他在沉吟，當著下屬的面，有些話不知道該不該講？該如何講？

光緒十五年（一八八九），瞻對百姓不堪其苦，奮起反抗，曾驅逐藏官，懇請將瞻對內屬四川督府管理。但是朝廷的態度卻耐人尋味：一方面派兵鎮壓了瞻對反抗的百姓，另一方面對西藏方面撫慰疏導，結果卻讓藏軍捲土重來，殺戮起事首領數人，仍由西藏地方政府派駐藏官，且增兵八百和堪布[2]一人助守，其虐尤甚於前。

鹿傳霖身為官場中人，且官至總督，不能不看朝廷的臉面行事。但是地方工作實踐中的經驗告訴他，在處理飛地瞻對的問題上，朝廷錯了。按照鹿傳霖的想法，為保川圖藏，應力主收回瞻對，改土歸流，進而規劃川邊其它土司部落，使之從野蠻走向文明。從近處說，是鞏固川邊疆域；往遠處說，能取到威懾西藏地方政府的作用。他還打算鋪設一條從成都到拉薩的電話線，及

2 堪布，僧官的一種。

時溝通邊情，面對強敵壓境，川邊藏區需要形成統一的力量，西援西藏，以抗英俄，東固藩籬，以保川蜀。但是這一切想法，卻未必能得到朝廷的認可和支持。一念至此，鹿傳霖心頭禁不住掠過了一絲寒意。

「藏俗馭民最苛，藏官治瞻尤虐，四鄰土司，無不受其侵害。」鹿傳霖開口說道，他的態度謹慎，字斟句酌，慢悠悠的語速像是一座老式座鐘的鐘擺。

那天下午，四川總督鹿傳霖與瞻對縣官張繼的即席長談，已經沉澱在時間的長河中，成為一個費解的謎。根據史料中透露的隻言片語，我們知道那天下午的長談內容涉及到的多半是駐瞻對的藏官。

張繼的《定瞻廳志略》中專門闢有〈叛逆篇〉，講述了駐瞻對的幾個主要藏官的情況：對堆奪吉，西藏地方政府派出的管理瞻對的一號官員，官職為代本。因其在瞻對肆意施行苛政，曾受到過清廷欽差大使的彈劾，但是情況反映到西藏上層，達賴喇嘛不僅沒給處分，反而提升其官職為噶布倫。[3]

事涉明正土司一案中，對堆奪吉率兵初以詐敗示弱，誘明正土司兵力至松林口，然後鳥槍土炮四面圍攻，一哄而上，明正兵作鳥獸散。明正土司控告後，對堆奪吉又採取詭辯術，稟報達賴

[3] 西藏官職中，代本有八，噶布倫有四，噶布倫較代本更進一階。西藏地方政府的官員中，素來都以駐守瞻對為肥差，被派往瞻對的官員，往往要行賄才能獲得。不僅要向達賴喇嘛進貢，還要賄賂其左右。而這些賄賂的費用，要加倍從瞻對老百姓那裡索取。

喇嘛，聲稱拘押瞻對百姓並不是羈押，而是瞻對百姓拒繳稅捐，只好扣留人質作抵押。達賴喇嘛偏聽他的一面之辭，反過來責備清廷袒護明正土司。

明正土司府有一婢女，名叫芝麻，年輕貌美，風情萬種，不知怎麼被對堆奪吉看中了。一天，忽然有十數名藏兵闖進寨子，抓捕芝麻，開庭訊問，安在她身上的罪名叫做「莫須有」。為首的官員問：「身為婢女，你為何要與主人通姦？」芝麻跪在地上，淚水漣漣，搖頭申辯說她沒有。藏官不容她分說，將她戴上枷鎖，口稱要送去充軍。可憐芝麻的丈夫，竟因娶了這個漂亮妻子，反成滅口的禍根。丈夫被拖到一個山谷裡，用木棍捶死，丟進了波濤滾滾的雅礱江中，連家人都找不到他的屍首。而美女芝麻被引回爐城，不是充軍，是進了「瞻王」府，做了「瞻王」對堆奪吉的新婦人。

縣官張繼在《定瞻廳志略》中，還記錄了對堆奪吉不服從四川總督鹿傳霖管束的幾樁事實：接到明正土司的控告後，鹿傳霖曾派千總秦雲龍前往處理，秦雲龍率兵至瞻對，被對堆奪吉的士兵攔住，不讓進寨子。秦雲龍說：「在下是四川總督派來解決糾紛的。」對堆奪吉冷笑道：「四川總督官再大，也管不到我的頭上！我與明正土司爭地，關漢官何事？若再多事，小心我率兵打到成都，活捉你們的總督鹿大人！」又有一次，藏官與章谷土司發生糾紛，鹿傳霖派羅以禮、李飛龍等率兵前往處置，路途中被藏兵開槍擊傷數人。並公開對抗，聲稱瞻對的事情不容清廷插手云云。類似的事多了，鹿傳霖心中的憤懣可想而知。

西藏派駐瞻對的二號官員名叫則忠雜雄，大金川人，少時無賴，混跡鄉里，偷竊搶奪，為村民們所憎惡。後因一次霸佔民女未成，遭當地夷人追殺，他逃到了西藏。當時，西藏敗給英國後，正急於在社會上網羅人才，則忠雜雄不知怎麼被挑中，初任仔仲小官，統領二百餘人。對堆奪吉獲得了瞻對的統治權後，不知從何處知悉則忠雜雄是從邊地逃出的本地通，主動邀約他回鄉統治瞻對。則忠雜雄感謝對堆奪吉的知遇之恩，心甘情願做了對堆奪吉的門下走狗。

一百年前，縣官張繼在他那部傳世不多的著作中，還隱藏著一個秘密。書中的《總志》部分第六頁寫道：「……一切皆秉承督憲旨意而定。」督憲即指四川總督鹿傳霖。如此說來，那天下午鹿傳霖與張繼的交談，意義之重大不言而喻。聰慧過人的張繼，準確把握了頂頭上司鹿傳霖的心思。後來無論是在攻克瞻對碉樓的戰役中，還是在官場疾風暴雨般的爭鬥中，張繼都是四川總督鹿傳霖的急先鋒和馬前卒，以至於後來其政治命運急速宕落，險些沉沒——這是後話。

種種跡象表明：鹿傳霖試圖在瞻對問題上有所作為。在給朝廷的奏疏中他寫道：「訪悉情形，知瞻對為全蜀門戶，瞻民既苦番官之虐，久思內附，正宜設法收回其地，以固吾圉。」儘管清廷此時的立場是保持邊疆穩定，儘量避免挑起事端，惹出糾紛。鹿傳霖決意在瞻對問題上採取強硬態度，應該說是充滿風險的，他的政治前途說不定會因此而毀掉，但是鹿大人卻義無反顧。

「大風起兮雲飛揚，威加海內兮歸故鄉，安得猛士兮守四方！」一曲大風歌，從浩瀚無涯的邊地上傳來，驚天動地，激蕩著四川總督鹿傳霖的心扉。現在，他覺得收復瞻對時機已到，一切都準備好了，只需要一個機會。

而這個機會，果然很快就來了。

章谷與朱窩

鹿傳霖與張繼在那天下午交談後不久，川邊地帶連續發生了一系列矛盾糾葛，使得整個局勢更加緊張和動盪。這其中，章谷與朱窩之間爭奪土司繼承權的戰爭，成為鹿傳霖後來收復瞻對、川邊改土歸流的導火線。

乾隆時期，尼泊爾入侵西藏，清廷發詔討伐，川邊各土司隨清軍征戰有功，戰後論功行賞升官晉爵，賜與印信號紙和官服衣帽，霍爾地區土司孔薩、東古、麻書、章谷、朱窩，被乾隆皇帝封為「霍爾五家」，著稱於世。[1]

元代，「霍爾」指蒙古人。「章谷」是藏語，意思是懸崖上的部落。翻譯成現代漢文字：霍爾五家是蒙古族的後裔，因為戰亂、饑荒、瘟疫或者其他原因，他們向南方大遷移，流落到川邊的這個蠻荒之地，安頓下來，開荒墾地，放牧牛羊，生息繁衍，開始了一個古老部落的新篇章。

據當地人傳說，霍爾五家的五個土司王，其祖先是同一家族的五個兄弟。但是在利益面前，即便同一家族的兄弟往往也會爭奪廝殺，血流成河。何況，經過若干年代的傳承，五個兄弟的後

---

1 歷史上的「霍爾」，即今天的爐霍縣（由打箭爐至霍爾，為當時入藏的主要通道，故取名「爐霍」），原名霍爾章谷，隸屬於打箭爐廳，屬土司管轄。

代已經成為各統領一方的土司王，為了維護各自的利益，他們分分合合，時而聯姻示好，時而械鬥仇殺。像是一幅時晴時雨的邊地風情畫，透露出原始與淳樸，也透露出野蠻和血腥。

第九代章谷土司名叫汪青瞻登，年滿四十，仍然沒有生下一個兒子，這讓他倍感焦慮。其時由於連年戰亂，章谷土司已經臨近破落的邊緣。尤其是清同治年間，貢布朗結多次侵擾瞻對，到章谷土司的轄區內燒殺擄掠，汪青瞻登親自率兵反擊，屢戰屢敗。貢布朗結佔領了章谷土司的地盤後，重新委派頭人管理土司府事務，致使汪青瞻登大權旁落。在這樣的背景下，章谷土司無子繼承王位的問題，就顯得尤為突出和緊迫。

汪青瞻登並不是一個性格強悍的土司王，但是他也不糊塗，有自己獨立的判斷和思考。在與章谷土司保持友好關係的土司中，麻書土司有個兒子叫扎西汪加，經過商談，麻書土司願意將扎西汪加送給章谷土司「兼祧」[2]。這是一個有點苛刻的繼承方案，但是汪青瞻登也沒有辦法，只能接受。怪只怪老婆的肚子不爭氣，這麼多年沒有生下一個兒子。

汪青瞻登所沒有想到的是：過繼來的這個兒子扎西汪加，不僅沒能解決章谷土司後裔的傳承問題，反而惹出了一大堆麻煩事，將這個家族拖向了深淵，並最終導致章谷土司的世襲統治走向完結。

---

2 「祧」是祖廟之意；「兼祧」，意指在宗法制度下，一名男子兼作兩家的繼承人。此處意指扎西汪加不僅承接章谷土司的血統，也同時承接麻書土司的血統。

扎西汪加過繼後，已到了婚配的年齡，老土司王喜滋滋地為他籌辦婚事。女方是朱窩土司府中的千金，名叫其木格，蒙古語「花芯」之意。陽春三月時節訂婚，延請喇嘛誦經四日，土民們從四面八方前來祝賀，人山人海，跑馬較技，喇嘛降福，說不盡的熱鬧，看著下人分發五色酥油糌粑的情景，老土司王禁不住叩拜蒼天，祈福章谷土司的基業能夠順利延續。

婚後的扎西汪加，讓老土司一天天越來越感到失望。

川邊地帶是塊由土司管轄的領地，大小土司共有二百多家，清廷冊封的官職有宣尉司、宣撫司、安撫司、長官司、土千戶、土百戶等，麻書土司原來是一個特別小的土司部落，隸屬於章谷土司管轄，扎西汪加從小在麻書土司家中長大，沒受到多少良好的教育，加之自幼受戰亂影響，又有藏官從中節制性，所以性格孱弱。扎西汪加遇事不敢決斷的性格缺陷，成為制約他將來執政能力的軟肋。

而他所娶的妻子其木格，偏偏是個性格強悍的女子。自從娶進土司府後，小倆口就爭吵不斷，甚至經常將老土司汪青瞻登也牽扯其中。兩代土司與其木格之間最根本的分歧，是章谷土司的領導權歸屬問題。其木格認為，兩代土司王都過於軟弱，應當將分散在頭人手裡的土民管束權收回來。兩代土司王分辯說：並不是他們不想收回管束權，而是在多年的事務中，那些頭人已經掌握了權力，而且成了他們離不開的拐杖，加之藏官從中作梗，因此更不能操之過急，不然的話，有可能使章谷土司內外出現更大的混亂。

光緒十八年（一八九二），老土司汪青瞻登的病故，將這場矛盾糾葛推向了一觸即發的地步。

其木格趁丈夫扎西汪加為老土司王辦喪事之際，在家中收拾了清廷賞封的官印、文書、案卷等物，連夜潛逃至娘家朱窩土司府。扎西汪加發現時，已經是第二天上午，他趕往朱窩土司府去討要官印、文書，順便想領回妻子，卻無端招致了一頓惡罵。幾個奴僕像惡狗一樣朝他撲來，架著他的胳膊往外推。上午的陽光裡，扎西汪加看見妻子其木格站在一架樓梯下，滿臉掛著鄙夷的冷笑。

扎西汪加指望妻子能站出來幫他說幾句話。終於，其木格開口了，言語卻比冬天的寒冰還要刺骨。其木格罵他是窩囊廢，不配享有土司王的權力，官印和文書如今歸朱窩土司了，往後章谷的事情，由朱窩土司來管！

那個失敗的男子，不知道當天是如何走出朱窩土司府的。明晃晃的太陽掛在天上，他卻感覺像是一面冰冷的鏡子，體會不到一絲溫暖。

第二天，他來到了清朝知縣張繼辦公的衙門裡，惡狠狠地告了一狀。

原始邊地有一女嫁多夫的陋俗，這是母系社會留下的印痕。昔日西康，女性地位普遍高過男性，有的地方，甚至還殘留著女性生殖器崇拜的遺跡。有個一女多夫的女王谷，據說那裡的碉堡也分公碉和母碉，公碉上有男性生殖器狀物體凸出，母碉上則鑲嵌著類似女子百褶裙線條的木條，顯要位置還懸掛著一幅會陰的圖案。

著名藏學家任乃強先生云：「番家兄弟數人共娶一妻者甚多，謂如此可增進兄弟情誼，消滅家庭之亂。女子亦不以嫁多夫為恥。婚禮成後，女子住一室，兄弟皆寢他所。有輪到值班者，方能入女子室內，以其帽或靴帶掛在門上，後來者望見，自行避開。女子生育了後代，眾兄弟均被呼為父親，並不考究生父是誰。女子管理鑰匙，為一家之主，有左右男子之力。其關係頗似漢人之多妻妾者。」

在談到邊地的婚俗之風時任先生說道：「川邊女子對於貞操二字，不知作何解，姐弟翁媳私通之事，皆極為尋常。女子結識貴人，必誇炫於眾，母親有外遇，竟當兒子的面，未嘗有忸怩態……。」

以上文字並非無事說野狐禪，而是要說明一個事實：民國前的邊地西康，母系社會留下的印痕十分濃厚，女子的地步極高，放到這個背景下去理解其木格的所作所為，一切疑惑就能迎刃而解。

縣官張繼赴瞻對上任後，親自到各地進行調查研究，足跡遍及瞻對全境，考察地形，詳其制度，對邊地的民俗風情無不瞭解透徹。他對扎西汪加告狀的內容，一點也不感到奇怪，對其木格的橫蠻霸道，也有充分的思想準備。他有些同情眼前的這個男人，心裡嘀咕道：「沒有好馭術，哪能制伏得了紅鬃烈馬！」

送走扎西汪加後，張繼一個人坐在衙門廳堂時琢磨起來。

琢磨的結果是，他認為這是樁小事，兒女情長，家長里短，小倆口爭吵賭氣，算不了什麼大事。頂多也不過是土司家族內部的權力之爭，加以疏導和調解，土司夫婦很快就能重新和好。

張繼坐著一頂綠呢小轎，帶了三五個隨從，來到朱窩土司府。見到有清廷官員上門，朱窩土司先恭後倨，笑著將張繼迎入土司府內，倒茶拿煙，忙個不停。張繼直奔主題，說了章谷新土司扎西汪加告狀一事，讓朱窩土司將官印和文書交出來，免得矛盾擴大。

一聽這話，朱窩土司那邊的人臉上頓時變了顏色。其木格的父親——朱窩土司索諾木多布丹是個火爆脾氣，像點燃的爆竹一蹦三尺高，開口道：「堂堂大漢官，小民全指望大人作主了，沒想到大人的屁股竟坐在了仇人一邊！」

張繼耐心勸導，說紮西汪加是朱窩土司的女婿，不應該成為仇人。

索諾木多布丹不容張繼多加分說，擺擺手，讓手下奴僕送客。張繼還沒來得及反應，已經被幾個壯漢推推搡搡，推到了土司府外的場壩上。這樣的舉動，對於縣官張繼來說簡直是莫大的羞辱。朱窩土司內屬清廷管轄，從行政上說，張繼是朱窩土司直接的頂頭上司，如此以下犯上，是可忍孰不可忍！

然而此刻，張繼只能強忍住心頭的一口惡氣。他身邊只帶了三五個隨從，如果朱窩土司撒蠻動武，恐怕要吃大虧。張繼是個愛琢磨的人，琢磨來琢磨去，上策仍然是撒腿走人——儘管有點臨陣脫逃的味道，卻也無可奈何。

為了維護大清官員的尊嚴，張繼臨離開前，丟下了一句狠話：讓朱窩土司迅速交還官印文書，不然後果自負。索諾木多布丹好像沒把縣官張繼的尊嚴當回事，站在土司府門前的石獅旁邊，叉著腰，大聲嚷道：「有一隻活狼，就有一隻死羊。要交官印，就拼個魚死網破。如果漢官不講理，我就去找藏官論理！」

張繼一愣，站在那兒又琢磨了一陣，終於，還是灰溜溜地走了。

回到臨時衙門，張繼給鹿傳霖寫了一份報告，講述了章谷土司與朱窩土司發生的事端及其後果的嚴重性，派差役火速送往成都總督府。

四川總督鹿傳霖一旦介入這件事，就意味著事件迅速升級。先是派人率兵，團團包圍了朱窩土司府，將索諾木多布丹摘去頂戴，沒收官服，勒令其限期交還章谷土司的官印文書。

這樣一來，更是加速將朱窩土司推向了清廷的對立面。索諾木多布丹連夜派人趕赴瞻對「瞻王府」，取得藏官對堆奪吉的支持。有他撐腰，朱窩土司變得張狂起來，有恃無恐，公然向章谷土司和章谷土司背後的清廷叫板。

戰事一觸即發。光緒二十一年（一八九六）冬，朱窩土司第一次向章谷土司宣戰。接到戰書後，扎西汪加沒有直接回應，而是冒著紛紛揚揚的大雪趕赴打箭爐，直奔張繼的臨時衙門告急。在張繼率兵直接干預下，這場戰事沒打起來，掐滅在了萌芽狀態。

但是次年二月，朱窩土司重新調集兵力，宣稱要攻打章谷。這一次行動的背後，顯然是有藏官在支持，在朱窩土司下的戰書上，索諾木多布丹明確表示：瞻對的官員不會坐視不管，將派兵援助。

章谷土司的官印、案卷乃至權柄的交替更疊，本來就與朱窩土司無關。在這場搶奪官印等物的案件中，朱窩是無理的一方，受損的是章谷，朱窩本無動武的道理，可是主動調兵動武的偏偏是朱窩！種種跡象表明：朱窩只是在前臺表演的傀儡，背後真正的操縱者是瞻對的官員。

這年鶯飛草長的四月，鹿傳霖派知府羅以禮前往打箭爐，查辦章谷朱窩土司爭襲案。羅以禮率兵到達之日，發現瞻對藏官已先期抵達章谷，勒令當地大小頭人出具投靠瞻對官員的字據，併發了通知，聲稱將於某月某日開庭審理章谷、朱窩土司爭襲案。

章谷、朱窩土司均內屬清廷管轄，瞻對官員本無權過問，如今他們卻反客為主，要搶奪章谷、朱窩土司的歸屬權，實在是可惡至極。據史書載：當時瞻對方面陸續增兵數百，意欲與清軍作戰，雙方僵持，氣氛十分緊張。

恰在此時，發生在爐城（打箭爐）的一件小事，像火星點燃了乾柴，熊熊大火在川邊地盤上猛烈燃燒起來。

爐城是四川至西藏的交通樞紐，晚清時期已頗有幾分現代城鎮的氣息。雖說季節已進入四月，但這裡依然濃霧瀰漫，狂風怒號，氣候也異常寒冷。街上行走的居民和商旅都穿著棉襖，有人還披上了西藏獨有的氆子大衣。

這一天，羅以禮部下的幾個四川兵來到城西一家酒館，老闆是個甘肅人，以極富邊地風情的鵝火鍋聞名爐城。四川兵在酒館裡坐定，叫了幾盤特色小菜，要了一壺川邊老酒，邊喝邊聊天，等候鵝火鍋。

一會兒，一群藏兵走進了酒館，大聲吆喝著叫「掌櫃的」，甘肅老闆應聲稍遲，便是一頓斥責。他們故意尋釁，要挑選酒館裡的最雅致的包廂「鴻運軒」，而鴻運軒裡明明坐著一群四川兵。甘肅老闆躬著腰低聲解釋，藏兵不吃這一套，急吼吼地掀板凳捶桌子，把個清靜的酒館鬧得烏煙瘴氣。

有幾個川兵看不下去了，捋起袖管出了鴻運軒，要同他們講道理。野蠻尚武的年代，荒涼混沌的邊地，講道理的惟一辦法是用武力說話。雙方沒講上幾句就拔刀相見，接著有人開了槍，雙方各有傷亡。

有句話叫做「邊境無小事」，何況邊城酒館裡還開了槍，出了人命。本來就夠緊張的瞻對局勢再度升級，從此槍炮聲不斷，局部戰役遍地開花，清廷與瞻對的武裝正式交火了。

鹿傳霖寫給清廷的報告中，關於局部戰事的紀錄隨處可見——

知府羅以禮行抵章谷，駐紮舊寨，與番兵所踞新寨僅一矢之遙。漢官親往開導，該番仍敢相恃頑抗，約千餘人於寨牆內遍開炮眼，並有朱窩土司及喇嘛寺從逆之人助之。五月二十六日晨，漢兵十二人前往河溝取水，番兵三十餘人齊出爭鬥，施放槍炮以暗擊明，漢兵未及防備，當場轟斃二名，受傷八人。羅以禮見兵端已開，且軍心忿不可遏，亦率領漢兵及明正、麻書土司士兵放槍抵禦，傷瞻對番兵六名，生擒二人，並割首級兩顆，奪馬兩匹。

二十七日早上，瞻對番馬隊三百餘人自右山窪地竄士而出，意在撲我右哨營房。羅以禮率孔撒、麻書、白利士兵馬隊上前迎敵，並從老河口截其歸路，前後夾擊，槍炮齊轟，漢土士兵無不奮勇爭先。瞻對番兵力不能支，向山後敗竄而去。是日午刻，復有朱窩從逆馬隊百餘人前來挑戰，當即被我部擊傷數人，紛紛落馬，逃入附近碉樓躲避。我軍奪獲戰馬六十六匹。

三十日，瞻對番兵新添馬隊二百餘人，高踞山巔，俯視舊寨，勢欲猛撲。我部兵分兩路，一由山前要道直上堵截，一由山後繞出斷其後路，瞻番分兵抗拒。適值雨大風烈，只好暫時收兵回營。當夜即發起偷襲，朱窩逆從據險憑高，拼死抵抗，我軍奮勇向前，有進無退，相持一時之久。朱逆力不能支，紛紛敗竄，傷斃數逆，生擒一人，奪獲青稞十數袋，我軍麻書士兵亡一名，傷勇丁二人。遂將擦窪逆寨焚毀，整隊而還……。

——到處硝煙瀰漫，邊地的戰事如火如荼。

康北霍爾十三寺，一個美麗至極的地方。

深入瞭解了西康的歷史之後，不管怎麼看，那些寺廟都有一種無言的憂傷。

霍爾部落是個神秘的族群。西康歷來為藏族棲居之地，蒙古人為什麼會進入康區？又是在什麼時間進入的康區？這些疑問都已成為歷史長河中的謎團。

從目前掌握的資料來看，蒙古人第一次進入康區是在明末清初，進入康區的蒙古人在首領固始汗率領下，通過武力強佔了康區，並以蒙古霍爾種人分治於此。固始汗到了晚年，對年輕時率軍入康殺伐過度而感到十分懺悔，有心在康北各地廣建佛教寺廟，以贖其罪。固始汗委託僧人昂翁彭措經辦此事。昂翁彭措是個頗有名望的大學者，他與固始汗一起，在五世達賴喇嘛面前跪拜立誓：要在康北建造十三座格魯派寺廟。

清順治年間，昂翁彭措來到康區，在今天的甘孜、爐霍、道孚等地先後建造了十三座寺廟，分別是甘孜寺、更薩寺、孔瑪寺、桑珠寺、大吉寺、扎覺寺、壽靈寺、西科寺、卡娘絨寺、尼措寺、班日尼寺、則色寺和東谷寺。桑珠寺是其中最後建造的一座，取名桑珠寺，意為十三座寺廟已如願完成。

而此次鹿傳霖派兵圍剿朱窩土司的若干次戰役中，有一座寺廟深陷其中，飽受摧殘，幾近凋零。

——那就是霍爾十三寺中的壽靈寺。

鹿傳霖寫給清廷的報告中，關於這座寺廟深陷其中的文字只有寥寥數語：「大軍抵達之日，有麻書、孔撒、白利土司士兵四百餘名，會同作戰；章谷士兵一百五十名隨後應援。朱窩逆匪既不悔罪，潛入章谷寺為瞻番助勢。……章谷寺僧眾素與瞻番勾結，見其敗竄，率黨眾數百人由山梁而下，施放排槍為其接應。」

章谷寺即今壽靈寺。簡短文字的背後，蘊藏著難以抹滅的記憶。

僅在光緒二十二年（一八九六）八月這一個月，大小戰役就達十一次，平均不到三天時間就要遭受一次戰爭的蹂躪。這裡的孩子，沒人敢進森林去採擷蘑菇和野花；這裡的姑娘，只能把一支支情歌深藏在心裡；這裡的小夥子，幾乎全都被捲入戰亂的漩渦中，在牛角號聲中失去了胳膊，或者大腿，甚至性命。

對於霍爾十三寺來說，章谷與朱窩土司爭襲引發的戰亂只是一個開始。壽靈寺最著名的是寺廟中的壁畫。在當地人眼裡，什麼東西都可以成佛，包括山水和一切生靈。推門而入，寺廟的牆壁、屋頂、門窗、神龕等處，漫天的神佛映入眼簾，各式各樣的神佛，那一雙雙深邃而又憂傷的眼睛，似乎在發問：為祝禱和平而建造的寺廟，怎樣才能躲過戰爭的災難？

德格家族的悲喜劇I

土司制度在西康活躍了幾百年，上演了無數有聲有色的歷史活劇。

提到西康的土司部落，不能不說德格土司。

德格是藏民族英雄格薩爾的故鄉，是康巴文化的發祥地，素來被人們稱為西康的敦煌。有史書云：「西康諸土司部落，以德格為最大。」

德格家族世系，從西元六一七年開始，至一九五一年五月二十七日德格縣人民政府正式成立為止，共有長達一千三百三十四年的歷史。

西藏僧人洛桑珍珠在《雪域求法記》一書中寫道：

> 在未改土歸流前，德格土司是西康土司中轄區最大的一個，他控制著遼闊廣大的地盤，康人有天德格、地德格的說法。他的部落東連甘孜、瞻對，西連納奪、察木多，南接巴塘、

西康小知識

改土歸流

明代中後期開始實施的政策，至清代大規模推行：廢除原本統治少數民族的當地土司頭目，改由朝廷中央政府派任流官，直接統治地方。

乍丫，北連西寧、安多。居金沙江上游，控制範圍有幾千里，包括現在的德格、白玉、鄧柯、石渠四縣所轄地區。在德格土司之下，還有許多小土司為他的封建勢力效忠。

根據神話傳說，德格土司家族來源於猿猴繁衍的西藏遠古六氏族[1]。第四代先祖中，有一個人叫呷巴當，相傳是金剛手菩薩轉世，是光音天神的後裔，具有宇宙間無窮的法術和魔力，而且敏捷聰慧，是最優秀的佛法傳承者，因此上天授予他統治德格地方的權力。

德格土司家族傳承到第三十五代，繼承人是德欽司郎絨布。繼位次年，德欽司郎絨布的母親去世了。按照藏俗，他要去白玉呷拖寺求訪大喇嘛，為母親超度亡靈。

德欽司郎絨布有個弟弟，名叫歐曲吉奪吉，也在呷拖寺裡當喇嘛。兄弟倆相會時，弟弟向哥哥說了一席話：「一直向西走，到了一個地勢險峻處，就定居下來，將來你一定能成一方之主，德格家族也能夠世代興旺。」

德欽司郎絨布聽從弟弟的勸告，一直向西走，沿著金沙江到了甲埡，果然是一個山勢險峻之處。在甲埡，德欽司郎絨布受到了當地頭人領本大東的重用。

1 西藏遠古六氏族：色氏、木氏、董氏、東氏、惹氏、的柱氏。

德欽司郎絨布家族在甲埡定居後，繁衍後代，兒孫繞膝。有個容貌姣美的孫女兒，被頭人領本大東看中，欲娶她為妾。德欽司郎絨布得知消息後，感到擴展地盤的機會來了。

當頭人前來提親時，德欽司郎絨布提出條件：允許他得到用牛犁地一天所耕範圍內的土地和百姓。頭人領本大東認為，牛耕地一天能有多大的土地呢？於是愉快地答應下來。第二天清晨，德欽司郎絨布讓兒子牽上牛，套上木犁，從德格柯鹿洞起耕，沿著河岸一直犁到了恩達丹多，一天耕地長達數十華里。傍晚時分，前來觀望的頭人領本大東驚呆了，但又不便反悔，只好按照承諾，將木犁範圍內的土地和百姓作為聘禮，劃歸了德格家族。

關於這段史實，藏學家任乃強著有《德格土司世譜》，寫道：「有女美而才，嶺王求以為妃，許給一日犁地的聘禮。乃率其僕，暮達龔埡之年達，得七十餘里之河谷。嶺王因賜之，遂得為有土地之獨立小部落。」

為了提高德格土司家族的宗教地位，德格土司還選派家族成員從事佛學顯乘和密宗的研究，修行坐靜，講經念佛。

他們請了一位名叫唐東傑布的著名建築學家，在西康修建了許多橋樑、道路和房舍，又選定了一個地方叫恩達頂，修建經堂和寺廟。唐東傑布不僅在建築學上有造詣，對風水也頗有研究，唐東傑布說，恩達頂地形有八大吉祥徵兆：吉祥結、妙蓮、寶傘、海螺、勝利幢、金輪、寶瓶和金魚。又說：右方如龍飛天，左方如象載寶，前方似孔雀展翅，後方似雄獅騰躍，兩水匯合，預示政教前程無量。德格土司家族在陰山興建了喇嘛住房一百零八間，與寺廟遙遙相對。

一次經師講經，講著講著忽然停頓下來，從神龕上取來一塊糌粑，當著眾人的面捏成了一隻蠍子，吹了口氣，那隻蠍子居然在空中飛騰起來。眾人被眼前奇異的情景驚呆了。經師攤開手掌，那隻蠍子旋轉著，輕輕落在了他的掌心。經師開口說道：「一隻降魔的蠍子，抵得過成千上萬的士兵。」

不知道這個傳說中隱藏著什麼樣的含義？從那以後，德格土司家族便有了兩枚印章，一枚普通如常，另一枚鐫刻著蠍形。德格家族的人說：只要有這兩枚印章世代相傳，就可以保證德格土司政權的的永固和藏傳佛教的傳播。

德格土司家族從第七代起，開始有了法王。

德格家族的歷代土司、法王，都要將家族子弟送入寺廟為僧。此外還要大肆宣揚德格家族是神的後裔、菩薩的化身。政教合一的政權，土司和法王同為一人，既是部落首領，又是宗教領袖，德格家族牢牢將政權掌握在手中。

策汪仁則是第十九代土司，同時也是十二代法王。

清咸豐二年（一八五二），策汪仁則即位時只有十一歲。

即位那天的情景令他驚心動魄——

土司府裡的慶典，被一陣劈哩啪啦的槍聲擾亂了，周圍的人們驚惶失措，紛亂的腳步像急驟的雨點敲擊著他的心扉。慌亂中，策汪仁則拉著母親的衣裙，慌不擇路地往後山樹林中跑去。沿途，他聽見人群中說話的聲音，像秋風中的落葉索索發抖。

那天前來進攻土司府的人是貢布朗結。他們不僅擄掠財物和馬匹，還帶走了十一歲的策汪仁則和他母親。在瞻對的一間地下黑屋裡，策汪仁則和母親被囚禁了三年多，高貴的土司、法王忽然變成了階下囚，策汪仁則瞪著不解的眼睛，看著鐵窗外的星轉斗移。而身邊的母親，每天只能以淚洗面。

直到三年多以後，瞻對老百姓不堪其苦，請求西藏地方政府派兵擊潰了貢布朗結，策汪仁則和母親才被從地牢中釋放出來。

長久在地牢裡生活，策汪仁則的臉色蒼白，看不到一絲血色。然而在他心裡，卻燃燒著一束束火焰，一顆復仇的種子在瘋狂地生長。地牢裡留下的全都是恥辱的記憶：拳打、腳踢、鞭子抽……悲慘經歷是他成長的養料，策汪仁則心裡裝的是如何復仇。

他多麼希望親眼看著貢布朗結被一刀一刀活剜死啊！最好是由自己親自來操刀！可是，他的仇人貢布朗結已經潛逃。以至於在後來，當他聽說貢布朗結逃亡途中遭遇雪崩喪生的消息時，心頭竟然飄蕩起了一絲沮喪。

復仇的計畫未能實施，心中的熱血也一天天冷卻下來。

藏兵擊潰貢布朗結後，長期駐守瞻對，管轄邊地的百姓。德格土司昔日的權力與榮耀已成泡影，輝煌不再。藏官成了罩在他頭上的緊箍咒，無論怎樣努力都無法掙脫。

更加惡劣的情況是：由於策汪仁則被俘三年多，德格土司和法王的位置空缺，幾個頭人乘亂而起，呼風喚雨，發號施令，儼然成為德格地方的新主子。

策汪仁則悲哀地發現，他被手下的幾個頭人架空了。

他想行使權力，可是藏官偏偏不讓他行使權力。按照藏官的安排，那幾個親藏派頭人成了管理德格地方的行政長官，而策汪仁則，只剩下一個空頭銜，等於是成了一個任人擺佈的傀儡。

此時，策汪仁則心頭的懊惱，可想而知。

到了婚配年齡，策汪仁則娶妻。他想清靜，想躲進藏傳佛教中，為心靈尋找片刻的安寧，可是由於土司、法王的身份和地位的特殊性，決定了他將永遠身處權力鬥爭的漩渦中心，每每欲罷不能。

新婚後不久的一天，西藏地方政府派駐瞻對的最高長官、人稱「瞻王」的對堆奪吉約請策汪仁則談話，幾句寒暄過後，直奔主題：要為德格土司再介紹一樁婚姻。

顯然，對堆奪吉的意圖是政治聯姻。女方是西藏貴族的女兒，名叫玉姆才登仁甲，相貌平平，但是頗具才學，在西藏貴族上層社會圈子中，她是個小有名氣的才女。

按說，對這樁飛來的婚姻，策汪仁則應當心存感謝。可是，他深知藏官對堆奪吉的意圖，是讓這個名叫玉姆才登仁甲的才女來控制他，換言之，與玉姆才登仁甲結婚，等於是安插在他身邊的一個間諜。

何況玉姆才登仁甲名聲污濁，與多名男子有染。策汪仁則曾經耳聞，玉姆才登仁甲與「瞻王」對堆奪吉的關係也不正常，簡直是剪不斷理還亂。娶這麼一個女子，他本不平靜的生活將會變得更糟。

心裡雖說這般想，嘴上卻只有服從的份兒。他點頭應允，諾諾不知所云。

幾天後，藏兵敲著大鼓，吹著號角，將玉姆才登仁甲送到了德格土司府。一路上，德格老百姓爭相觀看新娘，於門外放置一隻水桶，上搭白色哈達，旁邊鋪塊地毯，侍立於側，口中誦誦有聲，說著吉祥如意之類的話。新娘落落大方，邊走邊向路人拋擲錢財和小禮物。德格的老百姓說，我們的主人這回娶到了一個賢慧有才的好女子！只有策汪仁則心裡清楚，那女子必定會給將來埋下禍根。

果然，自從玉姆才登仁甲娶進門後，德格土司府就不再清靜了。婚後不久，玉姆才登仁甲生下了長子奪吉生根（小名阿甲）。不知為什麼，她對這個名叫阿甲的親生兒子並沒有多少感情。也許她是看透了策汪仁則，對空有德格土司和法王頭銜的丈夫心生倦意，因此對她和策汪仁則所生的孩子，心裡也添加了一絲絲怨恨。

強扭的瓜不甜，勉強湊合的愛情也不會長久。生下了長子阿甲之後，玉姆才登仁甲移情別戀，與部落裡的一個頭人天天廝混在一起，這種為愛情而瘋狂的舉動，讓身為德格土司和法王的策汪仁則丟盡了顏面。

更使策汪仁則無法容忍的是，第二年春天，玉姆才登仁甲生下了次子昂翁降巴仁清（小名八巴）。僕人前來報喜的時候，策汪仁則氣得差點吐血，他惡狠狠地踢了那個僕人一腳，又拿起皮鞭要抽打，把滿腹怨氣全都發洩到了僕人身上。八巴是妻子與那個混蛋頭人私通所生的私生子，這成了眾所周知的一個秘密，讓策汪仁則情何以堪？顏面何存？

之後是夫妻倆長期的分居生活，以及無休止的家庭戰爭。策汪仁則帶著阿甲，玉姆才登仁甲帶著八巴，德格這塊土地上的政治勢力，也因此而分成了兩派。

時間一天天流逝，阿甲和八巴一天天長大。

到了兩個兒子承襲土司之位的年齡，矛盾再一次激化升級。按照世襲常規，德格土司應當由長子阿甲繼位；可是玉姆才登仁甲提出，要由次子八巴繼位。她的理由很霸道，充分顯示出了女強人的作派，她說：阿甲性情怯弱，優柔寡斷，最好的出路是出家學佛；而八巴性格剛強，勇於任事，是德格家族未來最理想的當家人。夫妻雙方和分裂成兩個陣營的諸多頭人們，針鋒相對，互不相讓，形成了水火不容的態勢。

於是事態進一步惡化，並且牽扯到了雙方背後的勢力。

德格家族一齣全新的悲喜劇，遂拉開了序幕。

口頭上不能說服老土司丈夫，玉姆才登仁甲決定動用幕後的力量。

她吩咐僕人牽來馬匹，備好馬鞍，帶著一行人上路了。一路浩浩蕩蕩，直奔「瞻王」對堆奪吉的根據地——瞻對。

一見面，玉姆才登仁甲的笑臉變成了哭臉。她哭訴分開後自己的遭遇，模樣兒分外悽楚可憐。為了兒子的世襲繼位，她和老土司鬧得不可開交，玉姆才登仁甲是個兇悍的鐵腕女人；到了比她更為兇悍的老情人面前，玉姆才登仁甲忽然變了個人，從一名悍妻變成了個柔情似水的情人。

在玉姆才登仁甲的眼淚面前，兇悍的對堆奪吉也心軟了。

耐心聽玉姆才登仁甲講完了事情的原委，對堆奪吉決定向德格出兵。

德格家族的悲喜劇，像是莎士比亞筆下的場景，主題包括了愛情與嫉妒、輕信與背叛、承襲與篡位、異族通婚與政治聯姻等等。

光緒十八年（一八九二）秋天，對堆奪吉帶兵進入德格境內，廢黜並驅逐了老土司策汪仁則，立私生子八巴為土司。此後的五年，原本屬於漢官管轄的德格，淪為了瞻對的附庸。

鹿傳霖在給清廷的一份報告中講述了這段史實：「其婦與此地數頭人合謀，勾結瞻對番官對堆奪吉於光緒十八年帶兵至德格，通於其婦，遂廢老土司，置之墨西一隅之地，而立姦生之次子為土司……」

在德格家族的悲喜劇中，扮演悲劇角色的主要人物是阿甲。

當時的官方文書檔案以及私家筆記，在寫到阿甲時，筆觸都不同程度地流露出同情和惋惜。即使是在四川總督鹿傳霖那份不應該帶有私人感情的報告中，也能讀出明顯的傾向性。

鹿傳霖在報告中云：「其長子奪吉生根，人甚孝謹，願隨其父居於貶所。」

當時的情況是，藏官對堆奪吉帶兵進入德格境內後，次子八巴繼位，土婦母親玉姆才登仁甲「垂簾聽政」，老土司策汪仁則被放逐到「墨西一隅之地」，長子阿甲自願隨父親流放，去與藍天白雲、青山綠水為伴。

在流放地，阿甲開始醉心於佛教。

我們聽說過太多有關輪迴的故事，也聽說過太多有關解脫的故事，可是我們並不知道，從束縛到解脫的路到底有多遠？阿甲想，現在自己陪同父親流放，應算作是被生活的陷阱所束縛，不言而喻，內心會產生若干痛苦。但是所謂的痛苦，也只是一種意念，這個意念像泡沫一樣，極容易破碎，只需要用羽毛輕輕碰一下，那些泡沫就會破滅。那麼，此刻佛教就成了他的羽毛。

人們往往把孤獨當作敵人看待，而在阿甲看來，孤獨是他最好的朋友。

在孤獨中，他的內心變得豐盈起來，土司部落裡的權力之爭，他已經能置之度外。腳下的地毯被抽掉了，勝負已見分曉，阿甲再也沒有路可逃了！於是，他逃進了佛教博大的懷抱中，安靜得像是一個嬰兒。

他沒有想到，原本屬於自己的土司位置，會被親弟弟篡奪。所有的輝煌和榮耀，從今以後都將與他無緣。殘酷的現實教了阿甲，他的心境已平靜如水。

但是父親——那個名叫策汪仁則的老土司，卻對眼前被囚禁的事實並不甘心。他對兒子阿甲的軟弱感到失望，多次暗示將來要復仇。

在一天早晨，老土司策汪仁則終於開始了他的復仇計畫。他派出的兩個心腹奴僕，躲過監視士兵的刀劍，神不知鬼不覺地翻越一座雪山，來到了清廷官員張繼的臨時縣衙門前，擊鼓鳴冤。

縣官張繼有早起的習慣。自從遵四川總督鹿傳霖之令率兵進入川邊以來，這個習慣從無一日更改。邊地的天氣很寒冷，每年七八月份便開始下雪，至次年三月份積雪才會逐漸消融。張繼穿著件深藍色棉襖，外邊套著紅色狐皮背心，先是在軍營裡巡視一番，然後沿著山邊轉悠一圈，當他回到衙門時，聽見了一下下急促的擊鼓聲，於是腳下加快了腳步。

老土司派來的兩個心腹奴僕一高一矮，兩人都身穿藏服，其中一個略通漢語，結結巴巴地說了一通。張繼側耳聆聽，聽懂了他的大致意思。

兩個奴僕此番從囚禁之地逃出，經歷了太多的艱辛。為了這次逃亡，他們躲在叢林中，眼看著巡邏隊從身邊走過，藏刀幾乎碰到了鼻子尖上。過雪山時，遭遇到了雪崩，巨大的雪團滾滾而來，像是呼嘯疾馳的雪獅子……奴僕說，老土司讓他們給清廷官員捎話，甘願獻出德格家族所管轄的土地和百姓，安心做大皇上的好百姓，但是有個條件：必須制裁土婦玉姆才登仁甲和次子八巴。

張繼令人將兩個奴僕好生安頓，獨坐窗前，遙望雪野，思緒萬千。

他想起那天與頂頭上司鹿傳霖的一席長談。瞻對為全蜀門戶，戰略位置極其重要，可惜為藏官所佔領。他們管理瞻對以來，苛政極虐，百姓不堪其苦，久有內附清廷之念。可以這麼說，收回瞻對，一切都已準備好了，只需要一個機會。現在，這個機會終於來了。

一念至此，張繼心頭波濤洶湧。他趕緊做出了安排，一方面派人赴成都總督府送信，向鹿傳霖報告德格土司的請求，並提出了他個人關於在西康著手改土歸流的設想；另一方面，張繼決定第二天率兵赴德格，解決這樁棘手的糾紛。

張繼的這次率兵出擊行動，後來引起了清廷內部的激烈爭論。前臺爭論的是清廷部分高官（駐藏大臣文海、成都將軍恭壽、四川總督鹿傳霖等），躲在後臺指揮的是恭親王、慶親王等皇親國戚以及十三世達賴喇嘛所代表的西藏勢力。那場關於對飛地瞻對歸屬的大爭論，直接導致了四川總督鹿傅霖下臺，張繼也因此成為替罪羊，被貶官放逐到了四川。直到多年以後，鹿傳霖在政壇上重新崛起，成為清廷的軍機大臣，支持趙爾豐推行西康的改土歸流，事情才有了轉機，張繼也才能再次回到官場。

——這些都是後話，此處不提。

話說縣官張繼率兵，先是到了囚禁老土司的墨西地方，見到了策汪仁則。老土司一見張繼，激動得淚流滿面，不停地打恭作揖，口口聲聲感謝清朝大皇上派來的恩人。張繼詳細詢問情況，得知老土司與妻子玉姆才登仁甲已成勢不兩立，宿怨無法化解。五年來，老土司策汪仁則和長子阿甲一直被囚禁在這裡，含辛茹苦，度日如年。

張繼耐心勸慰，有意無意將話題引到獻地歸誠上。張繼說，一俟清廷將這樁糾紛裁定，老土司可以重回德格土司府，由朝廷授予官銜，繼續為大皇上管理一方百姓。策汪仁則聽了，連連點頭，說道：「如果有那一天，小的心甘情願要為清朝大皇上效勞，肝腦塗地，在所不辭。」

有了德格老土司的這個表態，張繼心裡更有底了。

按照預定計劃，他派兵護送老土司和長子阿甲到爐城衙門。又率兵繼續前往德格土司府，捉拿土婦玉姆才登仁甲和次子八巴，也擬解送到爐城衙門，一併訊問判處。

不料，張繼率兵來到德格時，卻遇到了一個極大的痲煩。

德格家族的悲喜劇II

格德土司家族存在了一千三百多年，歷經了五十四代，領地包括今天的德格、鄧柯、白玉、石渠、江卡五縣，人口最盛時有七萬戶，二十多萬人，有一套相對完善的行政、宗教管理機構以及政教合一的制度。德格土司機構地點設在更慶官寨。土司之下，有四大「涅巴」組成涅巴會議，負責處理土司轄區內外的一切事務。

如今，更慶官寨已經成為一個傳說了，歷史的淒風苦雨將其摧殘殆盡，甚至沒有留下一絲遺跡。劉贊廷主編的《民國德格縣圖志》，其「治所」條云：「本縣居於深谷，名更慶，河水蜿蜒南流，土司官寨位於左岸，上為更慶寺。有大皇上子民六十餘戶，倚山麓而居。設治之初，官寨為公署，其寨內有土司家廟，樓高四層，大殿正堂與住宅相連，鱗次櫛比，恢宏傲然。倉廒（堆放穀物的倉房）馬棚數百間，可容千人，為西康省極大之建築物。」

縣官張繼率兵來到更慶官寨時，對沿途的景色歎為觀止。山坡上是滿坡玉米地，不時見到有高大的柏樹挺立在半山腰，拐過幾道彎，一幢幢氣勢恢宏的藏式風格房屋出現在眼前。

玉姆才登仁甲和八巴以最高規格的禮儀，接待了前來造訪的張繼和他的士兵們。十幾個身穿紅色喇嘛服的僧人佇立在路邊，朝天吹起了長號，一些老人和婦女搖動著轉經輪，喃喃地為來客們祈福。這樣的接待規格，讓縣官張繼甚感欣慰。

他心裡冒出了一個想法：老土司所說的妖婦玉姆才登仁甲和逆子八巴，並不像傳說中的那麼壞。

張繼的這個想法沒有錯。每個人都是複雜的多面體，善與惡、美與醜、天使與魔鬼，從來都不是絕對不變的，有時候是互為轉換的。才女玉姆才登仁甲，投奔對堆奪吉，廢除老土司策汪仁則，都是為著她和她所寵愛的次子八巴的利益。問題在於，土婦玉姆才登仁甲所做的這一切，是與朝廷的利益背道而馳的，因此他必須採取有力的措施予以剪除。

張繼和顏悅色，冷靜地與之周旋，整個白天都相安無事。

到了夜晚九、十點鐘，他開始實施抓捕計畫。十幾個士兵魚貫而入，分別逮獲了土婦玉姆才登仁甲和次子八巴，連夜解送去了爐城衙門。

這一場兵不血刃的行動只花了不到十分鐘，但是留下的後遺症卻長達數年。

次日清晨，縣官張繼準備帶兵撤離更慶官寨，還未來得及動身，就被當地幾個頭人帶領的數以千計的民眾團團圍困住了。

此後事態急轉直下，朝著不利於張繼的方向發展。

清廷逮獲了土婦玉姆才登仁甲和新土司八巴的消息，在德格的地盤上不脛而走，無數不明真相的百姓在大小土司和頭人的帶領下蜂擁而至，更慶官寨聚集的人群越來越多。他們喊出的響亮口號是：土司不回，漢官不准出境！

其時，先後被送往爐城衙門的老土司策汪仁則、土婦玉姆才登仁甲以及德格土司兄弟阿甲、八巴四人，都已遵從四川總督鹿傳霖的指令，派人送往成都訊問，等候調解和裁決。

圍繞德格家族這四個人的命運，清廷官員們展開了一場大辯論。在紛馳往來的信函檔案中，殘留著當年大辯論的印痕。關於那場大辯論，稍後將會闢出專門的章節提及，這裡不再贅述。

長話短說。縣官張繼在更慶官寨遭遇圍困的事件，雖然來勢兇猛，結局卻還算平靜。德格地盤上的大小土司和頭人，深知張繼代表的是清朝政府，任何草率的行為，都將給德格土司帶來巨大的傷害。他們團團圍困在更慶官寨四周，並不出兵攻打。據四川總督鹿傳霖在給清廷的報告中描述的情景是：「相持半日，大雨始散。」

起初清廷對於鹿傳霖在川邊推行改土歸流的舉措，說不上支持，但還是默許的。不過，由於駐藏大臣文海、成都將軍恭壽等重量級官員先後給朝廷寫信告狀，彈劾四川總督鹿傳霖，清廷的態度急劇發生了變化，來了個一百八十度大轉變。

當時清廷的基本態度是：維持邊地穩定，切忌滋生事端，停止改土歸流。

此後發生了一系列變化，讓人眼花繚亂。

光緒二十三年（一八九七）九月，鹿傳霖被召至京城，四川總督一職暫由成都將軍恭壽兼署。經駐藏大臣文海、代理四川總督恭壽商議裁定：德格家族爭襲事件採取和平處理的方式，由長子阿甲跟隨老土司策汪仁則「襄理政事，如能稱職，即可承襲」。並且決定，立即釋放德格土司家族的四位主要成員（老土司、土婦、阿甲和八巴），派人護送他們返回到德格更慶官寨。

但是遺憾的是，在士兵們護送他們返回更慶官寨的途中，老土司策汪仁則和妻子玉姆才登仁甲相繼病逝。沿途辦理了兩場喪事，耽誤了不少行程。

老土司病逝了，需要有新土司繼任。以駐藏大臣文海和代理四川總督恭壽再次商議，決定在服喪期間，由長子阿甲代理土司職務，並發給銅質印信一顆。

新繼位的德格土司阿甲，長期沉醉於佛教之中，對土司部落裡的權力之爭已生厭倦之意，即使繼承了土司職位，依然打不起精神。他篤信佛教，終日喃喃唸經，實際權力落在了幾個大頭人襲空德欽、結窮降央彭錯等人手中。

在德格土司兄弟爭襲的事件中，另一個焦點人物八巴，究竟是一個什麼樣的面孔？又有著怎樣的表情？

史書上對他的評語十分糟糕，充斥著貶義詞，如「自幼嬌寵」、「性情乖張」、「恃強妄為」、「陰鷙毒辣」等等。但是一個活生生的人，肯定不是用幾個形容詞就能夠準確概括的。況且，也有文史資料較為客觀地評價過這個人，《甘孜藏族自治州文史資料》（第一輯），在談到德格土司家族的歷史淵源時寫道：「八巴通曉藏文、梵文、漢文等多種文字，博學多才，曾隨十三世達賴進藏，擔任過西藏政府的四品職官。」由此看來，八巴這個人物十分複雜，也許只有從故事的線索中，讀者才能更加深刻透徹地瞭解這個人。

八巴從小受母親寵愛，養成了驕橫跋扈的習性，他想要的東西，會想盡一切辦法得到。然而張繼的到來，卻使他的人生遭遇到了挫折。那天夜晚當他被一群清兵逮獲送到爐城，又輾轉送往成都，他頭一次品嘗到了失敗的滋味。在成都被釋放後，德格土司的位置被漢人給了哥哥阿甲，他的心裡充滿了怨恨，卻又無可奈何。返回德格更慶官寨途中，母親的病逝，他感到自己忽然之間長大了，成熟了，往後再也沒有靠山，一切都得靠自己去做！

回到更慶官寨後，八巴一直在冷眼觀察動靜。他看到阿甲終日喃喃念經，不理德格政事，心裡大罵阿甲是窩囊廢。他看到幾個大頭人架空土司，為所欲為，心裡像打翻了五味瓶似的，有種說不出的難受。

他在忍耐，同時在暗中秘密聯絡多方勢力，等待一個時機的到來。

光緒二十九年（一九〇三）五月，八巴認為時機成熟了，親自潛往瞻對，陳請對堆奪吉出兵，與之聯合作戰，隊伍浩浩蕩蕩，一路東來，一舉攻下了更慶官寨。

突發的變局驚動了地方官府，消息層層通報到四川總督府。此時鹿傳霖已經被召進京城，四川總督像走馬燈似的變換，歷經了李秉衡、裕祿、奎俊等人，這一年的四川總督是廣西人岑春煊。

岑春煊接到通報後，派出章谷屯委員喬震生前往調解。

喬震生是四川人，赴川邊工作多年，對當地風俗民情頗有瞭解。抵達更慶官寨以後，並沒有直接動武，而是委婉勸慰，數次傳八巴來見。八巴心中早已視清廷為仇敵，不僅不來相見，反而粗口相對，態度之惡劣令喬震生怒火中燒。

喬震生率兵前往八巴住所，試圖以武力解決問題，拘禁八巴。豈料八巴早有準備，不等清兵臨近，一群持槍的侍衛便朝天鳴槍。為防止事態擴大，引發德格地方更大的動盪，喬震生下令收兵撤退。

看到清軍撤退，八巴猶如看到了勝利的曙光。

他身穿藏袍，腰間別著一把藏刀，手裡提著支新式手槍，親自赴更慶官寨哥哥阿甲的府邸，威逼阿甲交出德格土司的官印。

德格土司兄弟之間的這場對峙，始終在沉默的氣氛中進行，雙方的對話簡短而有力。

阿甲：「本是同根生，相煎何太急？」

八巴：「少廢話，交出官印，你去唸經享福。」

阿甲輕輕歎息了一聲，吩咐身邊的奴僕，取出官印，交付給了八巴。

此後，阿甲流亡到西藏，做了一個僧人，繼續躲進佛教神秘莫測的寬廣天地裡，探尋世界的本義和生命的真諦。

八巴重新掌管德格土司大權後，採取了一系列穩固土司政權的措施。

首先，他將住所從更慶官寨搬到了一個新地方——麥宿的德慶「頗章」。此處的「頗章」是藏語，是宮殿的意思。這裡山青水秀，流水潺潺，背後是一座神山，八巴遷居此處，一是想尋求神祇的保佑，更重要的是想擺脫龔空德欽、降央措彭等大頭人的控制。

長期以來，由於錯綜複雜的歷史原因，德格土司的權力逐漸旁落，以龔空德欽、降央措彭為首的幾個大頭人，形成了一個名為「聶夏勒空」的辦事機構，這個辦事機構負責處理德格土司部落裡內外的日常事務，土司和法王的權力完全被架空了。

八巴是個性格跋扈的人，他決不能容許這種情況發生！

八巴要重塑德格家族的昔日輝煌，他起用了一批死黨親信，實質上與「聶夏勒空」辦事機構形成了兩個土司政權的對峙局面。為了讓繼承土司位置之事更為名正言順，他讓人偽造了一份德格家族世系表，在百姓中廣為散發，造成廣泛的社會影響，並奏請清朝政府，請求正式批准他承襲德格土司。

八巴的舉止像難於忍受的刺，刺得「聶夏勒空」那些頭人們寢食不安。頭人們聚在議事廳裡一起商量，一個個怒滿胸膛。健壯的龔空德欽站出來，在人群中放聲說道：「黑暗降臨了，我們的苦難開始了，我們現在必須去西藏，請回真正的土司阿甲，結束這場災難！」

眾人的歡呼聲像海嘯一樣，席捲更慶官寨。

一場較量，正在秘密進行中。

頭人們議事後的第二天上午，龔空德欽帶著一四個心腹侍衛，涉過金沙江，前往西藏，勸說阿甲返回德格，奪回官印，重新執政。

在西藏察木多的一座寺院裡，身披袈裟的阿甲盤地而坐。他似乎已經進入到了另一個空間。那是一個原始神秘的空間，可以遙望九個太陽輪番升起，可以聆聽月亮發出的金屬般的聲音，小草們喁喁細語，萬物在交流，在合唱，在那個大地躁動不安的混沌之夜，一個中年男子的聲音在遠方淒涼地呼喚著，彷彿是開天闢地以來人類的第一聲嗥叫。

大頭人龔空德欽的循循善誘，在他聽來彷彿是來自於另一個星球的聲音。對於德格家族的權力之爭，阿甲已經麻木，沒有什麼興趣了，他像是個局外人，在聽人講述一個充滿血腥和仇殺的故事。

龔空德欽強忍的怒火終於迸發了，兩條手臂伸向天空，大聲喊道：「蒼天啊，請賜予他血性吧！這個人是德格的主子，是土地和百姓的希望！」

經歷了三天三夜的勸說，阿甲終於動心了。不，與其說是動心，不如說是受不了龔空德欽的糾纏和軟磨硬泡。阿甲答應重返德格，打響那場與弟弟八巴之間武力爭嗣的戰鬥。臨行前，阿甲低聲說了一句話：「先知先覺的先祖啊，請你們的神靈作證，德格家族的神龕上，我是一份神聖而豐厚的牲祭！」

戰鬥打響了！大頭人龔空德欽作為前鋒，像一把尖刀直插入敵方陣營。那場戰鬥的殘酷和驚心動魄，許多年後還在當地人心中抹滅不掉，在付出了數百人的傷亡後，龔空德欽自己也倒在了血泊中。

龔空德欽被人抬回後方時已經奄奄一息。在眾人的呼喚聲中他睜開眼睛，對病榻前的阿甲說道：「一個人，如果服從神的意志，神也會就聽到他的祈願。」

果然，神靈聽到了龔空德欽的祈禱，阿甲率領的士兵勢如破竹，直搗八巴棲居的老巢——麥宿「頗章」官寨，並一舉活捉了八巴，將他軟禁起來。

戰爭與契約，從來都是一個事物的兩個方面。武力進攻所取得的成果，往往需要在談判桌上鞏固。幾場腥風血雨式的戰鬥結束後，由阿甲召集議和會議，請來了清廷的官員馬成騶以及察木多、滿厤、貢覺等處的土司、頭人、喇嘛等多名代表，從中斡旋和調解。

議和會議裁定：德格土司仍由哥哥阿甲承襲，弟弟八巴進入喇嘛寺院，出家為僧。

一名高僧站在土臺上，宣佈著裁定結果。

八巴怒目圓睜，眼睛像是一對銅鈴。高僧走到八巴面前，將八巴的手掌挪到胸口上，讓他莊嚴起誓：砍下的木杖不會再生出枝葉，潑出的水也不可能重回到木桶，既然雙方訂立了盟約，就必須遵從神的旨意，無論順境還是逆境，都決不會反悔。

八巴起誓完畢，被焦躁和懊惱團團包圍，他仰天長歎。

其實這樣的起誓並沒有什麼意義。不到一個月時間，八巴的支持者捲土重來，一個月黑風高之夜，那些支持者們攜帶槍支，舉著刀劍和火把，將軟禁於麥宿官寨的八巴救走，向石渠方向亡命奔逃。

八巴逃跑的時候，阿甲正坐在更慶官寨的議事廳裡與四大涅巴一起議事。紅氈毯鋪地的殿堂上，年輕的女侍逐個斟倒酥油茶，他們相互舉杯勸飲。

忽然，門被推開了，大頭人降央措彭一陣風似的闖進來，報告了八巴被人救出並逃跑的消息。眾人臉色大變，七嘴八舌議論紛紛，討論事件的後果和將來的嚴重性。只有阿甲神情冷漠，坐在虎皮靠椅上，像是一個入定老僧。

阿甲的冷漠激怒了降央措彭，以挑釁的口吻挖苦道：「瞧這位王爺，端坐於此，悠然自得，不知道明天腦袋還能不能長在肩膀上？」

阿甲靜坐不語，面帶慍色，沒有人明白，他的內心已是波瀾滔天。

八巴的一次次叛亂，猶如插在他心口上的一把把匕首，流出的鮮血使他痛苦不堪。他想締結和約，重歸於好，可是八巴為了奪取土司之位，無數次挑起了慘烈的惡戰。放虎歸山，後患無窮，阿甲當然懂得這個事件的嚴重性，他努力平息了胸中的暴怒，吩咐僕人準備戰馬，他要親自出征，去追擊八巴。

陣勢一經排開，便成排山倒海之勢。四支隊伍都有頭人首領帶隊，一路喊聲震天，呼嘯而來。阿甲騎在馬上，斜披一領豹皮，手提烏黑發亮的手槍，帶著彎弓和利劍，威風凜凜地疾馳在隊伍的最前邊。淌過了三十三條溪，翻過了三十三道灣，隊伍到達鄧柯境內的糧布老則呷日山一帶時，終於看見了倉促逃亡中的八巴。他被幾十個士兵護衛著，正在翻過一座山崗。

阿甲揮揮手，衝鋒的號角吹響了。

這是一場兵力懸殊的戰鬥，阿甲的士兵如猛虎下山，兇猛地撲向慌亂逃奔的八巴等人。這場戰鬥只進行了短短的幾分鐘，雙方勝負就見出了分曉，阿甲大勝，八巴單騎逃脫，沿著連綿起伏的山崗飛奔，噠噠的馬蹄聲漸去漸遠。

在阿甲的心頭，這噠噠馬蹄聲從來沒有一刻停息。

他知道八巴不會甘心失敗，八巴還會反撲。

三個月後，八巴在色須部落（石渠縣西部）組織力量，捲土重來。這一次，八巴得到了瞻對藏官的支持，更加有恃無恐，氣勢兇猛。

八巴率領的軍隊到達更慶官寨時，天色已近黃昏，太陽西沉，寨子裡升起了炊煙。一幅恬淡的風情畫，頃刻間就被廝殺聲攪得天昏地暗。

八巴性格中有個最大的特色叫做冷酷，這一點體現在戰場上，往往會讓人不寒而慄。他平時話並不多，如果一旦開口，就必須令他人絕對服從。人們說，八巴溫文爾雅，臉上經常掛著微笑——那是指他在和平時期。一旦到了戰場上，他的心就變得像鐵石一般堅硬。他會毫不留情地殺死一切與自己敵對的人，即使是地上呻吟的傷兵，他也會撲過去補上一刀！

在如此冷血無情的對手面前，阿甲的失敗成了不可避免的結局。

現在角色轉換，逃亡者變成了阿甲。當阿甲帶著十幾個貼身護衛，沿著山間小道匆匆逃跑時，他看見更慶官寨上空冒出了縷縷青煙，繼而是熊熊大火。戰爭帶來的是兄弟廝殺，帶來的是百姓傷痛。

八巴再次佔領了更慶官寨，奪走了象徵土司權力的官印。

德格家族的悲喜劇III

故事到這裡並沒有結束，阿甲派遣頭人前往鄉城，求見川滇邊務大臣趙爾豐，控告八巴公然反對「天命皇帝」，請求趙爾豐派兵支持，並明確表示：願意在驅逐八巴以後，交出德格土司官印，在德格全境實行改土歸流。

這一場爭奪德格土司繼承權的戰爭，持續時間長達十一年（一八九七至一九〇八），歷經大小戰役若干，烽火連天，狼煙遍地，百姓深受其害。

現在，到了該結束的時候了。

趙爾豐（一八四五—一九一一），字季和，祖籍遼寧，漢軍正藍旗人，以山西知縣起家，深得上司錫良賞識。光緒二十九年（一九〇三），錫良升任四川總督，趙爾豐隨之調入四川做官，先是任永寧、建昌道員，旋即升任川滇邊務大臣。趙爾豐在西康的改土歸流問題上，功勳卓著，先後收復川邊土地東西約三千餘里，南北約四千餘里，不僅穩定了川邊政局，還為後來籌建西康省奠定了堅實基礎。

面對阿甲派來的使者，趙爾豐的態度是冷靜觀望。

從光緒三十二年（一九〇六）起，趙爾豐開始在西康南部巴塘、理塘等地推行改土歸流，受到了當地土司、頭人和寺廟喇嘛的抵制，阻力很大，處理起來也很棘手。他心裡清楚，川邊問題一直是清廷的敏感點，前任四川總督鹿傳霖，就在川邊問題上栽了跟頭，自己必須百般警惕。

但是，趙爾豐也深知，眼前面臨的是一個不可多得的良機，為朝廷收回瞻對，實行川邊的改土歸流，將起到鞏固川邊、穩定西藏的作用。趙爾豐在一份寫給清廷的報告中云：「德格不定，則全藏掣肘；定德格可望收服瞻對，先去其障礙，則事有可為……今若假此機會收回，劃為州縣，將來必可建省。」

從將信將疑到全力以赴，趙爾豐這步棋走對了。

當然，其中功勞並不是只屬於趙爾豐一個人。比如說，前任四川總督鹿傳霖，其時已調入京城，升遷至政府權力核心圈——清廷的軍機處，鹿傳霖在政府高層對趙爾豐的支持，是趙爾豐改土歸流成功的有力保證。此外，他的哥哥、東三省總督趙爾巽以及四川總督錫良等人，都是趙爾豐在晚清官場上的重要奧援。

加之時局正在悄然發生變化，清廷對西藏的政策開始變得強硬起來。因此，有了官場上的這些支持，就能得到朝廷的格外恩准；有了朝廷的格外恩准，趙爾豐行動起來就大膽了許多。

趙爾豐在電報請示軍機處，得到明確支持剿滅的回覆後，在德格全境發佈了討伐八巴的公告，示諭德格頭目百姓，協助捉拿八巴，公告中稱：

> 德格久為朝廷屬土，歷來各土司恭順朝廷，從無違法背逆之事。是以大皇上愛民如子，與

> 漢人同等看待，而風調雨順，百姓得享太平。乃有逆犯昂翁降白仁青（八巴）者，並非老土司之子，該逆與土司之子爭襲土司職位，且膽敢廢父逐兄，霸嫂奪位，形同梟獍。又復多行不義，殺戮無辜，以致眾心不服，且敢圍困漢官，勒索印信，尤為不法至極……且自爭襲以來，使德格地方百姓、牲畜不得安靜和平。若不將其除滅，地方永不得清靜，此本大臣發兵除惡之本意也……。

剿滅的號令一經發出，趙爾豐派遣部將傅嵩炑、石德芬、謝安邦、陳同珩等率兵五哨，從章谷、理塘分四路向德格挺進。阿甲積極配合，也組織了八百士兵參與作戰。

其時季節已進入十月，趙爾豐親自督軍的川邊部隊，與八巴的部隊在風雪中輾轉激戰於德格各地。八巴大敗，逃至石渠境內的安多色須部落。時值隆冬，雪深草枯，趙爾豐部不能深入，被迫暫時休戰。

次年春天，趙爾豐繼續率部攻擊八巴的殘餘勢力。進剿至馬米堪多，遭受了一次夜襲，雙方都損失較大。在接下來四五天連續十餘次的戰鬥中，趙爾豐部仍被阻滯在要隘前，未能前進一步。之後趙爾豐重新調整兵力，組織反擊，白天照常佯攻，夜晚派小分隊從後山摸索上山，埋伏在守軍背後，等天亮後山上山下一起攻擊。八巴的士兵猝不及防，腹背受敵，狼狽逃竄，其陣營大亂，部分頭人和親信逃往青海果洛地界，趙部俘獲甚豐，只是八巴再次逃脫，向西藏方向亡命逃奔，不知所終。

關於八巴後來的結局，《甘孜藏族自治州文史資料》第十二輯中有比較詳細的介紹，簡要複述如下：

逃亡到果洛地界的八巴如喪家之犬，惶惶不可終日。一天。其部下攔截了一名去給西寧辦事大臣送信的頭人，搜繳了信件，只見信中寫道：「八巴、夏克、贈伯等人，都是清皇叛臣，曾殺死官吏和頭人，罪在不赦。現知悉八巴等人已逃往你境，望能及時扣押，交付處理。」看罷這封信，八巴沉默不語，他預感到自己的結局將會很淒慘，即派人去拉卜楞寺找降央異巴活佛（據說，這位活佛是頭人巴須扎桑的兒子，與八巴有同父異母的關係），請求設法解救。這時，正遇十三世達賴喇嘛從北京返回西藏，途經拉卜楞寺，降央異巴轉而請求達賴喇嘛將八巴等人帶上。此後，八巴等人跟隨十三世達賴喇嘛到了西藏，被安置在藏北的黑河地區。

讓我們輕鬆一下，講點與愛情有關的事情吧。

在清廷的官方檔案中，曾多次提到八巴「廢父逐兄，霸嫂奪位」。廢父、逐兄和奪位，上面的故事已經講到，不難理解，關於「霸嫂」，這裡扼要說說。

當初，德格土司一家被從成都釋放，返回更慶官寨後，由主持德格土司部落日常事務的機構「聶夏勒空」作主，為阿甲迎娶了一個妻子吉絨呷瑪曲西，妻子是西藏地方官員、盆波地區貴族吉絨錯吉的女兒。

熱鬧的婚禮結束了，一對新人進入喜帳，在那間綴有各式各樣吉祥圖案的白色帳房裡，客人們唱著酒歌在狂歡，阿甲心裡流淌的卻是一絲憂傷。阿甲心裡十分清楚：「聶夏勒空」為他迎娶西藏新娘的目的是要降服他、控制他，使他按照藏官和那些頭人們的意願行事，他的生命從此將失去自由，成為一個傀儡。

後來的事實果真如此，坐在德格土司位置上的阿甲，始終被「聶夏勒空」所控制，實際權力落到了幾個大頭人手中。

於是，當德格家族第一次上演那幕兄弟爭襲、相煎太急的悲劇時，阿甲自動放棄了手中的利劍和身上的鎧甲，流亡去西藏做了僧人。那一天，他向八巴交出了土司官印，同時還交出了妻子吉絨呷瑪曲西。

西康有一妻多夫的舊俗，對於男女性事看得比較淡然，兄弟同娶一女，姐妹同嫁一男，都是常事。任乃強先生所著《西康札記》中有「西康陋習」條目云：「男女社交絕對公開，皆可以有外遇，無漢俗之所謂貞操也。」任先生還在該條目底下引用了一首康定民謠，歌中唱道：「亂石砌牆牆不倒，鬧倌進門狗不咬。鬧倌進屋把女子抱，本身丈夫替他跑。」歌中的「鬧倌」是當地方言，意即婚外情人的意思。由此可見，西康舊時男女關係之隨意。

不妨設想一下：無論男女關係怎麼隨意，當阿甲將妻子吉絨呷瑪曲西交給弟弟八巴時，心中的痛苦仍是不難猜測的。儘管阿甲並不愛那個妻子，但他清楚，此時的妻子已經成了一個符號，誰享有她，誰就代表了德格土司的地位和權力。

八巴對於這一點，也心知肚明。

獲取了土司官印和吉絨呷瑪曲西之後，八巴並沒有就此就此甘休，他下令部下籌辦婚禮，要與哥哥阿甲之妻吉絨呷瑪曲西正式成婚，並偽造了一個德格家族世系表，要名正言順地成為德格土司和法王。八巴的行為受到了許多頭人的抵制，但無濟於事。八巴性格天生倔強好強，他想要什麼，就必須得到！

流亡至西藏做僧人的阿甲，後來又迎娶了一個妻子，名叫姒郎錯莫。阿甲與姒郎錯莫夫妻婚後感情深厚，愛情之花常開不敗。

趙爾豐率部擊潰八巴之後，阿甲和姒郎錯莫夫妻回到德格，主動呈繳了土司官印，自願辭去土司職位。經趙爾豐奏准清廷，於宣統元年（一九〇九）六月將德格宣慰司改為二品「都司」——雖然這個「都司」是徒有虛名並無實權的空銜，但阿甲仍然表示滿意。在靠武力說話的時代裡，阿甲的空間已經被壓縮得十分狹小了，面對大皇上的恩典，他只有磕頭謝恩的份兒。

經清廷允准，在趙爾豐的主持下，德格土司全境進行改土歸流。德格土司原管轄之地設置一府（鄧科府），下轄兩州兩縣，即德化州、白玉州、石渠縣和同普縣，分別派遣知州、知縣管理。

阿甲遷居巴塘後，與其妻姒郎錯莫共同捐資藏銀二千兩，助學興教，修建男女學堂。為此，阿甲被清廷獎賞「急公好義」匾額一塊，姒郎錯莫也受到了清廷的相關獎勵。《清史稿》在提到這段史實時說：

多吉僧格（阿甲）納其財產於官寨，徙家遷居巴塘，復以奏給養贍銀兩及其妻姒郎錯莫首飾捐助巴塘學費，爾豐奏賞頭品頂戴，並予其妻建坊。

但德格家族的悲喜劇，還在繼續上演。

阿甲和八巴，各自生有子女。阿甲有一子三女，兒子澤旺丹登，生於一九一六年；八巴之子噶絨翁堆，生於西藏。

一九一七年七月，駐守西藏類烏齊炮兵部隊長官余金海，因割草糾紛與當地部隊開火交戰，繼而戰爭升級，未及半年，藏軍攻佔了恩達、江卡、昌都等地，邊軍統領彭日升繳械投降。此次事件史稱「類烏齊事件」。

「類烏齊事件」發生後，西藏地方軍隊在英國人的幕後支持下，率兵大舉東侵，擴張到金沙江以東地區，並攻陷了德格土司舊有地域鄧柯、德格、白玉、石渠四縣，俘獲了阿甲夫妻及其家族成員，押往西藏。

阿甲之子澤旺丹登也在這一群俘獲的人群中。當時澤旺丹登只有兩歲，被押解到西藏後，他是在德格土司舊部下噶瑪澤加的撫養下長大的。長大成人後，澤旺丹登回到德格地方，繼承了德格土司的職位。

一九三二年，川軍二四軍向藏軍反攻，接連收復了康北數縣，並訂立《崗拖條約》，規定西康與西藏之防線以金沙江為界，雙方均不得逾越界線一步。

德格土司所轄之鄧柯、德格、白玉、石渠四縣，劃歸西康省。澤旺丹登為上述四縣的團防督察長和士兵營長。

自清末以來，德格土司內部已分化為親漢和親藏兩派。阿甲舊臣結成了親漢派，八巴舊臣結成了親藏派。

八巴的舊臣中，有個女子名叫澤旺志瑪，是當時聞名於世的「西康三大魔女」之一（另外兩位魔女分別是甘孜第七代土司擁金堪珠和瞻對上占土千戶甲日其麥志瑪），澤旺志瑪的丈夫原來是德格土司管轄的頭人，是八巴的心腹親信，死於戰場。澤旺志瑪承襲了丈夫的頭人職位，指揮夏克家族的人支持八巴。當八巴被趙爾豐的部隊擊潰向果洛方向逃亡時，澤旺志瑪便將孩子們用背筐馱在牛背上，追隨八巴逃往異域他鄉。

藏軍東侵，西康的土司制度死灰復燃，魔女澤旺志瑪也帶著孩子們回到了家鄉德格。

上一代的故事結束了，接著是下一代的故事上演。

澤旺志瑪有個兒子，名叫夏克刀登，後來成為西康省的一個傳奇人物。夏克刀登畢業於西藏經院，由西藏返回德格後，繼承其父職位參預土司政務，任軍事涅巴，掌管德格土司的武裝大權。

這個夏克刀登，即是德格土司內部親藏派的首領人物。

一九四二年，德格土司澤旺丹登病逝，一場爭奪土司位置的權力之戰，眼看即將爆發了。

澤旺丹登的兒子年紀尚幼，不能執掌政務。

夏克刀登一派力挺八巴之子噶絨翁堆與土婦轉房，承襲土司職位。噶絨翁堆從小生活在拉薩，擅長書法、音樂，為人彬彬有禮，頗具風度。當時噶絨翁堆已經結婚，妻子是一漢族女子，生有子女各一人。

夏克刀登提出土婦轉房，實際上是一次暗渡陳倉的權力轉移。

夏克刀登的這一提議，得到了西藏地方政府的呼應，他們極力主張「轉房」。但同時，也遭到了德格土司內部親漢派和西康省政府的強烈反對。

西康省政府當局，一面拒絕八巴之子噶絨翁堆進入德格，一面做土婦澤雍巴母的思想工作，勉勵她勵志守節，拒絕婚事。

「轉房」風波後來的平息，與夏克刀登的態度轉變關係極大。此時，夏克刀登與德格土司的矛盾已進入白熱化，夏克刀登號召民眾起來造反，廢除烏拉差役和土司制度，德格土司屬下的三十個大頭人中，有十五個完全站到了夏克刀登這一邊。夏克刀登不再維護德格土司，也對八巴

西康小知識

轉房

「轉房」，是過去邊地少數民族社會中的一個重要的婚姻習俗，各個土司部落實行情況又不盡相同。涼山彝族謂之為「喜瑪石」，凡有生育能力的婦女，如果丈夫死亡，無子女或子女尚未成年者，可選擇本家支近親屬再嫁。轉房是一個家族內部的事，一般由亡夫的直系親屬抉擇，也可由土司部落頭人作出決定，多不徵求婦女本人同意。

之子噶絨翁堆失去了興趣，轉房事件終於漸漸平息，噶絨翁堆失意地返回西藏，婚事也於無形中取消。

藏學家杜永彬先生曾對德格土司體系作過較為系列的研究。他認為，德格土司的行政機構分為四大系統：涅巴會議、軍事體系、古朝體系和管理官員。德格土司王稱為「甲波」，為最高行政長官，機構設在更慶官寨。土司之下由四大涅巴組成涅巴會議，負責處理土司轄區內外的一切事務。涅巴之下有正副相子，負責轄區的財政收支。相子之下設宗本四人，在鄧柯、白玉、石渠、同普四地代理行使土司職權。古朝體系代表土司徵糧、催差、解決民事糾紛和刑事案件，下設有知巴、灑本、協務等機構辦理具體事務。除此之外，還設有負責管理農區土地、糧食、牧場、牲畜、草料、徵稅等事務的官員。

德格土司的行政機構在當時是相當完善的，而且等級森嚴，先後頒佈了《十套教法》、《十六套教法》、《十三條禁令》等，如有違反土司意志，拒絕徭役、不納稅賦等行為，都要受到嚴酷的處罰，如鞭笞、監禁、吊打、挖眼、抽腳筋、裹在濕牛皮中然後放置到烈日下曝曬等等。

德格土司在其境內實施政教混合統治，這種統治機制，與德格所處的地理位置和德格土司發家史有著密切關係。

德格地處康北，與四川、西藏和青海邊境交界，深受藏傳佛教的影響。

佛教傳入西藏後，經歷了一千多年的發展演變傳播到德格地區，具有深厚的群眾基礎。德格土司要想牢固掌控對轄區的管理權，就需要得到僧侶們的支援。同時，佛教要向縱深發展，也需要得到土司權力的庇護。

相輔相成的依賴關係，像是一枚銀幣的正反兩面。

德格土司對境內的各個教派，採取了非常寬容的態度，並在行政和經濟上給予扶持。這一寬鬆政策的推行，使德格地區形成了藏傳佛教若干派別共存的局面。其中最為顯著的是苯波、寧瑪、噶舉、薩迦、格魯等五大派別。

苯波，又稱「**黑教**」，相信萬物都有靈魂，崇拜天地星宿，山川草木，以混亂的神話為其特徵。佛教傳入西藏之前，流行於西藏地區的原始宗教就是苯波教。早在西元六九九年，西藏吐番王朝大興佛教，壓制苯波教及其信徒，大批苯波教著名僧人逃往康北避難，使德格地區的苯波教得以發展。但是後來由於寧瑪、噶舉、薩迦等教派在該區域的相繼興盛，苯波教的生存空間被逐漸壓縮，到清末民初，僅在鄧柯、德格、白玉三地保留了八座規模較大的苯波教寺廟，其中德格的登青寺名望最高，是西康區域的苯波教主寺。

甯瑪，僧人頭戴紅色僧帽，因而被稱「**紅教**」，以蓮花生為祖師爺。據《舊西康省屬概況初稿》記載，八世紀末寧瑪教就已傳入德格。蓮花生大師遠赴金沙江東岸傳教時，告誡其信徒說：既然你們要跟我學習佛教，就不要再相信其他教派了，如果有人不聽，你們就起來打倒他！此後一段時期甯瑪教成為德格地區的主要教派，興建起了大批寺院。元代以後，德格地區的寧瑪教受到薩迦派和噶舉派的擠壓，不少寺廟改興起了薩迦教和噶舉教，再後來幾經起落，至清朝末年，德格境內擁有寧瑪派寺廟六十餘座，僧人近兩萬人，是該地區宗教實力最強大的教派。

噶舉，僧人身穿白色僧袍，因而被稱「**白教**」。該教注重修行，不重典籍，由一代代上師相傳而無間斷。南宋高宗時，噶舉教派高僧達波拉吉去西藏，路途康北德格境，在這一帶的寺院裡傳教，有信徒一千餘人。此後幾經變遷，至清雍正年間，西藏噶舉教派高僧在德格境內的一座山崗上興建了八邦寺，八邦意即吉祥之地，最盛時僧眾八百餘人，以唐卡、藏醫、經書著稱。八邦寺規模宏大，殿堂雄偉壯觀，其建築沿山勢拾級而上，層層疊疊，是西康寺廟建築之最佳者，有「小布達拉宮」之稱。至清末，德格地區的噶舉派寺廟共有三十多座，僧侶近萬名。

格魯，僧人頭戴黃色僧帽，因而被稱「**黃派**」。格魯教派興起時間較晚，直至明朝永樂年間，才由西藏歷史上著名的宗教改革家宗喀巴所創建。格魯教派的傳承方式相當繁瑣嚴厲，與達賴、班禪活佛的轉世方式相接近。清順治十一年（一六五四），五世達賴喇嘛派弟子赴康區傳教，次年在德格建起了第一座格魯派寺廟——更沙寺，此後格魯教有所發展，至清康熙年間，格魯派寺廟有十幾座。但由於傳入德格時間太晚，其勢力並不大。

薩迦，因其寺廟圍牆塗有紅、白、黑花紋，因而被稱「**花教**」。南宋末年，薩迦教派傳入德格地區，至元朝中統元年（一二六〇），在這裡修建了薩瑪寺，之後薩迦派寺廟迅速增加，先後興建了仲凱寺、汪堆寺、銀南寺、龔埡寺、白埡寺、柯洛寺、更達寺、嘎能寺等寺廟。在這些寺廟中，名聲最大的莫過於薩迦派主寺——更慶寺，該寺於清朝初年第六代德格土司開始改建（原為寧瑪派寺院），經過第七代和第八代土司繼續擴建，終於建成。更慶寺是德格土司家廟，規定土司長子主持寺政，所以該寺至今無活佛。更慶寺還分管著白玉、石渠、江卡等縣的十餘座寺廟，這足以顯示薩迦教派在德格地區的強勁勢頭。

更慶寺主殿西側，是聞名於世的德格印經院。據《德格世德頌》記載：德格印經院始建於雍正七年（一七二九），出自德格四二世土司丹巴澤仁之手。

頭頂上閃爍著先輩榮耀的光環，戰馬踏勘出遼闊的土地，德格家族的後裔逐漸意識到，長期在馬背上征戰，風沙塵土掩埋了智慧之光，如何在漫長的歷史中找到一處精神的棲息之地？他們決定修建一座藏文印經院，弘揚藏傳佛教，鞏固德格家族的統治地位。

印經院修在什麼地方？這裡有一個美麗的傳說：一天，土司丹巴澤仁走出更慶官寨，沿河岸往西散步，只見耀眼的陽光照拂著群山和植被，連同官寨的金頂，全部被燃燒成了一片金黃色。裸露在河灘上的石頭，像一顆顆朝聖的心靈，在陽光下散發著光芒。官寨前後的村莊和成片的樹林，恍若是一個仙境，經幡飄蕩，朗經聲繼續傳來……忽然，一頭馱牛不知何故受驚，撒開四蹄狂奔，所馱的貨物灑滿一地。丹巴澤仁上前詢問，方知趕馱牛的平民是從金沙江對岸的西藏而來，他刻製了一部名為《稱多》的經書，要獻給德格土司。

後靠大山，前臨小河，經版遍地，佛法無邊。於是，德格印經院的選址工作，就在不經意間完成了。

據《德格世德頌》記載，早在德格印經院修建之前，第十代德格土司桑結登巴就完成了藏文轉譯梵文、烏都爾文的《般若波羅密多經八千頌》和釋迦牟尼十二弘化插圖的刻版，約有一千五百多塊。清雍正七年（一七二九）至乾隆三年（一七三八）約十年的時間裡，德格印經院完成了《甘珠爾》、《丹珠爾》、《薩迦五祖文集》、《佛教源流》、《修法儀軌》等典籍印版的刻製、編校，使德格印經院所藏藏文典籍刻版數量猛增到九萬多塊。

如今人們稱頌德格印經院是一個奇蹟。偏遠落後甚至還保留著原始氣息的德格，居然建造了這座氣勢恢宏的印經院，儲存了藏族文化百分之七十的古籍，其間有何奧秘所在？

今日的德格印經院庫房裡，存放著二十多萬塊雕刻印版，有經文、史籍、畫版等，人稱是藏族文化的一座萬里長城。

德格印經院是藏族傳統文化的一面旗幟，它那沉甸甸的份量，讓後來的無數觀光客為之讚歎不已。

瞻對之役的記錄者

一部紛繁複雜的西康近代史，我們還是再從瞻對說起吧。

光緒二十二年（一八九六）農曆六月初八，山谷間響起了一排清脆的槍聲，駐紮在瞻對的清軍與藏兵正式交火，瞻對之役拉開了序幕。

這場持續了三個月的戰事，最初似乎是因擦槍走火而引發的遭遇戰，隨著戰爭的步步深入，瞻對之役的幕後背景逐漸顯露，是役波及面甚廣，既涉及到瞻對的歸屬問題，又牽扯到清廷官場的人事糾葛，還影響到清廷最高層的判斷和決策。

戰事發生的前一年三月，鹿傳霖上任四川總督後，瞻對問題就一直是他的心頭之痛。由於歷史形成的原因，瞻對成為一塊「飛地」，交由藏官管理，他們每每恃其地險兵強，屢次三番侵擾附近土司，越界滋事。鹿傳霖在給清廷的報告中反覆陳述一個事實：「瞻民既苦番官之虐。久思內附，正宜設法收回。」

本書前邊章節講述的一系列事件（瓦述村牧民、明正土司、章谷與朱窩、德格家族等），可以作為鹿傳霖報告的一個佐證。關於這方面的材料有不少已經淹沒在歷史中了，不過還是能找到蛛絲馬跡。劉贊廷著《民國瞻化縣圖志》中就保留了一些土司、頭人狀告藏官的狀紙。順便挑出一份來看看吧，〈德格昌科頭人百姓等稟報飽受番官虐待情形文〉云：

德格屬下昌科頭人、僧俗、百姓等，自古以來都是大皇上的好百姓，並無叛逆犯法各事，亦無偷竊等事情。自從藏王派來有一番官，平時由我們地方界內經過它時，我們頭人百姓等受他苦楚甚多，凡他收差過界時，所用烏拉若干均要照數支應，再他每年所放各處差糧貨物及販運鹽巴數千馱，亦均要照數支應。烏拉不能短少一匹，並無分厘腳價，他們販運之差役每年來往最多。每回派來之人每名每夜要供程儀藏洋百拾元之多，每逢販運一站，定要栽誣損壞賠償款銀……所稟一切苦情是實，今大皇上派來欽差大臣駕臨德格，待我們土司、頭人、僧侶、百姓等萬分恩厚如同父母，凡大臣諭示一切我們惟有遵守照辦。

當山谷中槍聲響起的時候，西康邊地的大多數原住民都心存喜悅，期盼早日擺脫痛苦的生活。

縣官張繼，十分理解那些原住民的心境。應頂頭上司鹿傳霖之召，張繼墨經出山，任爐城知縣以來，其處境只能用「艱辛」二字形容。川邊土地貧瘠，財政收入微薄，經常還出現赤字，所謂「三年清知縣，十萬雪花銀」對他來說，只能是一個不可企及的傳說。好在張繼此次應召出征，心思並沒有往賺取錢財方面多想，而是另有所圖，他將賭注押在了仕途上。按照他內心的設想，只要在這貧瘠的邊地好好幹上幾年，總督鹿傳霖是不會虧待他的，官場上的路，往往憑藉的就是上司的一句話，何況鹿總督十分賞識他。

懷揣著這樣的夢想，張繼在知縣位置上幹得非常敬業。

張繼平常生活的大部分時間，都花在了處理公務、遊歷瞻對全境，勘察地理和瞭解民情上，偶爾也會花點時間詠詩作文，但那些詩文都與當地民俗風情有或多或少的聯繫。比如他在私家筆記《定瞻廳志略》中留下的印痕：

> 此地田多傍山，自三月雪消方播種，若遇雨水延期，則赤地無收者多矣。土司於近水之處教夷民作輪車以救灌之，亦可小補。至於地震，時常有之，惟去歲為甚。明正地方，房屋碉寨倒塌甚多，砸死人畜不計其數，有一村全部壓斃者，皆因夷民修平房以木架，上填石土，所以一搖即倒。幾番延請漢人懂土木者，教夷民結實修屋，亡羊補牢。
>
> 至於冰雹，年年都有，若遇之，有顆粒無收之憂。但喇嘛能祈福保佑之，此異端不可廢者也！今歲雅礱江水氾濫，近岸田地房屋頗受其害。見有似蛇非蛇者二物甚大而黑，順流而下。聞前瞻對似見有此物，順江游下，今又復然，不可解也。喇嘛云此地當有兵災，於河邊修一經樓，立石碑以禳之，未知能否應驗？夷民最畏寒病瘟疫，若得病，土司為之驅逐而封其室。有下瞻對一村，碉房全空，田地盡荒蕪，欲招百姓，則無應聲。經查此病役已三年矣。

瞻對之役發生前後，張繼也記錄下了當時的情形：

到瞻對之日，瞻民簞食壺漿以相迎矣。繼到之後，周（萬順）軍盡出，方清戶口、定稅役，問民疾苦，則皆訴逆番之苛虐，各土司亦呈訴屢被欺壓侵佔之苦。是時逆番尚徘徊於德格之剛多竹卡，繼遣兵驅逐，瞻民也欲從而追殺。

在第一線指揮這場戰事的是四川提督周萬順。領兵的有候補知府羅以禮、知縣張繼、穆秉文，把總盧鳴揚、參將李飛龍以及明正、德格、章谷、孔撒等大小土司的軍事首領。初戰進兵的場景並不順利，士兵們從爐城出發，出關之後山路崎嶇不平，瘴雨蠻煙，荒涼萬狀。大軍所過之處，人跡罕見，平時根本就沒有人行走。沿途溪流縱橫，士兵涉水而過，寒冷刺骨。雖然季節是夏季，仍有飛雪瀰漫於天地間，偶爾還有冰雹襲來，夜間設帳露宿，不少士兵染上了疾病。

前方的偵察兵傳來情報：駐紮在瞻對的藏兵已經做好了戰鬥準備，「瞻王」對堆奪吉任命則忠雜雄為大元帥，前方不遠的十餘座哨樓木寨裡，每一處都佈置了火力點，準備堅守。藏官將土司官寨變成了軍事要地，派出士兵層層守備，連當地原住民也不許靠近。士兵們還將雅礱江的木橋燒毀掉了，以阻斷川兵的進攻線路。

經張繼查閱地圖，前方地名叫一日溝。

一日溝素來是入瞻要衝，為固守瞻對之咽喉。山深樹密，險峻異常。但是在瞻對的軍隊並未能夠阻擋住清軍進攻的步伐。清軍一路長驅直入，勢如破竹。

以前的四川總督琦善在攻打瞻對的戰鬥中，統率大軍進剿多年，勞師糜餉，士兵傷亡慘重，均未得手。這一次提督周萬順僅率川兵四營，數日之內，竟連克幾道險隘，攻抵麥科一線，無論官場還是民間，聽到這個消息莫不稱奇。

四川總督鹿傳霖在給清廷的報告中，描述了士兵突破一日溝的情形：

士兵們各帶乾糧，管帶朱蘭亭率左哨由左山梁進，副將李章率中、右兩哨，會同曹懷甲並明正士兵馬隊，由一日溝直入十五里，至桑貓地方。松林深處，忽聞動靜，疑有伏兵，開槍轟擊，果然有騎兵步兵四五百人突出接仗。鏖戰數刻，勢不能支，且戰且退。李章率部追擊，擊斃對方士兵二十餘人，馬賊五人，戰馬十六匹，割取首級七顆，餘賊受傷墜下懸崖者不計其數，我軍受傷十一人。

清軍進抵至瞻對一帶，周萬順調派了幾門開花炮，準備進攻。進攻之前周萬順先採取攻心術，廣發佈告，派遣秘密間諜，開導瞻對地方土司和百姓，讓民眾協手同心，共同捉拿藏官首領。

果然，攻心術效果顯著。在聽了秘密間諜的開導後，有甲科土千戶名奪圖幹者，率士兵兩百人前來投誠。之後不斷有藏兵頭目和當地附瞻士兵前來投降，計有夾科百姓一百餘戶，瓦述帳房百姓兩百餘戶，以及附近喇嘛寺院的僧侶三百餘人，瞻對藏兵人心已失，大勢已去。

從當年的軍事地圖上可以看到，瞻對藏兵的巢穴有新舊兩個寨子，相互毗連，均修築於高山險峻之處，一面背靠山崖，三面環列著十七座碉樓，星羅棋佈，互為犄角，均能以槍石轟擊互相援救。

川兵大軍壓境之時，「瞻王」對堆奪吉正在生病，他躺在床上，默默地流眼淚。現在我們看到，人老了，對堆奪吉不再像傳說中的那樣堅強，甚至有點脆弱，一聲聲長歎短噓，懷念昔日在拉薩的日子。

那天藏軍軍官們召開了一次軍事會議。會議由對堆奪吉的兒子楞殊主持，參加人員有則忠雜雄、夷喜土布丹、哈桑巴等。對堆奪吉被人攙扶著來到帳房，一言不發地坐在虎皮座椅上，沉默得像一尊青銅雕塑。寨外漢兵重重包圍，人人都有一種末日即將來臨的感受。

會議形成了三條決議：一是派遣一個小分隊掩護對堆奪吉從山後撤退；二是則忠雜雄帶領另一支小分隊，渡過金沙江，火速去西藏搬救兵；三是由楞殊領導寨子裡的防禦保衛戰。

這場戰鬥進行了整整半個多月。

在給清廷的報告中，鹿傳霖如是敘述：

……一面徵調樹林，趕造極厚重的盾牌，一面募雇礦工，挑選健勇男兒，挖地道深入寨牆。周萬順親自督戰，至四更始將地道挖成，十八日黎明，各營士兵前進直攻第一水寨，賊用槍石轟擊，我軍用盾牌自衛，哨弁陳長信急忙背負洋藥二桶，裝入洞中，點燃引信，寨牆轟然倒坍。我軍乘勢攻入，將寨子焚燒，俘獲番婦一名，認明賊屍內有藏番帶兵大頭人一名，朱窩大頭人一名，工曲大頭人三名，乍丫大頭人二名。我軍亦陣亡差弁一名，勇丁五名。

……三十日夜，我軍進攻第二座水寨。賊不敢復出，我軍遂直抵寨前，挖掘地道，用炸藥轟塌，斃賊無數。

……九月初一，周萬順偵知賊之水寨守備嚴實，議乘其不備，攻取右山第二碉樓。是夜二鼓，銜枚急進，抵賊巢，賊以長矛飛石直犯我軍，我軍多有傷亡。此碉直立懸崖，道路極陡險，有新寨互為犄角。時以銅炮轟擊，賊方哭聲震天，我軍一湧而前，挖成地道，急以洋藥填充，轟塌碉樓，乘勢攻入，將碉內悍賊殲滅殆盡。

……十六日午後，附近各碉紛紛遷入大碉，賊已無固守之志。各營進兵，取其附近之碉，四面包抄，齊聲吶喊，賊眾驚慌失措。時有鄢明慶率兵勇數十名，傍山而行，撲入一碉，破門而入，數人跳窗而下，立為我軍轟斃。如大雨如注，當即收兵，計先後奪取五碉，共陣亡勇弁十七人，受傷七十三人。攻瞻之役，此次最為惡戰。後又連日進剿，攻取五碉。

關於瞻對幾名主要藏官的下落，張繼在《定瞻廳志略》中做了交代：對堆奪吉在逃亡途中行至察木多病故；其子楞殊，遭受清軍開花炮彈轟擊，在碉樓中斃命；則忠雜雄渡過金沙江去搬救兵，途中被清軍攔截，逃亡後不知其下落；夷喜土布丹、哈桑巴等人，在清軍攻下碉樓後被俘投降。

這場長達三個多月的戰事，雖然過程漫長而殘酷，其結局在鹿傳霖看來是十分滿意的。駐紮在瞻對的西藏勢力全部被摧毀，收回瞻對在望，鹿傳霖在報告中不止一次發出感歎，他的願望快要實現了。

在給清廷的報告中，鹿傳霖除了一次次描述戰爭場面外，還不忘給戰場上的將士們請功。在為縣官張繼的請功陳述中，鹿傳霖寫道：

丁憂知縣張繼，將瞻對各事聯為一氣，統籌妥辦，不辭勞累，深得眾心。其才識超群，功績卓著，實為近今所罕見。該員雖未衝鋒陷陣，而於狂風積雪之中，裹糧露宿，山險林深，踏行於無人之境者十餘日，均屬異常出力……。

鹿傳霖在保薦信中，建議將張繼升任知府，留任四川。

然而，接下來的一場政壇風雨，將鹿傳霖的政治構想衝擊得七零八落，其下屬縣官張繼也深陷其中，成了一隻倒楣的替罪羊。

一般在很大的政治棋局中，張繼只是一枚很小的棋子。他的上司鹿傳霖此時抬抬手，想把這枚棋子挪動一步，而鹿傳霖的政治對手也看中了這枚棋子。矛盾焦點陡然間集中到了縣官張繼的身上。

鹿傳霖的政治對手，是時任成都將軍的恭壽。

恭壽是庸碌之人，但其政治背景不一般，早年曾在恭親王奕劻府中任事，又與晚清重臣榮祿有姻親關係。晚清官場已經腐敗至骨髓，關係勝過才幹，能臣處處遇阻，庸才往往能做大官。

在這方面，早年的鹿傳霖有點不識時務。他對那位才幹平平的滿人權貴並不是太放在眼裡，常有輕慢之意，有關四川府的大小事務，也從來不與恭壽商量。更讓恭壽惱火的是，鹿傳霖在關於在川邊改土歸流的大事上，並未同他商議，而直接將他列入名單聯名上奏。直到清廷的批覆下來，恭壽才知道這件事，這引起了恭壽的極大不滿。

恭壽要向鹿傳霖展開反撲，第一個開刀的目標就是張繼。

在寫給清廷的申述信中，恭壽道出了他的委屈：川邊改土歸流是國家大事，非同尋常，四川總督鹿傳霖事先並不與奴才商量，竟將奴才銜名列入奏摺中，真乃荒唐至極，古往今來從無此做法。

之後恭壽筆鋒一轉，拿縣官張繼做起了文章：

瞻對善後委員張繼稟稱，德格老土司派遣人員赴該營陳訴冤苦，言其次子廢父自立，恣行不義，苛虐土民，稟請查辦，並願獻土歸誠等語。該督不察虛實，即飭該員往取其地。而張繼急於邀功，遂將該土司全家誘獲押解送到成都，分別隔開監禁。

恭壽說，張繼的稟報中存在著若干疑竇，既然是德格土司自願獻出土地和百姓，這種行為可喜可賀，應當嘉獎，又為什麼要捉拿他們押解省城，分別監禁？恭壽說他在此期間曾數次提審，德格家族成員所供稱的情節，與張繼的稟報大相懸殊，恭壽懷疑張繼所稟報的是虛假事實。

關於這件事，恭壽已經委派打箭爐同知武文源前往核查。

武文源和張繼是同僚，兩人原先私誼尚可。但是人在江湖，身不由己，官場上的利益決定了他們各自的立場，張繼是鹿傳霖的親信，武文源是恭壽的心腹，上司的政見分歧導致了他們的貌合神離。

武文源的調查報告完全站在了恭壽一邊：

德格土司夫婦及二子日前由爐城押解省城後，德格全境人心惶惶，道路傳聞，如不放回，將來必生事端。又聞張繼在德格派捐納稅，邊地土司、頭人和百姓均不服，已調兵將張繼團團包圍在更慶官寨，施放槍炮，索要土司。後有明白頭人出曰：我們是大皇上百姓，不可胡為。但向其索回我們土司，如土司不回，我們亦不放他出境等語。並聞關外各大小土司，均因德格土司被張繼無故誘擒，各將官寨財物搬運一空，準備了槍炮，預為防備。

在武文源這份調查報告的基礎上，恭壽添油加醋，強調恬淡的邊地風情畫已經被粗暴的馬蹄聲和尖銳的槍炮聲所侵擾，張繼擅開邊釁，實為罪魁禍首。

按清朝官制，成都將軍的品級是從一品，各省總督也只是正二品。這麼高級別的官員，要彈劾一個七品芝麻官，就如同伸手去捏死一隻螞蟻，哪裡算個什麼事兒？張繼的倒楣日子就此降臨，他被貶官，摘去頂戴花翎，解送成都，關押在一間密室裡接受調查，並險些遭受牢獄之災。直到多年以後，鹿傳霖在京城東山再起，進入清廷核心圈軍機處做了高官，張繼的命運才發生了轉機，赴山東當了一名知府。

清末的鍍金時代

鹿傳霖最初向清廷提出收回瞻對的主張時，中央政府表示了支持，光緒皇帝發佈上諭：值此危急之際，當挑選精明強幹大員，添募得力營勇，奔赴打箭爐駐紮，不動聲色，相機妥辦。如瞻對有機可乘，即可招撫土民，收回該地，以固川省門戶。

很快，清廷的態度就變得曖昧起來。

三個月後，政府高層致電鹿傳霖，告誡他不要輕易在瞻對用兵，章谷與朱窩案如果處理完結了，是否改土歸流，或仍設藏官，當再斟酌妥辦。事情棘手，應當通盤考慮，切勿魯莽行事！

對於清廷的態度變化，鹿傳霖為之不解，他的情緒也開始焦灼不安，屢次三番向中央發電報，條陳縷析，表明自己的立場和觀點。鹿傳霖反覆強調收回瞻對的重要性，他陳述道，政府若輕率放棄瞻對，會使川邊的土司和百姓失望，進而失掉人心。鹿傳霖還說，瞻對一旦收回，財政上經營不成問題，該地素來盛產黃金，只是當地人不知開採，導致大量流失。如收回後設法開採，足以供給改設官制的一切經費，不需要另外籌集。

對於鹿傳霖接二連三雪片般飛來的電報，清廷的態度卻十分冷淡。

鹿傳霖所擺的道理清廷高層並非不懂。只是清廷高層看問題的角度不同，得出的結論也不相同。

簡單地說，此時清廷重點考慮的是穩定。

十九世紀末，清廷對外開放了西藏，這塊原始神秘的土地變得更加動盪不安了。光緒二十年（一八九四），十三世達賴喇嘛土登嘉措親政，這年他十九歲，有理想，有抱負，不想成為清政府擺放在西藏的一個傀儡，他對清廷妥協示弱的外交政策也有頗多不滿。他主張抗擊英國侵略者，捍衛西藏主權。

但是清廷對此的反應，可以用「冷漠」兩個字形容。

土登嘉措繼續尋找外援，轉而向俄國人送去了橄欖枝。達賴喇嘛的這種做法，超出了清廷所能承受的底線，是清廷絕對不能容許的，因此，清廷與達賴喇嘛的關係遽然變得緊張起來。

光緒二十五年（一八九九），西藏發生了一起預謀暗殺十三世達賴喇嘛的案件，對於這個案件，人們眾說紛紜。

當時的情形是：謀殺者將達賴喇嘛的生年月日寫在符咒上，埋在布達拉宮四周以及其他神地，進行詛咒。又派人送給達賴一雙靴子，靴底縫上達賴生年月日的符咒。達賴穿上後略感不適，旁邊有高僧看出靴底的可疑之處，拆開檢查，發現了符咒。根據這一線索追查，逮捕了一些潛伏的僧人。

從這個案件不難看出，圍繞在達賴周圍的權力之爭，已經尖銳激化到了需要通過暗殺來解決的地位。

尤其是瞻對事件發生後，清廷與達賴的矛盾再一次緊張。清朝駐藏大臣寫給皇帝的報告中，到處夾雜著這樣的句子：「達賴諸事掣肘，難以著手」，「藏番籍以挾持」，「達賴因瞻對用兵，未能心悅誠服，瞻對之事辦理稍有不慎，必然牽制全域，俱形窒礙」等等，從中可以明顯感受到雙方難以調和的氣氛。

中國歷代都存在著一個規律——王朝本身走向衰弱，對邊疆的控制和經營能力也隨之削弱，清王朝也沒有逃過這個規律。

瞻對問題形同一個晴雨表，其演變不僅牽涉到西藏與四川的關係，也直接影響著西藏與中央政府的關係。這也是清廷不得不放在首位考慮的。

從全盤來考慮瞻對問題，清廷否定了鹿傳霖的意見，對達賴喇嘛和西藏地方政府給予安撫，決定維持瞻對原狀，由西藏繼續委派藏官管理瞻對事務，同時，還解除了鹿傳霖四川總督的職務，調回京城，聽候安排。

前文提到的成都將軍恭壽的告狀信，給了四川總督鹿傳霖最後一擊。

在那封告狀信結尾，恭壽的筆觸微帶譏諷，他說鹿傳霖辦理邊地事務，也許是別有深意，非奴才所能揣測的。如果說有利於時局，無論列名是否經他允許都沒有關係。奴才仔細研究了鹿傳霖的報告，似乎鹿總督早有主見，不需要同任何人商量，奴才的名字列在其中，也沒有任何意義。今後凡鹿總督寫給朝廷的報告，用不著再簽上他的字，讓鹿總督一個人負責就行了。

這些形同怨婦的牢騷話倒還沒什麼，更惡毒的是恭壽將軍提了一條建議：

> 奴才悉心思維，此事轇轕實甚，非設法調停，別無善策。今事機愈重，非派大員秉公妥辦不能濟事。若由京簡派，誠恐緩不濟急。查駐藏大臣文海在川日久，情形已熟，現由川赴藏，尚未出關，可否請皇上明降諭旨，飭下文海就近體察情形，相機妥辦，俾弭患于未成，實為一舉兼得，似於川藏邊務，均有裨益。

翻譯成現代白話：這件事縱橫雜亂，非得派一位大臣來秉公辦事，才可解決。恭壽向清廷推薦的人選是駐藏大臣文海。

——這個建議，正中清廷下懷。

瞻對問題已成清廷的心頭之患。強硬派鹿傳霖的做法，在中央政府遭到了以恭親王為首的溫和派的反對，早已有替換鹿的意思，只是沒有合適的人選。那麼恭壽信中提出的文海是個什麼人呢？

文海（？—一八九九），字仲瀛，滿洲鑲紅旗人。此人精通滿漢語言，早年以翻譯身份考取內閣中書，任軍機章京。曾在貴州任過知府和按察使等職。他被任命為駐藏大臣是光緒二十二年（一八九六）二月，時已身體老邁，拖著一把老骨頭去邊地，他並不太心甘情願。

他走走停停，這年五月來到了成都，向朝廷寫信談條件。

文海在信中說，若要進至西藏，非懾以兵威不可，擬招兵勇五百名，帶領進藏。朝廷回覆道：可以招募兵勇，但必須迅速入藏。至於招募兵勇所需糧餉（每月二千兩），請四川總督鹿傳霖按月撥給。

為了每月二千兩白銀的費用，文海與鹿傳霖之間起了齟齬，雙方心存芥蒂。這點小小的不愉快，導致文海屁股坐到了恭壽一邊，兩人聯名彈劾鹿傳霖。

川邊道路難走是一回事，文海不想急於進藏是另一回事，這兩樣加起來，使得文海進藏的時間變得特別漫長。這年九月，文海行至打箭爐，十一月末，行至拉里（今西藏嘉黎縣）。

雖然說，文海進藏的腳步慢得像蝸牛，但是在彈劾鹿傳霖上，他的行動快得像是一陣颶風。

文海在給朝廷的幾份報告中，彙報了他所調查到的情況，認為天下本無事，全都是被鹿傳霖給搞砸了。尤其是德格土司家族成員被押解至省城事件，在邊地造成了極大的混亂，道路傳聞，莫不驚駭，各大小土司均有不安之象。有的地方（如孔撒、麻書土司）深恐唇亡齒寒，在各險要隘口架設槍炮，其餘關外土司也深感憂慮，紛紛收拾財物準備逃難。

文海像一位醫生診斷病情：川邊各土司與西藏呼吸相通，風俗語言相同，現在德格土司無緣無故要改土歸流，不僅當地土司和百姓不服，即使達賴喇嘛也代為不平，這個潛伏的隱患不能不防。他開出的藥方是：邊地各大小土司，暫時無須改土歸流，維持原狀，保證川邊以及西藏的穩定。

至於鹿傳霖派兵收復瞻對一事，文海也認為並不妥當。他請求朝廷重新加以考慮，將瞻對交回西藏管理，以取信於達賴喇嘛。

文海的請求得到了清廷的回覆：「所有三瞻地方，仍著一律賞給達賴喇嘛接收，毋庸改土歸流。」同時，清廷在給文海的一封密件中叮囑：賞還瞻對之後，達賴必定會感謝，但是要提防藏官返瞻對後挾私報復，大肆苛虐，請文海迅速與達賴見面詳談，免得再滋生事端。

文海約請達賴見面會談，但是達賴始終以各種理由推託。

不過，達賴托噶布倫（西藏上層官員）帶來了口信，瞻對地方承蒙聖恩賞還，達賴自然會謹慎挑選藏官去管理，敬請放心。

文海堅持道：口說無憑，須立字據為證。經過反覆商談，達賴終於寫了張字條，內附四條內容，大意是約束藏官，不准侵擾苛虐等等，並表示以後藏官若再滋生事端，就拿達賴是問。為了表示友好，達賴還隨信帶來了一條哈達。

文海將事情經過向朝廷詳細作了報告，並提出了他的看法：臣以為瞻對已經加恩賞還，達賴也寫了字據不敢違旨，就不必要再追究了。應請四川總督恭壽交代瞻對地方嚴格照此執行。至於西藏方面，他已和達賴的使者達成協議，不准滋生他事，這件事情請皇上不用操心了。

對文海的忠誠和盡心盡責，清廷給予了嘉獎。至此，由鹿傳霖力主的收回瞻對，在川邊推行改土歸流的計畫全部破產，仗白打了，血白流了，一切又回覆了原樣，像一排拍擊沙灘的浪花，退潮後竟沒有留下什麼痕跡。

鹿傳霖此時的悲涼心境可想而知。

鹿傳霖被召回京城後，仍堅持己見，多次給清廷寫報告，陳述自己的觀點，據理力爭。但是他的意見終不為清廷所採納，鹿傳霖心懷耿耿，乃將籌辦瞻對的公文報告和諭旨整理成冊，刊佈於世，意在讓後人去評說。

於是有了流傳不廣的《籌瞻疏稿》。鹿傳霖自序云：「竊慮此後藏不易保，蜀亦必危，屏藩盡失，大局何堪設想！爰以前後疏稿付梓，略述事之顛末，敢以質諸識微見遠之君子。」

文字擲地有聲，一腔忠誠憤懣之情，躍然紙上。

卷二

磅礴的邊地史詩

桑披寺，桑披寺……

四川鄉城縣政府所在地叫桑披鎮，現在更名為香巴拉鎮，藏語裡「香巴拉」和「香格里拉」意思相同，都是人類想像中的仙境樂土，是伊甸園、烏托邦、世外桃源的代名詞。

然而在這塊土地上，卻發生過那樣恐怖的故事，充滿了暴力和血腥味。太深的傷口，你不敢去觸碰；太殘酷的現實，你不敢去注視。

讓我們平復一下心情，慢慢來講述這個故事。

桑披鎮古為白狼羌地，唐朝屬吐蕃，清朝屬理塘土司管轄，進入民國，趙爾豐推行改土歸流，這裡先後屬川邊道和西康省第五行政督察區。

鄉城的寺廟文化在整個西康名聲遐邇，甚至遠播西藏。桑披鎮有座桑披寺，金碧輝煌，香火鼎盛，有超凡脫俗之美。打個比方吧，相對於寺廟文化興盛的鄉城而言，桑披寺像是鑲嵌在皇冠上的一顆明珠。

桑披寺建於清康熙八年（一六六九），在五世達賴喇嘛的宣導下，將原屬噶舉教派的寺廟改建為格魯教派的寺廟，成為康巴地區格魯教派最著名的十三座寺廟之一。其名聲大振還與名人效應有關：清嘉慶十六年（一八一一），桑披寺的主持赤江活佛成為第九世達賴喇嘛的經師，幾年後又榮登第六十九任「噶丹法王」的寶座，桑披寺也無可爭議地成為康藏地區的令人矚目的名寺。

早在鹿傳霖任四川總督時期，桑披寺便糾紛不斷，成為川邊地區繼瞻對之後的第二個亂源。該寺堪布普仲扎娃派遣僧官長期駐在拉薩，秘密聯絡西藏政府，只聽從瞻對方面的指令，不服清廷管理，甚至於擄掠搶劫，抗差抗糧，恣意妄為。時任四川總督的鹿傳霖在給清廷的一份報告中云：

桑披寺久與理塘僧俗仇殺，案懸多年。此次李朝福前往查辦，冒險深入，嚴詞詰責，致激而被殺戕。該寺僧恃險負隅，本自守之賊，非出擾劫奪者可比，不足以煩大兵。惟扼其要隘，隨時開導，相機誘擒渠魁，再行結案，仍可徐圖也。

鹿傳霖報告中所提到的「理塘僧俗」，指的是長青春科爾寺（又稱理塘寺）。這是西康地區另一座極享盛名的寺廟，明朝萬曆八年（一五八〇）由三世達賴喇嘛索南嘉措親手創建。傳播久遠的故事是這樣的：三世達賴在青海安多地區傳經後返回西藏，途經理塘，看到了一處奇境——北邊山峰高聳，像一尊財神盤腿而坐；西邊山勢險峻，像一隻巨鵬展翅欲飛；東邊山嶽奇妙而有趣，像側臥於此地的一頭大象，伸出長長的鼻子去喝水，恰好有兩道清泉從象鼻底下潺潺流過。達賴給那兩道清泉取了美妙無比的名字，左側是無量壽甘露，右側是蓮花生甘露。

因為是三世達賴親手創建的，又有這段傳奇故事，長青春科爾寺的名聲遠播。全寺有僧房數百間，可容納僧侶三四千人，常駐喇嘛約兩千人，是西康地區喇嘛數量最多的寺廟。

桑披寺是長青春科爾寺的屬寺，按說下級應當服從上級管理，可是桑披寺偏不這麼認為，他們對長青春科爾寺的長期管束有著強烈的抵觸情緒。正像一首民謠所唱道的：「太陽和月亮出現的時辰不同，它們無法在天上相聚；犛牛和雄鷹生長的山林不同，它們無法成為說話的朋友。」

光緒十七年（一八九一），兩座寺廟之間因繳納糧款發生矛盾，桑披寺僧人前往理塘地方收取糧款，又不向長青春科爾寺的堪布報告。等到長青春科爾寺方面追究起來，桑披寺遂投靠瞻對藏官尋求保護，試圖脫離長青春科爾寺的管轄。

矛盾衝突發展到了不可調和的地步，雙方最後的解決辦法是動武。

兩座寺廟都是大寺廟，各有僧侶喇嘛過千人，幾次大規模的械鬥，焚殺百姓無數，影響秩序，危及安寧，驚動了時任四川總督的鹿傳霖。

於是鹿傳霖派遣守備李朝勝前往處理。按清朝官制，守備是正五品，相當於今天的副廳級武職外官，鹿傳霖寫給清廷的報告中稱李朝勝「諳熟夷務」，就是說這個人對西康的邊務十分熟悉。

這話一點也沒有說錯。李朝勝是瞻對土生土長的康巴人，從小在牧場放牧牛羊，年齡稍大後當烏拉[1]，一次馱東西運往察木多，途中丟失了一個銅壺，犛牛馱隊的頭頭懷疑是他偷了，威脅說要殺他的頭，李朝勝連夜逃跑，跑到四川去當了兵。此人作戰勇敢，機智過人，很快就鍛煉成川軍中的一名優秀將領，升到了守備的位置。

[1] 烏拉，農奴為官府或農奴主所服的勞役。

李朝勝覺得吃軍人這碗飯不錯，雖然苦點累點，但是只要肯努力，就會有光明的前途。何況軍隊包吃包住包穿衣，衣食無憂的日子形同神仙。他把自己的兩個兒子也帶到部隊，一個是泰甯營戰兵李光宗，一個是松潘營守兵李光培。

接到鹿傳霖的命令，李朝勝上路了。

他有點大意，只帶了七個兵，其中除了他的兩個兒子李光宗、李光培外，還有買光榮、張光得、傅文斗等。

這幾個帶槍的人，來到一個叫熱察卡村的地方，停了下來。

熱察卡是藏語，意思即熱水塘，用現代語言說就是一口溫泉。當地人管這地方叫做「然烏」，也是一句藏語，意思是銅做的水槽。李朝勝看著溫泉四周水汽氤氳，猶如一派仙境，而且是「養在深閨人未識」的仙境，禁不住有點心動，一個個脫掉衣服，跳進溫泉中泡澡。

就像今天有身份的人去洗桑拿一樣，總會有人替他們買單的。那天替李朝勝們買單的人是桑披寺堪布普仲扎娃。準確地說，春風滿面的普仲扎娃是專程從桑披寺趕到這裡來的，他熱情地為客人們安排了午宴，還安排了一群爛漫的藏族少女表演馬術、跳莊鍋，軍人特有的警惕性在娛樂中慢慢放鬆了，李朝勝認為，傳說中的惡魔普仲扎娃對清廷官員還是挺不錯的。

吃過了也玩過了，普仲扎娃又發出邀請，請李朝勝到桑披寺去了結案子。

到了桑披寺，李朝勝才體會到了一個詞：深入虎穴。

一開始還同普仲扎娃談得好好的，李朝勝開導他，讓桑披寺不要和瞻對方面打得火熱，這塊土地現在屬清廷官員管，將來還是屬清廷官員管，得罪了清廷，桑披寺也不會有什麼好果子吃。李朝勝說話軟中帶硬，普仲扎娃頻頻點頭，看上去一副心悅誠服的表情。

可是到了簽約畫押的時候，普仲扎娃忽然變卦，說不想簽了。

李朝勝很生氣，對桑披寺堪布的出爾反爾表示憤慨，有意無意說了幾句過頭話，他的嗓音越說越大，氣勢磅礴，聲震屋宇。忽然，普仲扎娃一拍桌案，一股丹田之氣綿綿吐出，聲如洪鐘：「這裡是寺廟，容不得你們大膽放肆！」

李朝勝注意到，有幾個喇嘛躲在帳房暗處，捋起了袖管，躍躍欲試。

情況險惡難測，李朝勝不再堅持，他帶著七個士兵離開桑披寺，沿著一條暗紅色的山坡匆匆下了山。

然而在經過一道險隘時，預先埋伏在雜草叢中的一群喇嘛呼嘯而來，手持藏刀、斧頭和木棍，向李朝勝等人劈頭蓋臉打來，喇嘛們的紅袍像一團旋風，使得騎在馬上的李朝勝感到天暈地眩。他勉力支撐一陣，親眼看著兩個兒子被喇嘛們殺死，兒子臨死前撕心裂肺的叫喊聲使他悲痛欲絕。

戰鬥進行了不到十分鐘。李朝勝被當場活捉，帶回了桑披寺。隨行的七人中有五人戰死，士兵張光得、傅文斗僥倖逃脫。他們狼狽回到兵營，向上司陳訴了整個事件的經過。

——接下來的事情更是讓人痛心。

聽過彙報，鹿傳霖又驚又怒，發佈命令，派游擊施文明率兵前往剿撫。這支來自四川盆地的隊伍，進入理塘境內之後才明白高原反應是怎麼回事，爆炸般的頭疼、胸悶、腹脹、噁心，所有症狀全部應驗，無一漏缺，體質稍弱的士兵一個個感到酥軟無力，頗像是關進圈欄裡一群待宰的動物。

行至火竹鄉，前邊是個險隘，指揮官施文明下令進入一級戰備狀態。他的話還沒說完，山上的滾石瘋狂地滾落下來，四周響起了嘰哩哇拉的叫喊聲，轉瞬之間，身穿紅色袈裟的桑披寺喇嘛手持各種武器從岩石背後殺出，在漫山遍野奔跑，像是一群殺傷力極強的蝗蟲。

結局可想而知，因為寡不敵眾，清軍全軍覆沒。指揮官施文明被活捉，拖入桑披寺中，被施以殘酷至極的刑法：殺死後剝皮填草，懸於寺廟，供人參觀。

而在此之前，活捉的清軍守備李朝勝，也是被施行了這一酷刑。

劉贊廷著《民國定鄉縣圖志》，對這段史實作了記載：

> 此地民風剽悍，人民向以搶劫為雄，常至數百里之外康定、瞻對等縣出劫，數十人或數百人，驃馬烈槍，如臨大敵，無獲不歸。與人鬥毆，喇嘛秘密相助，父母送飯，勝者為榮，敗者為神，倘若怯之不戰，或萎縮敗回，其妻閉門不納，以為羞也。也有剝人皮之術與官軍對抗。守備李朝勝、游擊施文明、雅江縣知事王廷珠，皆在受剝皮之列。其人皮尺寸之幅，價值數十以至數百元者，售於喇嘛為密中作法之符具，成為特產，其俗與西藏相同。

桑披寺有專門施行剝皮酷刑的工具，剝的時候由脊椎下刀，一刀把背部皮膚分成兩半，鋒利的刀尖輕挑，分開皮膚和肌肉，然後一點點緩慢地撕開，對於經驗豐富的屠夫來說，其動作利索快捷，整個過程用時不到一個小時。剝皮之後是填充稻草，做成稻草人，懸掛於寺廟顯眼位置，以昭警戒。也有將人皮製作成人皮鼓的，敲打此鼓，也是警戒的意思。

這駭人聽聞的酷刑在今天聽來簡直不可思議！幸運的是，我們今天終於告別了野蠻與狠毒，沐浴著現代文明的光芒。但是不能忘記，歷史有時候真的太殘酷了，你閉上眼睛，不忍去看。

清末，巴塘有正副二土司，正土司叫羅進寶，副土司叫郭宗隆保。

下邊的故事，是從羅進寶這個人開始的。

巴塘土司轄地千里，歷史上西康的巴安、義敦、德榮、鹽井等地，都在其轄區內。其時巴塘土司勢頭強勁，勢力範圍向四周擴張。向東，是土司勢力相對較弱的理塘，羅進寶擴張的第一步就看中了這塊肥肉，垂涎三尺。

羅進寶經常帶著人馬來理塘燒殺擄掠，攫取財物。他把女人也當作財物，尤其是漂亮女人，只要被羅進寶瞧見，定成囊中之物。來理塘的次數多了，羅進寶在此地有了一個固定的情人，並且生了個私生子，取名叫四郎占兌。

羅進寶對這個私生子頗有感情，從小就蓄意培養，年齡稍大又送到西藏去學習進修，四郎占兌也還爭氣，成人後，在羅進寶的扶植下，四郎占兌當上了土司，成為理塘地方的一號人物。

儘管四郎占兌成了一號人物，但是他對理塘的事務，並不能完全作主。原因在於，前邊說過的理塘第一大寺廟——長青春科爾寺，他們勢力太大，連土司也難以與之抗衡。

清軍將領鳳全寫給朝廷的報告中曾提到：

大寺喇嘛多者四五千人，藉以壓制土司，理塘土司積弱，日以朘削番民為事，十室九空，僧多民少。奴才道出該台，嚴飭該土司、堪布奉公守法，清查夾壩，拏獲重懲，效果欠佳，蓋出於土司、堪布從中掣肘也。

於是這就形成了一個怪圈：寺廟欺壓土司，土司欺壓百姓，四郎占兌把一腔怨氣全部發洩到理塘地方身上，被寺廟剝奪的錢財，變本加厲從老百姓那裡奪取。

四郎占兌與長青春科爾寺的矛盾主要集中在利益爭奪上。這裡的利益，具體說就是土地和百姓。長青春科爾寺蠻橫地撤掉了四川入藏沿途的台站，並拒絕恢復，雖經地方官府多次督促，仍堅持己見，不准土司沿途設台站。

需要說明的是：設月臺是收取保護費的一種方式，凡過路商人旅客，經過台站須繳納一筆費用，以往這筆費用歸地方土司收繳。如今理塘寺廟不准土司設台站，等於是這筆保護費將由寺廟的喇嘛們來收。

四郎占兌自然不服氣，一次次找地方官告狀，要收回權利。

時任四川總督的岑春煊發佈通告，撤換寺廟堪布品初郎結，另選昂翁滾噶擔任寺廟主持。品初郎結哪裡會善罷甘休，帶領一大群喇嘛向西逃竄，到了瞻對，在瞻對方面的支持下，糾集喇嘛和土民上千人，將其護送回寺。

這樣一來亂子就鬧大了。品初郎結喊出的口號是：「奪盡理塘土司之地，消滅土司，獻於達賴，不服清廷管理。」

公文檔案提到當時的情形說：該逆獨斷專行，圖謀大舉攻打文武衙門，焚燒漢民房屋，形同叛逆。以致附近番夷聞風而動，道路阻塞，驚惶不寧。

四郎占兌是寺廟喇嘛重點打擊的目標，恐怕有性命之憂，理塘地方他是再也待不下去了。四郎占兌的辦法是學秦朝時的張儀，採取縱橫術，聯絡桑披寺的堪布和喇嘛，共同對付品初郎結。

此時的局勢十分微妙：桑披寺也好，長青春科爾寺也好，都投靠了瞻對方面，其實理塘土司四郎占兌，背後的政治靠山同樣是瞻對。換句話說，三股勢力都是在瞻對藏官的卵翼之下討生活，他們之間的紛爭純屬利益之爭。

四郎占兌逃往桑披寺不久就放出了風聲：要與桑披寺喇嘛聯手，打回理塘，向品初郎結討還血債。

戰爭打來打去，真正受害的還是地方老百姓。這一點，四川總督府的幾任官員個個都心知肚明。

鹿傳霖被召回京城後，四川總督換了好幾任，有恭壽、李秉衡、裕祿、奎俊、岑春煊和錫良。到了錫良的任上，他啟用了一個人，名叫趙爾豐。趙在西康歷史上是一個非常重要又倍受爭議的人物，關於他，前面已經略有敘述，後面的章節將會詳細講講他的故事。

趙爾豐是漢軍正藍旗人，祖籍襄平（今遼寧遼陽）。兄弟有四，老大爾震，字鐵珊；老二爾巽，字次珊；老三爾豐；老四爾萃，字小魯。四兄弟中，以老二趙爾巽、老三趙爾豐最富盛名。

趙爾豐少年時讀書一般，以納捐（買官）為鹽大使，分發廣東，後赴山西任知縣，被時任山西巡撫的錫良所賞識，從此仕途一路順風。

錫良（一八五三－一九一七），字清弼，蒙古鑲藍旗人。他的升官之途，緣於八國聯軍入侵京城，兩宮（慈禧和光緒）西狩，錫良當時是山西按察使，率兵勤王，一路照顧殷勤周到，感動了那位鐵石心腸的「老佛爺」。事後，錫良升任山西巡撫，在官場從副手提一把手是很難的，他登上了最重要的一級臺階。

錫良升了官，不忘提攜部下，到了四川總督位置上，錫良將趙爾豐從山西調到四川，升任永寧道（今敘永）道員。（在永甯，趙爾豐也發現了一個人才，名叫傅嵩炑。趙爾豐也像錫良提攜他一樣，在仕途上一路提拔傅嵩炑，先是聘為幕府，後不斷委以重任，並讓傅代理川滇邊務大臣，趙爾豐傅嵩炑二人提出了西康建省方案，影響十分重大，此是後話。）

永甯的位置在成都東南，位於川滇黔三省交界處。趙爾豐到川後，深感西南邊防的危機，他的籌邊志向，應當是在這時候確立的。

趙爾豐在永寧道剿匪有功，改任建昌道，在此期間，他向清廷提出了著名的《平康三策》：

> 首將腹地三邊之倮夷，收入版圖，設官治理，三邊皆倮倮，界連越巂、甯遠諸番夷，山居野處，向無酋長，時出劫掠，邊民苦之。然地多寶藏，產藥材尤富，三邊既定，則越巂、寧遠亦可次第設治，一道同風，此平康第一策也；故事駐藏大臣及六詔台員每出關時，悉在爐城奏報某月某日自打箭爐南門或北門入藏，相沿既久，英人每執奏報為言，以為爐城以西，皆屬西藏轄地，每與交涉，理屈詞窮，界線牽混，堂奧洞開，力主改康地為行省，改土歸流，設置郡縣，以丹達為界，擴充疆宇，以保西陲，此平康第二策也；川藏萬里，近接英鄰，山嶺重疊，寶藏尤富，首宜改造康地，廣興教化，開發實業，內固蜀省，外拊藏疆，迨勢達拉薩，藏衛盡入掌握，然後移川督于巴塘，而於四川、拉薩各設巡撫，仿東三省之例，設置西三省總督，藉以杜英人之覬覦，兼制達賴之外附，此平康第三策也。

趙爾豐的想法得到了錫良的支持。更為重要的是，清廷軍機處有鹿傳霖這樣的大臣為奧援，錫良、趙爾豐們改革川邊的計畫，在經過了一段時間的準備後正式出臺了。

而實行這個計畫關鍵性的一個機緣是巴塘事件。

光緒三十一年（一九〇五）三月初一，清廷新任命的駐藏幫辦大臣鳳全及隨員五十餘人在巴塘被殺，激起了朝野上下一片驚歎，清廷對川邊的政策因此遽然調整，由懷柔到強硬，派出四川提督馬維騏前去平叛，之後錫良又秘密保薦愛將趙爾豐，這年趙爾豐六十歲，火速奔赴巴塘，平亂治邊，拉開了一場威武雄壯的活劇的序幕——這場活劇就是清末川邊的改土歸流。

關於巴塘事件，後面將詳細講到。

現在，讓我們繼續來講桑披寺的故事。

上面提到的鳳全在巴塘被殺，趙爾豐派兵平定叛亂，活捉了巴塘正副土司羅進寶、郭宗隆保等，奉旨就地正法。

四郎占兌得到了親爹羅進寶被殺的消息，舊仇又添新恨，怒火中燒，心中在圖謀一個復仇的計畫。

他派頭人挨家挨戶上門，威脅老百姓不准和漢人親近，也不准為清廷官員支應烏拉，否則將會有大禍降臨。就在四郎占兌醞釀更加歹毒的復仇計畫時，他被馬維騏的士兵扣押了，關進一幢木樓裡軟禁起來。

一個月黑風高之夜，四郎占兌殺了獄卒，越獄逃往桑披寺，要與堪布普仲扎娃聯手，攻打駐紮在理塘的漢人士兵。

駐紮在理塘的漢人士兵並不多，趙爾豐獲悉情況後有點擔心，寫了封十萬緊急的雞毛信向川督錫良報告，請求增援兵力。同時，派出偵察兵去摸底，據偵察兵報稱，桑披寺有兩三千名喇嘛，寺廟的外圍牆體形如城郭，牆厚四五尺，高兩三丈，碉堡珠連互為犄角，易守難攻。桑披寺堪布普仲扎娃正集合上中下三鄉百姓，每戶出一人一馬，全民皆兵。

趙爾豐在給錫良的密件中寫道：「但無快槍，惟有土槍，不足為慮。雖係跳樑小丑，猶不可輕意，該逆等夜郎自大，竟敢來犯。爾豐已飭駐紮河口、理塘兩營，先行進駐喇嘛埡防禦候命。謹請速撥二三營駐防河口、理塘，保護大道轉輸，以為聲援。俟此兵到，即取一鼓蕩平之勢，以速為妙。」

當時敵方的兵力分為兩股：一股是以普仲扎娃為首的桑披寺，一股是以四郎占兌為首的土司兵。趙爾豐決定骨頭揀硬的啃，先攻打碉堅城固的桑披寺。

趙爾豐下令，駐紮在喇嘛埡的兩營士兵由噶托翻越阿拉大雪山，經羅罘窪前進。他自己另率兩營士兵從三壩出發，經元根、定波南下。兩支部隊在鄉城的火竹鄉會師。

一路崇山峻嶺，草枯雪深，行軍艱難，輜重轉輸尤其困難。沿途皆有攔路搶劫的「夾壩」，士兵們且戰且行，有戰傷者，有不慎墜崖者，有皮膚裂開者，有手指凍掉者……完全是一幅悲壯的雪山行軍圖。

兩支隊伍在火竹鄉會師時，正是大年三十之夜。第二天是正月初一，趙爾豐吩咐人宰了幾頭豬，讓大廚多燒幾個菜，犒勞遠途征戰的士兵們。

年還沒過完，戰鬥就打響了。正月初六，桑披寺堪布普仲扎娃率數千喇嘛和土民來夜襲，雙方激戰異常殘酷，以至肉搏廝殺，一個倒在血泊中的士兵，嘴裡還咬著一隻耳朵。這次戰鬥進行了近二十個小時，直到次日下午四點才結束。普仲扎娃見勢不支，率兵潰退，清軍亦傷亡慘重。

接下來的目標是進攻桑披寺。

桑披寺座落在半山腰，左為絕壁，有一清泉從寺內淙淙流出，流入山下的一條溪河。如此易守難攻之地，不可輕舉妄動。趙爾豐一面出示佈告，曉諭當地土民棄暗投明；一面派人送信，催促炮兵部隊迅速來支援。

一個月過去了，前來投誠的土民並沒有多少，而寺中的喇嘛分外猖獗，數次衝出寺外與清軍廝打。幸好炮兵及時趕到了，士兵們人人歡欣鼓舞，以為桑披寺已成甕中之鼈，誰知情況卻並非如此。

桑披寺的碉堡，都是用巨石壘成的，炮彈打過去，竟多數被彈開，毫髮無損。趙爾豐無奈，只得下令讓士兵們搭雲梯，登上牆頭去肉搏。這種亡命戰術十分冒險，等於是將士兵送入虎口，想憑藉士兵的勇敢精神來取勝。

結果清軍傷亡慘重，士兵們鮮血順著牆壁流下來，到處血痕斑斑。而厚厚的牆壁底下，橫七豎八躺滿了一具具屍體。

時間一天天過去，趙爾豐得到消息：盤踞在鄉城的理塘土司四郎占兌，率領上千人馬廝殺而來，火竹鄉已失陷，四郎占兌放出話，要來增援桑披寺，和桑披寺的喇嘛內外夾攻清軍。

得此消息，趙爾豐大驚，如果一旦腹背受敵，後果不堪設想。

還有另一個心頭之患，縈繞在趙爾豐的腦子裡：圍攻桑披寺的時間已有兩個多月，久攻不下的結果，使士兵們產生了嚴重的疲勞症和厭戰情緒，有的士兵煽動同夥離開軍隊去當商人，有的士兵偷偷開溜，還有的士兵不珍惜炮彈，並不瞄準即開炮，浪費了許多彈藥。趙爾豐知悉後，下令殺了幾個士兵，但效果仍不明顯，軍心渙散之勢正像瘟疫一樣在士兵中蔓延。

趙爾豐暗自思忖：從桑披寺流出的那條小溪，其源頭早已被清軍所控制，然而幾個月來，桑披寺的僧眾卻不缺水，這豈不是怪事？

思來想去，必定另有蹊蹺。於是命令士兵們日日登山訪嶺，踏遍密林中的每一寸土地，查找水源。

四月初的一天，有個士兵正在後山巡查，忽然一腳陷進了鬆軟的土坑中，士兵感到疑惑，往下深挖尺許，已聞淙淙水流聲，大喜。接著再挖，看到一根細細的陶管鋪設在地下，陶管中有清晰可辨的水流聲。

情況彙報到趙爾豐處，趙派士兵切斷陶管，將水流引向別處，於是桑披寺水源斷絕。

此後雙方僵持，戰鬥進入白熱化階段。

這是一場意志的較量，雙方彼此並不太知道底細，只能靠豐富的作戰經驗和頑強的毅力。在清軍一方，早已是嚴重缺糧，士兵們每天只能靠尋找樹皮、草根和野菜度日，一個個餓得心慌，嚴重影響了戰鬥力；而在桑披寺一邊，由於水源被切斷，缺水導致的恐慌情緒開始瀰漫，隨著時間的延長，缺水越來越成為不可克服的難關，喇嘛們每天只能靠喝自己的尿來解渴，他們一次次向寺外突圍，想殺出一條逃生的活路。

清軍用土袋築成一道橫牆，以此為掩護，凡有乘夜黑向寺外突圍者，全被擊退。因寺內缺水，喇嘛們的突圍漸成拼命之舉，常常通宵達旦地開打，每戰必短兵相搏，完全沒有休息的空隙。

有一個夜晚，百餘喇嘛分三路突圍，邊軍猛烈開火，擊斃數十人，俘虜二人，其餘喇嘛被逼回寺內。從俘虜的喇嘛身上，搜出了數封藏文信件，找來翻譯譯成漢文，原來是送往其他寺廟的求援信。

趙爾豐大喜，他預感到對手的末日已近。

數日後的一個夜晚，一隊身穿藏服的清軍士兵手執火把，鳴槍吶喊，從遠處的山谷中逶迤而來。守軍朝天鳴槍，邊戰邊退。這是清軍玩的把戲，幕後總導演是趙爾豐，士兵們的逼真表演讓桑披寺的喇嘛們完全相信了，他們打開寺廟門，迎接這些從天而降的「援兵」。

被圍困已久的桑披寺喇嘛幾乎傾巢而出，一個個奔向山坡下的小溪流，俯身牛飲，完全置生死於不顧。終於，有喇嘛發現情況不對，那些身穿藏服、手執火把的人對著他們開火了，喇嘛們想返回寺廟，但為時已晚，一排排子彈呼嘯著飛來，跑在前邊的喇嘛應聲倒下，想返回寺廟的喇嘛被人流所裹挾，像是在海嘯中失去了自由的漂浮物，隨著人流來回湧動。

桑披寺之役是趙爾豐在川邊七年中最為殘酷的一場戰鬥，僅攻破桑披寺的那天夜晚即「立斃喇嘛六百餘名」，如果算上清軍犧牲的士兵，數百條生命轉瞬之間就煙飛灰滅，讓人不勝噓唏。

趙爾豐在談到桑披寺之役時云：

是役也，前後六月餘，大小數十戰，於冰天雪地之中，絕糧死戰，殲滅巨寇，底定全邊，不無功勞。

戰鬥結束後，趙爾豐以勝利者的身份進入桑披寺，只見寺內景象一片狼藉，池水已經乾涸，旁邊躺著幾具屍體，空氣中瀰漫著血腥味，牆壁上彈孔密佈，幾處殘餘的火苗仍在靜靜燃燒。有一個士兵來報告，發現了堪布普仲扎娃的屍體，這個頭目在三天前上吊自縊了。

趙爾豐還在桑披寺裡看見了李朝勝、施文明那兩具剝皮填草的屍體。趙爾豐站在塗滿油彩的牆壁前，久久沉默不語。事後他向清廷打了報告，請求將李朝勝、施文明兩人合葬於冷龍溝山麓，並立雙忠祠祀奉。清廷批准了他的建造雙忠祠的報告，並為李、施兩人舉行了隆重的葬禮。

歷經了多年的風雨滄桑，雙忠祠如今已蕩然無存，只剩下漫山遍野的紅杜鵑，花開時，像滿天紅霞，如火如荼地燃燒，使你想頂禮膜拜。

再說說趙爾豐的故事。

趙爾豐素以治軍嚴酷著稱，鐵血年代，鐵的手腕，有人叫好，誇他是能臣；也有人咒罵，罵他是屠夫。

清末在川邊當過知縣的吳光耀，著有《爐邊談屑》一書，講述了當時四川官員的不少往事，有一條是關於趙爾豐的：趙在任永甯道道員時，就以殺土匪聞名於世，永寧人稱他「趙屠夫」。

有一天早上，趙爾豐吃早餐時心情不好，問手下辦案人員，牢獄裡現在還關押了幾個人？獄卒回答，九個人。趙爾豐令將九人押來，一拍桌案道：「老子今天懶得同你們說，你們自己交代罪行！」那九人嚇得臉色慘白，連聲道：「小的該死，小的該死……」趙爾豐當即下令，將那九人拖去刑場斬首，理由是，人犯自己也承認該死。

可見其屠夫之名，名符其實。

桑披寺之役結束後，趙爾豐整肅軍紀，有一則殘忍的故事，讓人悚懼。

寺破之日，邊軍中有一哨（近百人）士兵因斷糧十餘日，饑餓難忍，欲趁黑夜逃走。走了沒多遠，只聽得身後槍聲激烈，火光沖天，有後逃跑者告知桑披寺已被攻破，這一哨士兵立即返回營中，一起參加作戰。

攻破桑披寺三日後，趙爾豐集合全軍訓話。那天正好下著毛毛雨，士兵們站在雨中，久候趙爾豐不出，紛紛摘取樹葉遮蓋頭部。良久，趙爾豐終於來了，威嚴的目光掃射四周，厲聲喝斥，士兵們頓時覺得寒氣逼人，一個個摘掉樹葉，昂首挺胸，肅然列隊。

趙爾豐開口透著一股殺氣，他的聲調不高，但威嚴有力，宣佈三天前那批逃跑又折回的士兵們的罪行，一一唱名，由行列中拽出共七十餘人，當場斬首。

聽完了這些血腥的故事，再來看桑披寺如詩如畫的景色，心裡不覺又多了一絲憂傷。

西部的淘金者

莎士比亞有句經典臺詞：金子！黃黃的、發光的、寶貴的金子！這東西，只這一點點兒，就可以使黑的變成白的，醜的變成美的，錯的變成對的，卑賤變成尊貴，老人變成少年，懦夫變成勇士……

下面的故事，就是與金子有關的故事。

印象中，西部都是盛產金子的地方。美國西部淘金客的電影大片，不知迷倒了多少喜歡冒險的少男少女。在中國西部，揭開那個消失了的省份——西康省的神秘面紗，我們依稀看見了不少淘金客的身影。

我們先從這個地方的地名說起。

這個地方的地名很奇怪，不是地名取得蹊蹺，而是同一個地方卻有著太多不同的地名，讓人如入迷宮，眼花繚亂。

如今這個地方叫八美，往上溯源叫乾寧，再往上叫泰寧、泰凝、噶爾達……這幾個稱謂之間有何關聯？又有著怎樣的沿革？

這座古城始建於元代，歷經了七百年的興衰存廢，如今人們只知道它叫八美鎮，風光優美絢麗，是攝影愛好者的天堂。以前的那些地名似乎已湮沒在時光的灰燼中，成為文獻故紙堆裡的歷史名詞。

在元代建城之前，這個地方叫噶爾達，地名源自於一個傳說。

據《舊唐書》記載：貞觀十五年（六四一），吐蕃王朝要向唐朝求婚，派遣的使者是噶爾東贊，此人知識淵博，聰慧機智，他圓滿地回答了唐朝皇帝李世民的八道難題，優先為吐蕃國主松贊干布取得了迎娶文成公主的資格。就在文成公主準備啟程的時候，有人出了個壞主意，要將噶爾東贊留下來作人質。但是挽留的方法並不粗暴，而是委婉巧妙甚至於稱得上含情脈脈，李世民欲將其外甥女段氏許配給他為妻，並任命他在京城擔任侍衛大將軍。噶爾東贊連連搖頭，說自己在吐蕃已經有妻室了，不能在漢地成婚。趁唐兵不提防之時，噶爾東贊設計逃脫了西安，輾轉松潘、金川、丹巴，來到這個山形渾圓，地勢平坦的地方才得以脫險。

後來，人們將這個地方取名噶爾達，意為噶爾東贊脫險之地。

到了清代，噶爾達被改名為泰寧，這次改名與七世達賴喇嘛有關。

雍正年間，西藏上層集團之間爆發了激烈的鬥爭。七世達賴格桑嘉措的父親索諾木達爾扎，在這場權力鬥爭中支持親準噶爾勢力的一方，清廷擔心準噶爾勢力一旦侵入西藏，會挾持七世達賴作政治工具。於是，將格桑嘉措從拉薩轉移到了噶爾達，以避開準噶爾之亂。

當年，清廷從國庫撥白銀一四萬兩，為七世達賴修建了一座住錫[1]寺廟，占地五百畝，建有

1 錫為錫杖之意，住錫，指高僧在某地居留。

宮殿、樓房千餘幢，平房四百多間，雍正皇帝親筆題名為「惠遠寺」，並將噶爾達更名為泰寧，希望能夠國泰民寧。

七世達賴離開惠遠寺一百年後，又一位達賴降生在這裡。

離惠遠寺不遠的地方，有個叫作漫卻村的小村莊，村子裡有位母親懷孕了。家境貧寒，天天要上山砍柴，有一天砍柴完畢，下山的路上，她在一眼清泉邊休息，不知不覺竟睡著了。一覺醒來，泉水變成了香噴噴的酥油，她彎腰掬起一捧捧泉水，喝了個夠。回到家裡，一推開門，有個美少婦正衝著她微笑，她覺得那個美少婦像是觀音菩薩，再想細看時，美少婦轉瞬消失了。不久，母親的兒子平安降生了，那個兒子就是後來的十一世達賴凱珠嘉措。

凱珠嘉措被選為十一世靈童後，曾在惠遠寺寄住過兩年。

因為兩個達賴喇嘛的關係，惠遠寺名聲大振，盛極一時。寺廟門庭正中，懸掛著皇帝親筆書寫的巨大鎦金匾額，寺內的牆壁上，塗繪著九條龍和九頭獅子，九條龍代表中央王朝，九頭獅子代表政教合一的西藏地方政府。寺廟裡香火鼎盛，各地信徒都前來朝拜頌經，熱鬧非凡。

但是時間可以沖淡一切，經過歲月的洗禮，若干年後，惠遠寺漸漸冷清起來，寺中僅留堪布一人，喇嘛七十餘人，每年由國庫撥白銀七百兩供養。每天，為數不多的喇嘛在寺院裡散步、聊天，優閑地曬太陽，寂寞像是青苔，在喇嘛們的心上悄悄生長。

光緒三十一年（一九〇五），泰寧發生了一件震驚朝野的大事，惠遠寺再次成為人們注意的焦點，昔日的名寺今又被推到了歷史前臺。

泰寧吸引人們目光的起因是金子。

當人們發現泰寧附近的拉地曼河谷地帶盛產黃金時，大批身著各種服裝的淘金客從各地遠道而來，他們翻越折多山，來到泰寧定居，或淘金，或墾殖，或從事商貿活動，漸漸在這裡形成了一個熱鬧的小街市。

緩緩流淌的拉地曼河谷兩岸，生長著大片的白楊樹林，平緩的坡地上種植著稻子、粟米和包穀，時見淘金客穿梭其間，淘金盤和篩子在太陽下斑駁閃爍。人們的發財夢被啟動了，商人們紛紛向官府申請開辦金礦。

黃金的價格也隨之猛漲，據清官府發佈的統計資料載，光緒二十年（一八九四），一兩生金價值十兩白銀；到了光緒三十年（一九〇四），一兩生金升值漲至三十兩白銀，也就是說翻了三翻。為了追逐黃金的暴利，淘金客們紅了眼，瘋狂了。

清政府也密切注意到了這一動向。早在鹿傳霖任四川總督時期，他在各種公牘信函中不止一次提到過川邊盛產黃金的事，並表明了其力主早日進行開採的願望。到了錫良任上，對這塊黃金寶地的興趣進一步升溫，錫良下令打箭爐同知劉廷恕派人沿河岸踏勘，迅速開辦金礦，疏通利源。

劉廷恕，湖南善化人，在四川做官三十多年，又來到川邊做官十餘年，是個有著豐富經驗的老頭兒，十分熟悉康區的情況，曾撰寫過《光緒打箭廳志》，詳細記錄了邊地的兵制、屯政、物產、土司等情況。由他宣導並援請工匠鑄造的「爐關銀幣」，在康區民眾中廣受歡迎，大行其道。

「爐關銀幣」是一種純銀幣，重三錢二分，正面鑄有「爐關」二字，因用土法鑄造，出品不多，優點是純銀鑄成，格式統一，輕便易攜帶。鑄造「爐關銀幣」的背景是，當時印度盧比大量流入西藏，危及川邊，一場看不見的貨幣戰爭在世界屋脊地帶展開了，劉廷恕最早意識到印度盧比入侵的危害性，經請示四川總督錫良，劉廷恕決定自行鑄造「爐關銀幣」進行抵制。之後不久，在試製「爐關銀幣」成功的基礎上，由成都造幣廠大規模生產出銀幣「四川藏元」，分一元、半元、四分之一元三種，正面印鑄光緒皇帝頭像，流通後效果良好，對抵制印度盧比的入侵取到了積極有力的作用。

由此可見，劉廷恕是一位既會打經濟算盤，又有政治頭腦的官員。

按照劉廷恕的構想，要在燈盞窩、河埡等處開辦金廠，將獲取之利充公，以補充地方財政。燈盞窩、河埡等處是泰甯有名的金窩子，每天都有許多淘金者成群結隊出沒其間，黃燦燦的金子通過他們的手向流向外面的世界，劉廷恕認為與其看著財稅白白流失，不如攔壩蓄水，將淘金者納入正常的管道，通過稅收的方式加以管理。

劉廷恕的想法很好，但是錫良不敢支持。

錫良並不是唯唯諾諾的老式官僚，升任四川總督後，錫良頗有辦新政的決心，他擔心的是那些淘金者背後的勢力。

淘金者的背後，是惠遠寺的堪布和喇嘛。

按照慣例，每個淘金客都要按淘金的天數給惠遠寺交納管理費，當然不是叫管理費這個名，而是改用其他紛繁複雜的名目，如香火費、獻花費、放生費、撣塵費等等。劉廷恕要收淘金者的稅，勢必與惠遠寺發生衝突，邊境無小事，任何糾紛都有可能釀成大事件，連四川總督錫良也不敢拍這個板。

但是敢拍板的人還是有，這個人就是後來在巴塘之亂中被殺的鳳全。

關於鳳全，下一節會專門敘述，這裡不多作介紹。只需瞭解一點：鳳全是個非常跋扈的人，跋扈到狂妄的程度，在他眼裡，天底下就沒有不能幹的事。

有鳳全撐腰打氣，劉廷恕底氣十足，他放手去幹，結果出了亂子——

惠遠寺僧眾原本執掌有淘金客的抽稅權，十抽其三，得利可觀。現在見官府要來奪他們的「金飯碗」，哪肯甘休，便以清廷為洋人謀奪金礦為藉口，又稱，淘金客破壞了地方風水，觸犯了神靈，大肆驅趕、擽殺淘金客，釀成了致數人死亡的血案。

傅嵩炑《西康建省記》一書中有「泰凝改流記」篇，記其事云：

> 光緒三十年，商人由川省礦務局稟請轉報川督錫良，飭打箭爐同知劉廷恕，准令商人採辦。劉廷恕稟覆，恐番人阻撓滋事，川督嚴飭令遵行，並派弁兵前往彈壓。乃甫經開辦，泰凝寺喇嘛率番人梗阻，並殺斃都司盧鳴颺，瞻對藏官亦暗助泰凝寺為亂。

關於這件事的來龍去脈，有兩本私人筆記的記敘頗為全面，一是時任理塘糧務同知的查騫所著《邊藏風土記》，一是當時在四川總督府發審局任職的官員吳光耀那本寫四川省官場的《爐邊談屑》，從這兩本私家筆記中，我們可以瞭解到泰寧事件之發端原委。

有個富商名叫祝華山，從盜竊者手中購買了一批教堂裡的物品：一架全銅外殼的老式座鐘、一尊琺瑯彩薰爐、一塊景泰藍懷錶和一套精雕細琢的銀器餐具。不幸的是，法國教堂很快知道了這件事，到清廷官員處告狀，清廷派兵去抓人，祝華山聞訊逃跑，只好抓了祝的弟弟。

祝華山以千金行賄，索回了弟弟。教堂得知消息，再次訴訟祝華山。此時，正值北方義和團興起，泰寧雖然是邊地，也受這股排外風潮的影響，對洋人和教堂早已恨之入骨。經過一番謀劃，祝華山率眾去攻打法國教堂，造成了一死五傷的難堪後果。

中國有個怪現象是洋人怕百姓，百姓怕官，官怕洋人。清廷官員帶人去察看了現場，面對洋人的抗議，他們答應嚴肅處理。其方法是，叩頭發誓，誘捕祝華山兄弟二人，立斬之，並賠償法國教堂十二萬金，總算了事。

殊不知這麼一來，邊地百姓的仇洋教情緒更加強烈，他們認定了清朝官府和洋人是一家，劉廷恕謀奪金礦，是為了獻給洋人，謠言像野草一般瘋長，在尚未開化的邊地流傳開來。

而且官府的曖昧態度，某種程度上甚至助長了謠言的傳播。

比如戍守泰甯的都司盧鳴颺，五十多歲，有一子一女，女兒已婚，信奉基督教，女婿也信奉基督教，夫妻二人都是虔誠的教徒。盧鳴颺的兒子不信教，且有強烈的排教情緒。有一天，女婿給兒子送了一張教堂的傳單，內容是宣傳基督教義的，兒子一見火冒三丈，當場將傳單撕得粉碎。為這件事，兒子將女婿暴打一頓，又鬧到教堂，揪住高鼻子牧師的領口當胸一拳，將洋牧師打得四腳朝天嘴啃泥。此事捅到官府，清廷官員不敢輕易判處，來徵詢盧都司的意見。盧都司是懂得官府的態度的，開口大罵逆子可憎，並明確表態，將兒子打五十大板，再戴上枷鎖拖去遊街。

都司的官員品級是正四品，相當於現在的正廳級，雖然盧都司是武官，品級要打點折扣，但他能這麼做，從一個側面說明官府對洋人的庇護態度。需要指出的是，當時清朝經歷了八國聯軍進攻後，腐朽的政權已經窮途末路，亟需要維持社會的穩定來喘口氣。對洋人的妥協，是維持社會穩定的一個籌碼，清廷從上至下，莫不遵此辦理。

關於都司盧鳴颺其人，查騫在《邊藏風土記》中有所透露，盧鳴颺出生於爐城（打箭爐），是個土生土長的康巴娃，年輕時當兵，已出入軍營三十餘載，是個老於世故的兵油子。他的最大毛病是愛占小便宜。比如年輕當兵時，上級派他護送客人過康境，每次任務都完成得很好，就是愛向客人索要錢物，甚至到敲詐勒索的地步，他坐在床鋪上，嗒嗒的扳弄槍柄示威，大言不慚地說，某次送某人火餉幾百元，獎賞幾百元，某次送某人，擊斃盜匪若干，火餉獎賞外，還賠子彈費幾百元云云。

劉廷恕辦金廠抽稅，觸碰到了惠遠寺的利益，雙方發生衝突，發生了幾起血案。劉廷恕立即找阜和協總兵陳均山商量，決定派都司盧鳴颺帶一哨綠營兵前往開導。盧鳴颺得令，興高采烈地上路了。

歷來處理邊地騷亂之人，都懂得一個抉竅，不可不認真，也不可太認真。鳴槍做個樣子，虛張聲勢，以邀戰功，既可得到上司嘉獎，提拔升遷，又可收取寺廟、土司一方的行賄，兩方面都討好，何樂而不為？

行至離惠遠寺五十里的中板廠地方，盧鳴颺在一片林子中支起帳篷住下。手下的人提醒：這裡經常有盜匪出沒，不能紮營。盧鳴颺擺擺手，一臉滿不在乎的模樣，手下部將也就沒再往下說了。

到了晚上，天氣忽然大變，風雪交加，鵝毛大雪在群山之間瀰漫，天地茫茫變成了一片白色。盧鳴颺安坐於帳篷內，與手下部將一起開懷暢飲。他白天已派出送信使者去了惠遠寺，此時彷彿勝算在心，靜候堪布帶著喇嘛來接受招撫。酒喝到興頭上，盧鳴颺端著酒杯連飲三盅，大聲對身邊的通事（翻譯）張錫泰說道：「等著吧，過不了明天中午，喇嘛們就會來投降！」

當天夜晚，眾將士喝得醉醺醺的，一個個蒙頭大睡。

山谷裡寂靜無聲，只有巴掌大的雪片悄悄落下，發出沙沙的聲響，再就是牆上松明火把嗶剝的燃燒聲。

三更時分，一群手持刀槍的喇嘛將帳篷團團圍住，只聽一聲嘯聲過後，喇嘛們統一行動，將帳篷四周的繩索齊齊砍斷，睡夢中的將士們被緊緊包裹在帳篷中，像是一個巨大的羅網，無論怎麼掙扎都無濟於事。

松明火把已經熄滅，喇嘛們借著雪光，舉著長矛和大刀衝殺過來，又一場血腥的屠殺開始了。哪裡的帳篷有動靜，鋒利的兵器就刺向哪裡，頃刻間，一百多名官兵都命喪黃泉，尤其以都司盧鳴颺死得最慘，當喇嘛們發現這個人是清軍的頭目後，將其大卸八塊，並生生剁下了他的一顆腦袋，作為報功的證據。

帳篷中只有一個人活了下來，這個人是通事張錫泰。

張錫泰，藏名工布次日，此人原是寺廟裡的一名喇嘛，因與一土司婦人有私情，後來昏了頭，竟出錢雇兇殺害了土司。這事被官府偵知，西藏幫辦大臣慶善下令追捕，張錫泰連夜逃跑，換衣蓄髮，取了個漢名，混進了清軍隊伍中討口飯吃。

張錫泰會說漢語，也認識漢字，對《三國演義》、《水滸傳》、《封神演義》等小說饒有興趣，經常在軍營裡講評書，有不少聽眾和粉絲。曾經放出話來：「亂世出梟雄，如果能割據一方，方顯出英雄本色！」此人在人際關係上頗有手腕，總能從當地土司和百姓手中詐取錢財，用來結交官府能員，取得清廷官員對他的信任。同時他還用錢物結交夾壩搶匪，是個幾邊都討好的江湖人物。

劉廷恕對張錫泰賞識有加，鳳全出關，便推薦張任通事，並提升為營弁。

惠遠寺強撵金大事件發生後，張錫泰感到發財的機會來了，便在清廷和寺廟堪布之間兩邊撥弄是非，想撈點碎銀子零花。他對清廷官員說，喇嘛勢力大，要謀反，不可掉以輕心；又對堪布說，清軍要攻打寺廟了，多準備槍炮，以防不測。

張錫泰的意思，是想向惠遠寺訛一筆賞銀，誰知堪布對他的通風報信並不領情，這讓張通事心裡升起了一股怨氣。

他要報復惠遠寺，正好機會也就來了。

張錫泰與都司盧鳴颺都是爐城人，兩人雖有鄉誼，但盧都司是他的上級，而且歲數也大，張錫泰對盧鳴颺還是心存敬畏的。但是為了利益，也為了洩憤，他將盧鳴颺夜宿中板廠的消息透露給了惠遠寺，當天夜晚喇嘛們動手，釀成了一樁震動清廷朝野的大案。

四川總督錫良在給清廷的報告中云：

……續派都司盧鳴颺等再往，復被傷亡，尚有張錫泰等為其羈押。該喇嘛抗官殺弁，狂妄至極，已派士勇並調集明正馬隊等，分路前往剿辦，俟馬維騏抵爐後，再相機繼進。

這份報告中至少透露了三個資訊：一是張錫泰當時還沒暴露，官府誤認為他被惠遠寺羈押了；二是明正土司派馬隊參與了這場圍剿惠遠寺的戰鬥；三是馬維騏部隊是此次作戰的主力。

事實的真相是：盧鳴颺帶領的近百名士兵遭遇喇嘛殲滅後，次日清晨消息傳到後方，跟進的邊軍一聽說此事，趕忙退回爐城，大呼「禿僧叛逆殺人——」爐城關門戒嚴，同知劉廷恕飛電成都總督府，向錫良報告了這一情況。

錫良的電報回覆說，擬派四川提督馬維騏出兵圍剿，馬部未到之前，從速組織起明正土司的士兵，準備參加助剿。

其時的明正土司是甲宜齋。泰寧事件發生後，甲宜齋原有意袒護惠遠寺，想以夾壩搶劫的名目來結案，並且像模像樣抓了幾個人冒充夾壩，命他們拿出一批酥油、茶葉等，以抵人命。西康舊俗，殺人不抵命，萬不得已，出一筆錢賠償命價而已。因泰寧事件係為採金糾紛而起的，明正土司提出，要「永罷金礦，以安住牧」。

在劉廷恕看來，明正土司的條件有點過份，但是附加了一條：甲宜齋親自前往惠遠寺，說服寺廟堪布，保證他不會再起兵叛亂。這樣的處理方法，如果官府不追查，也說得過去。劉廷恕思前想後，考慮再三，為了維持邊地的穩定，也為了保住頭上的烏紗帽，他準備按明正土司的辦法結案。

然而錫良這次採取了嚴厲的決策，絕不寬恕惠遠寺叛亂的喇嘛，並且對劉廷恕的軟弱表示了憤怒。

在錫良的緊急催促下，馬維騏率所部副中軍五營，克日出關上路了。

馬維騏，字介堂，雲南回族人。少時隨父從征，老於行伍，在中法戰爭中立下了戰功，是個還能打仗的清軍將領。馬維騏率兵殺到惠遠寺，一戰而定，堪布率眾喇嘛投降，方凱旋回師康定，而巴塘之亂又起。

邊地多事無寧日，局勢堪憂。

這裡扼要說說泰寧事件的處理結果：

打了勝仗，就有了談判的主動權。官府責令惠遠寺退還搶劫的財物，賠償戰亂帶來的一切損失。惠遠寺堪布口頭答應，實際行動上卻一直拖延，遲遲沒有執行。直到光緒三十四年（一九〇八），趙爾豐當了四川總督，仍沒忘這筆舊賬，發了一道佈告：

光緒三十一年，該寺喇嘛興兵謀反，劫殺盧都司，又復燒殺漢民，搶奪財物，實屬罪不容誅。乃大兵將該寺攻破之後，本應剿滅淨盡，乃體朝廷好生之德，一概釋而弗誅，且將爾舊堪布召來，賞回管理該寺之事。法既從寬，施恩格外，爾僧眾亦然格外恪遵命令，洗心向善。乃於前次燒毀武廟、民房概不培修，搶劫財物亦不繳還，殊屬非是。茲據泰寧街民及李金元等來行轅控告，本應將堪布等提案嚴訊。姑寬既往，特戒將來。除扎噶達汛弁傳諭外，合再未諭，為此示。仰該寺僧眾知悉。武廟，朝廷崇祀之神，豈容爾等任意燒毀，務於奉諭後，速將神像重新裝塑；民房三百餘間，亦應照前修復。其李金元之財物，按數還清，以期以後彼此相安。倘該寺僧眾等再抗不遵，本大臣惟有執法從事，爾等後悔，將無及也，切切此諭。

趙爾豐的屠夫名頭很響，邊地誰人不懼？次年，惠遠寺即退還了搶劫的財物，賠償了所有損失，給泰寧事件畫了個句號。

關於泰寧的地名，還有一點補充：在一九三九年西康省政府成立以前，這塊地方的管轄權一直難以確定，是以泰甯實驗區的形式出現的。一九四〇年，泰甯實驗區改為泰寧設治局[2]，一九四五年正式改為乾寧縣。乾寧的「乾」字，取自於西康省政府主席劉文輝的名字（劉文輝字自乾），隸屬西康省。一九五五年西康省撤銷，乾寧縣歸入四川省。一九五六年，乾寧縣政府所在地由惠遠鄉遷駐八美鎮。一九七八年乾寧縣被撤銷，其地併入道孚、雅江兩縣，從此這個古老的縣城便在中國的行政地圖上消失了。

然而故事仍在流傳，給人啟迪，讓人心碎，直到天老地荒。

2 清末民初，地方政府籌備成立縣政府，其前身便稱為「設治局」。

巴塘之亂I

西康近代史上能夠大力推行改土歸流，其導火線是巴塘事件。

而在巴塘事件中，一個關鍵性的人物是鳳全。[1]

光緒三十年（一九〇四）四月，鳳全被任命駐藏幫辦大臣，特別加銜副都統。

但凡能幹的官員，經常會犯一個共同的毛病：瞧不起人。鳳全不僅瞧不起人，還常恥笑那些庸官，即使比他官銜大的官員，他也敢頂撞。

但他也有個軟肋——服軟不服硬。

四川官場上流傳著這麼一則掌故，有一次，有個姓戚的雲南人來探望四川總督岑春煊，路上被鳳全撞到了，鳳全恥笑道：「雲南這夥東西，只學會了拍馬屁！」雲南人憋紅了臉爭辯：「雲南地方的人懂得自重，請鳳大人也自重。再說，我是應岑總督邀請而來，並非為拍馬屁而來。」事後鳳全弄清了戚姓官員確實是總督岑春煊邀請的客人，轉而道歉，留下深談，兩人成了好朋友。

---

1 據吳豐培著《清代駐藏大臣傳略》載：鳳全，字茀堂，滿洲鑲黃旗人。步入官場之初靠的是拿錢買官（捐納），在四川任知縣。他上任後就以勇於任事、嚴格執法著稱，先後署理過開縣、綿竹、蒲江等地官員，是四川官場中公認的一位能臣，為四川總督岑春煊所賞識，提拔為成綿龍茂道。

鳳全名聲最為顯赫的，是他治理社會治安嚴酷手段，每當審訊犯人，他都要用銅煙鍋頭敲擊人腦袋，口口聲聲道：「若不老實交代，當心鳳老子敲碎了你的頭蓋骨！」有時候用力過猛，犯人的腦袋常見鮮血淋漓，提起鳳全的名字，牢獄裡的犯人們無不聞風喪膽。

可歎的是，鳳全把這一套辦法用在了對待土司上，經常用銅煙鍋頭敲打土司的腦袋：「給鳳老子想想，這個頭長在你身上還有幾天？」土司乃朝廷冊封的紅頂花翎官員，是當地土民們所尊敬的酋長，鳳全如此加以羞辱，自然徒增了邊地土司和土民們的怨恨，埋下了動亂的禍根。

也曾經有人勸過他。敢於勸他的人，當然不是一般的人。這個人叫文煥，是鳳全的大舅子——夫人文佩的哥哥，時任安徽蕪湖道。文煥也是旗人，到外省任官之前，在京城翰林院頗具盛名，與晚清大臣榮祿、那桐皆為昆弟之交。他勸鳳全做官不要太霸道，治大國如烹小鮮，凡事不能急，得慢慢來，學點儒家的馭民術，為了獲取更大、更長遠的利益，不妨給老百姓一點小恩小惠。

鳳全嘴上不說，心裡卻在冷笑。

在鳳全的腦子裡，邊地土民就是一群愚頑之徒，既刁滑兇悍又野蠻無知，對付他們的最好辦法，就是手中那桿銅鑄的煙鍋頭。

這樣的想法終於讓他栽了跟頭。鳳全雖然是能臣，但他做官的經歷都在四川內地，對川邊藏區情況知之不多，對藏族社會文化、宗教習俗均無全面深刻的瞭解，他想依仗過去的經驗辦事，結果不僅引起了邊地風波，還丟掉了性命。

鳳全被任命為駐藏幫辦大臣後，清廷給他派了一支部隊，這支部隊是管帶張鴻聲所統領的阜和協續備新軍右營，大約有四五百名士兵。另外，清廷還批准他招募士兵一千人，經訓練後帶領進入察木多駐防。

但是，張鴻聲所統領的一營士兵，此時正駐防在清溪（今四川漢源）一帶，一時來不及撤防，因此鳳全進入康區時，只帶了成都警察學堂培訓的一百名新式警察，這點兵力顯然不足以保護他的安全。

鳳全信心滿滿，他是朝廷派遣的大臣，沒想到自己會出事。

這年八月，鳳全帶著一百名從警察學堂畢業的學生兵，從成都起程，抵達打箭爐後，停留約一個月。這段時間，鳳全的主要工作是招募士兵進行軍事操練培訓，準備帶入西藏；稍有空隙，便來到爐城知府衙門，與劉廷恕精心策劃收回瞻對事宜。

讓他鬱悶的是，招募新兵事宜並不理想，清廷給的指標是招募一千名士兵，可是佈告貼出後，前來應招的人卻不多，上十天時間只招募到了兩百人，且素質低下，大多數是無家可歸的流浪漢。

鳳全心裡直犯嘀咕，帶著這麼一批新兵進藏，哪裡能夠打仗？他想在打箭爐再待一些日子，無奈清廷再三催促，只好留下五十名隨行之警察兵繼續培訓那些招募到的新兵，另外五十個警察兵為護衛，經雅江、理塘、巴塘一路向察木多，去西藏赴任。

臨行前丟下一句話：命張鴻聲率兩哨士兵隨後趕來理塘駐防，保障川藏大道的安全。

行至理塘，鳳全在當地招募到五十名士勇，略微是個安慰。

十一月一八日，鳳全行至巴塘，悲劇終於發生了。

巴塘一地介於川藏、漢夷雜處，民風剽悍，傅嵩炑《西康建省記》之〈巴塘改流記〉記載巴塘地勢及管理情形云：

> 巴塘古之白狼國，地方千里，理塘曲登在其東，江卡三岩在其西，雲南在其南，德格在其北。跨於金沙江之上，有正副二土司，一宣慰，一宣撫，皆世襲其官，分管其地。清時屢次用兵西藏並有駐藏官兵。故於巴塘設一糧員，以川省同知通判知州知縣等官任。三年交替，為轉運糧餉計也。又設都司一員，千總一員，於距巴塘八十里之竹巴籠設外委一員，由川省綠營中派弁兵往戍，亦三年更替。其喇嘛寺，設堪布一名，鐵棒一名，為僧官，照漢官制三年任滿更換。堪布一職，以留學西藏通佛經、曾為藏中達賴喇嘛考取為進士喇嘛者。回籍之後，遇有寺中堪布缺出，由眾喇嘛公舉請糧員稟報四川總督委任之。鐵棒一職，係眾喇嘛擇其平素公正者推充之。堪布掌管教務經典，鐵棒管理僧人條規，番人犯罪，土司治之；番人之喇嘛犯罪，鐵棒治之。文武漢官，不能干涉。惟番女之嫁於漢人者，犯事歸漢官辦理。其土司所轄地方，徵收糧稅，亦納國家之賦。然所納無多，且由川省給與土餉，除以賦銀相抵外，年尚給銀千餘金，故漢番相處無事。

巴塘係藏語譯音，翻譯成漢文的意思是：佈滿綿羊叫聲的壩子。從這個富有詩意的地名可以想像得到其地的豐饒富裕。事實也正是這樣，在連綿起伏的群山中，鑲嵌著一塊綠絨絨的草原，白雲下，一群放牧的牛羊靜靜吃草，遠處，肥沃的土地上長滿了莊稼。

鳳全帶著隊伍自成都開拔以來，一路上冰霜荊棘，滿目荒涼，直至抵達巴塘，氣候才稍微和煦。更難得的是，四川總督錫良有志於邊地改革，早在一年前，已經安排當地的糧台官員及都司文武機構開墾出了三百多畝良田。此處風光秀美，在邊地，這確實是一塊讓人留戀的地方。

鳳全一到這裡，就不願意再往西行進了。

他向朝廷遞交了一份報告，請求留巴塘辦公，並陳述了他的理由。

清廷沒有批准他的請求，仍令鳳全迅速趕赴察木多，途中毋庸耽擱。

對川邊地帶極其複雜的局勢，清廷高層有通盤考慮。

鹿傳霖遭遇彈劾下臺以後，清廷以息事寧人的態度將瞻對問題維持原狀。第二年，喜馬拉雅山另一邊的印度發生了一件大事。

當時性格自負好鬥的喬治·寇松就任印度總督。寇松野心勃勃，沒事便喜歡撥動地球儀，構想他的全球戰略。上任伊始，他即採取強硬的外交政策，向清廷步步緊逼。光緒二十九年（一九○三）冬，寇松派遣軍隊由錫金方向開進西藏，由此爆發了第二次英印侵藏戰爭。清廷此時的態度仍是忍讓，不許藏人開釁。次年夏天，英軍開進拉薩，十三世達賴流亡蒙古，英印軍以武力強迫的方式，與西藏地方政府簽訂了《拉薩條約》。

《拉薩條約》共十款，主要內容有增開商埠，允許英國派商務大臣；賠償盧比兩百五十萬，分七五年還清，賠款未繳清之前，英軍派兵佔領春丕地方；撤除邊界的一切防禦工事等等。這是一個嚴重損害中國主權的條約，清廷堅決不予批准，並要求修改條約。

光緒三十二年（一九〇六），清廷外務部侍郎唐紹儀與英國駐華公使薩道義經過幾輪談判，簽訂了《中英續訂藏印條約》，主要內容為：雙方同意將《拉薩條約》作為附約附入本條約，英國應允不佔領藏境，不干涉西藏一切政治事務，中國應允不准其他國家佔領藏境及干涉西藏內治，等等。

清廷不得已所採取的強硬態度，實由印度總督寇松和英國人的逼迫所引起。

總之，清廷的西藏政策相應做了調整，人事關係也有所變化。任命鳳全任駐藏幫辦大臣，駐守察木多，與拉薩的駐藏大臣「居中策應」；同時任命的還有新任西寧辦事大臣延祉。清廷給他們的詔書中明確規定了其任務：

> 所有西藏各邊，東南至四川、雲南界一帶，著鳳全認真經理；北至青海界一帶，著延祉認真經理。各將所屬藏蒙番設法安撫，並將有利可興之地切實查勘，舉辦屯墾畜牧，寓兵於農，勤加訓練，酌量招工開礦，以裕餉源。

這是清廷調整西藏政策的一個側面，從中能看出清廷的態度：從靠近內地的川邊、雲南、青海等地區著手，發展經濟，解決財政糧餉問題，然後漸次推及政治體制改革，穩定西藏周邊地區，是改善西藏問題的前提。

應該說，清廷的這一思路是穩步務實的，也充分考慮到了藏區特殊的社會形態以及改革的艱巨性、複雜性。

可是事情的發展方向，從一開始就脫離了清廷預想的軌道。

清廷給鳳全指定的辦公地點是察木多，察木多位於拉薩和川邊的中途，清廷想讓這裡成為一個中間聯絡點，將西藏與內地聯繫起來。給鳳全的任務，就是要他當好這個聯絡員。

但是鳳全卻另有想法，他主動上奏清廷，請求變通，讓自己「分馳兩地」，即駐巴塘半年，駐察木多半年。清朝時，有許多官員視進藏為畏途，嚴酷的氣候和艱苦的生活條件，讓他們一想起便覺悽惶，進藏的路上磨磨蹭蹭，儘量拖延進藏的時間，等等。鳳全提出「分馳兩地」，卻並不是為圖個人安逸而取巧的逃避策略，恰恰相反，他在察木多和巴塘之間兩頭跑，只會使自己更辛苦。

鳳全是個負責任的官員，他想把工作做得更好。

但在清廷看來，鳳全犯的是晚清官員的通病：怕苦畏難。接連發電報敦促他速赴察木多。鳳全是個果敢有擔當的官員，他堅持己見，仍然逗留在巴塘。

鳳全之所以堅持留在巴塘，是為了實施他的改革方案。

鳳全的邊地改革方案中，重要的一條是「勘辦屯墾」。逗留巴塘的那些日子裡，鳳全與劉廷恕等地方官員多次會商，認為在這一帶勘辦屯墾大有可為。又連日赴各處實地勘查地形，落實可耕種土地多達五、六千畝，隨即差遣候補知縣秦宗藩、巡檢陳式鈺等人，並調撥屯墾人員，籌備具體開辦事宜。

鳳全雄心勃勃，意欲在川藏邊地大顯身手。

說起來，勘辦屯墾這項工作早已有人在辦理。

最早在巴塘開荒屯墾的是個法國人——天主堂神父游世恩，見其地氣候溫和，土壤肥沃，經請示官府和土司，派人前往開荒一千兩百餘畝，每年種糧一季，由當地土民佃種，年收入與天主教堂平分。消息一出，前來應徵開荒的土民無數，天主教因此在巴塘興盛一時。

洋教堂開荒屯墾，引起了清廷官府的注意。既然洋人能利用這塊貧瘠的不毛之地，何不由自己來開荒耕種？其時四川總督錫良正在辦新政，立即委派了官員來辦理這件事。

這個人叫吳錫珍，巴塘糧台，受錫良委派，主要負責籌措糧餉事務。鳳全抵達巴塘之日，吳錫珍辦理屯墾已有一年多，不僅開墾了田地三百多畝，還積累了開荒屯墾的經驗若干條。

吳錫珍親擬的《屯墾章程》彙聚了當年開墾者的智慧：

農夫操作，勤惰不一，若無人管束督促，則相率偷懶，何以集事？且水田稻田墾荒方法不一，種稻種麥播種時機各異，尤需諳熟農務之人，為之指示並跟蹤。擬每十人選一人為墾長，如軍營什長之類，仍責其隨同眾人一律操作。從開工之日起，每月每名給工食銀三兩八錢，若能異常出力，卓著勤勞，由地方官稟報請賞，以資鼓勵。

在《屯墾章程》中，類似這樣的條款計有十二條之多，不可謂之不細。管中窺豹，略見一斑，其耗費的心血，也不是晚清官場中常見的應付差事、人浮於事的習氣所能比擬的。鳳全肯定了吳錫珍的作法，並召入囊中，要加以重用。

與此同時，吳錫珍所彙報的一些情況，引起了鳳全的高度重視。吳錫珍彙報的情況很多，大致有以下幾條：一是邊地土民仇視洋人，懷疑開荒屯墾是官府與洋人勾結；二是土民迷信，認為開荒屯墾驚動了山神，經常或明或暗地出面阻撓；三是丁林寺喇嘛人多勢眾，時有僧侶一千五百餘人，轄有四鄉小寺院十六座，在巴塘頗有影響力，該寺堪布傲拉扎巴尤為猖獗，因反對開荒屯墾，多次與巴塘清朝官府發生衝突。

歸納起來就是一句話：開荒屯墾，矛盾重重。

鐵腕人物鳳全一聽，火冒三丈，拍下板來，要對喇嘛寺進行整肅。

在寫給朝廷的彙報材料中，鳳全說出了他的想法：喇嘛寺勢力日益坐大，邊地搶劫案件屢有發生，人犯往往視寺廟為藏身之地，甚至於竟向過往商旅勒索過路費，特別不能容忍的是他們無視官府的存在，反對開荒屯墾措施，並多次威脅逼迫乃至武裝挑釁。要從根本上杜絕，必須對喇嘛寺有所限制，凡土司地方，暫緩剃度二十年，大寺喇嘛不得超過三百名，十三歲以內的小喇嘛，令家屬領回還俗，大寺喇嘛各自歸回部落，另建小寺，分散修行，以分其勢。

鳳全坐著綠呢大轎到巴塘，當地土司跪在地上磕頭迎候，他卻用銅煙鍋敲打土司的腦袋，問人家腦袋是否還長在肩上，土司心中堆積的怨恨可想而知。現在，鳳全又將矛頭對準喇嘛寺，他是在把自己往火山上推。

其實動亂的苗頭早已露出，只是鳳大人沒有覺察到而已。

二月中旬，巴塘曾發生過一起土民襲擊墾場的事件，鳳全並未引起警惕，只知一味強硬，派兵前往彈壓，途經丁林寺附近，有喇嘛竟施放冷槍，當場打傷士兵一人。到了這個月下旬，雙方的摩擦有所升級，在丁林寺僧侶的煽動下，當地土民焚燒茨梨隴墾場，驅趕追殺墾夫。二十八日，部分喇嘛和土民衝入法國天主教堂，追殺教民，焚燒教堂，教堂司鐸牧守仁和助手逃至土司官寨避難，騷亂群眾達三四千人，並切斷清朝駐軍水源，形成圍堵之勢。

消息傳至鳳全處，他頗感到意外。當地土民愚蠢，竟不知道和官府對抗將有可能遭致殺身之禍嗎？這個鳳大人，對藏文化和當地土民的習俗太缺乏瞭解，只會蠻幹和一意孤行，《清史稿》評價他時云：「清操峻特，號剛直，然性作急，少權變，不能與番眾委蛇。」鳳全派都司吳以忠、隨員秦宗藩，帶了二十多個士兵前往探視情況，伺機彈壓。

第二天傳來消息：二十多個士兵被追殺，都司吳以忠、隨員秦宗藩被當作勾結洋人的漢奸，慘死在土民們的亂棍棒下。

鳳全為之震驚，他現在才明白，事情已鬧得難以收拾了。

巴塘之亂 II

近人朱祖明在《康酋溯源》中敘述了駐藏幫辦大臣鳳全行至巴塘後的情形，十分生動傳神：

鳳全道出巴塘，率習洋操，吹洋號之兵數十，巴民以為新奇，見其美髯呈金黃色，類似法國教父，且每天清晨常佇立於行轅樓頂，東觀西望（實呼吸新鮮空氣也），巴民尤為駭然，相互耳語，疑為洋鬼子，非欽差也。

鳳全有一臉漂亮的絡腮鬍子，人稱美髯公，在陽光下呈金黃色，這不假。但是邊地土民誤以為凡是長絡腮鬍子的人都是外國教父，那是一個笑話。當時的真實情況是：一場騷亂正在進行，為驅逐鳳全，巴塘一帶的喇嘛和民眾群起而攻之，有人說，鳳全教練洋操、袒護洋人，應即予誅戮。另有人說，不，那個欽差是假的，真正的欽差僅是路過這裡，只住了三天，如今早已去了察木多，眼前的欽差是洋人冒充的，你們看那一臉的絡腮鬍子，哪裡像是中國人？

謠言傳播起來像野火一樣迅速，憤怒的喇嘛和土民們將鳳全的臨時行轅（原為糧台吳錫珍的辦公衙門）團團包圍起來，空氣中的火藥味越來越濃。

此時，鳳全在巴塘所招募的兩百名新兵大都逃散，只有原先從成都帶來的身著洋制服、扛著來福槍的警察仍在忠實地履行職責。看著門外一張張因憤怒而扭曲的臉，看著邊民們手中的土槍、藏刀和棍棒，鳳全心裡有一絲發虛。

還好，鳳全手中還有一張牌。

這張牌是巴塘土司羅進寶。對待眼前的這件事，土司羅進寶的態度一直很曖昧。羅進寶曾經希望清廷能幫他從喇嘛寺僧侶那兒奪回自己的權力，及至鳳全到巴塘後，他發現鳳全並非等閒人物，是個鐵腕強硬派，不僅難於幫他從喇嘛寺奪回權利，還可能危及到他的利益，得趕緊把這尊大神想辦法送走。

鳳全不知道有沒有體察到羅土司的這種細微心理？此刻鳳全想的是，羅土司是他手中的一根救命稻草，抓住這個人質，騷亂的民眾就不敢亂來。

確實也是這個羅進寶，幫助鳳大人暫時渡過了一道難關。根據羅進寶的提議，由管帶李家濟領著幾個衛兵，在臨時行轅大門口散發印度盧比，圍堵的老百姓見天上突然掉下了花花綠綠的盧比，相互搶先爭撿，趁此時機，一群衛兵護衛著鳳全從後門悄悄溜進土司寨子，來到羅進寶的土司樓。

當天，喇嘛和百姓分成兩路，一部分包圍土司寨子，另一部分搜索教民，被抓住的教民不論什麼人，一律被處死。

喇嘛和百姓圍在土司樓前，催促羅土司立即交出鳳全和清軍士兵，否則將從四面展開火攻。

羅進寶站在樓前的石臺階上，臉上顯出為難的模樣。他勸解喇嘛和百姓從這裡散開，不要圍攻清廷欽差。喇嘛和百姓根本不聽他那一套，起鬨聲和呼嘯聲此起彼伏，像是一排排波濤洶湧的海浪。

實際上這是演的一場戲，雖然演得逼真，但羅進寶心裡有數，這一招是用來逼迫鳳大人離開巴塘的。

羅進寶佯裝說服喇嘛和百姓向後撤退後，又返回土司樓，說服鳳全前往察木多或者返回成都，不要繼續留在像是火藥桶的巴塘。並說，如果再延誤，他擔心心會有更大的騷亂。鳳全驚懼未定，無奈之下，只得聽從羅土司的意見，決定動身先返回打箭爐。

四月四日清晨，圍攻者撤除木柵欄，開始後退。上午，鳳大人帶著五十名警察從土司寨子出發，沿途到處是圍觀的人群，鳳全的轎子被警察圍在隊伍中間，他掀開轎簾，打量外邊美麗而又荒涼的景色，心中隱隱作痛。

糧台吳錫珍此時住在巴塘頭人阿登家中，聞訊匆匆趕來，勸阻鳳全不要輕易離開巴塘，最好是留在原地（羅進寶的土司樓內）等候援兵。從吳錫珍欲言又止的神態看，他似有難言之隱。

在寫給四川總督錫良的一份報告中，吳錫珍詳細講述了當時的情形：

鳳全啟程當天，土司羅進寶派人來到他的寓所，告知鳳大人即將離開巴塘返回打箭爐的消息，並稱夫馬已準備停當，吳錫珍甚感疑惑。正思考的時候，忽聽門外人聲鼎沸，馬嘶嘯嘯，推窗一望，鳳全乘坐的綠呢大轎已過，周邊是為數不多的警察兵，周邊是巴塘當地的士兵，數倍於警察兵，手持槍械，虎視眈眈。吳錫珍預感不妙，急忙跑下樓梯，扭開大門，飛步跑到綠呢大轎跟前，抓住大轎把手不放，當場失聲痛哭。

鳳全也有點難過，他拍著吳糧台的手說：「土民們與我為難，但不關你的事。我今天走了，過些日子還會回來，開荒屯墾之事，希望諸君務必不要放棄。」

吳錫珍不應聲，雙手緊緊抓著大轎把手不鬆開，邊地夷情叵測，他擔心其中有詐，再三挽留，又說不出多少挽留的理由。

轎子裡的鳳全大吼一聲：鳳老子今天走定了，鬆手！

吳錫珍戰慄不已，撲通一聲跪在了地上。

鳳全厲聲道：「看你衣衫不整的樣子，哪裡像是朝廷官員？如果要送行，請先回府穿戴好衣帽，不失朝廷的威嚴。」

吳錫珍派遣家丁回寓所取來官服官帽時，鳳全的那乘綠呢大轎早已遠去。他帶著的幕友、家丁及百姓二十餘人隨後尾追，無奈沒有騾馬，只靠步行，難以趕上隊伍。慌亂中，吳錫珍看見身後一衛士牽了匹馬，上去接過轡繩，正要上馬，倉皇之間，那匹馬的馬蹄踢在了吳錫珍的左腿上，他跌倒在地，久久站不起來，那匹惹事的馬撒開四蹄在原野上狂奔，鳳大人的輿轎已經望塵莫及。

至此，吳錫珍只好拖著傷腿，跛足回到了寓所，延醫治療。

再說鳳全一行沿著山路緩緩行進，剛出到城外五六里處，在一個名叫鸚哥嘴的險要地方，滾石檑木滾滾而下，隨即響起了尖銳而又密集的槍聲，早已埋伏在此的喇嘛和民眾從山林中呼嘯殺出，鳳全及其隨從五六十人全部斃命。

糧台吳錫珍給川督錫良的報告中還講述了巴塘之亂的其他情形：

騷亂之初，巴塘已是風聲鶴唳，一場排外的風波正在鋪天蓋地而來。為了防止意外，他將法國教堂裡的外國神父牧守仁安排在巴塘副土司郭宗紮保的寨子裡，以逃難避禍。

誰知到了次日上午，郭宗紮保派僕人來向吳錫珍報告，牧守仁神父不見了！僕人去送早餐，發現牧守仁不在房間，再看院子後邊的牆壁，有翻牆的痕跡，由此判斷牧守仁神父是越牆而出，不知去了何處？

吳錫珍馬上派兵四處搜尋，並由當地土民當嚮導，分赴鹽井、亞海貢等地查訪神父下落，均絕無蹤影。

事後證明，藏匿於副土司官寨的法國神父牧守仁，是見郭宗紮保神情可疑，不可信任，所以才翻牆逃跑的，卻在途中被喇嘛發現並殺害了。

——這是一宗疑案。但成了後來審訊並槍決巴塘土司羅進寶、副土司郭宗紮保的一個有力證據。

西方宗教流入西康地區，最早要追溯到同治年間。據《清實錄》載，同治二年（一八六三）十一月，法國神父「差遣無賴劉姓從爐城運來茶包，在巴塘、理塘一帶散發給漢人，勾結人心」。就在這一年，法國天主教神父巴布埃來到巴塘傳教，在城郊四里龍建教堂一所、住房兩間，當時僅有教徒十七人。此後不久，格魯教派為保護藏傳佛教，向全體教徒發出了「誓死不與洋人往來，不准外國勢力侵入」的號召，康區開始反洋教運動，驅趕洋人，燒毀教堂。據檔案史料記載，從同治十二年（一八七三）至光緒三十一年（一九〇五）的三十二年間，巴塘地區共發生過五次大教案。

在巴曲河畔槍殺法國神父牧守仁等，是這三十二年中的第五次大教案，這次風暴似乎比前幾次更加猛烈。據英國駐雲南府總領事薩道義稱：巴塘的喇嘛們殺害了傳教士牧守仁、蘇烈文等，與其一同被殺害的還有兩百名教徒，地處阿墩子的教堂被焚燒，喇嘛們控制了通往打箭爐的道路……。

從表面上看，這些似乎是教派之間的紛爭：西方宗教沒有能真正融入康區百姓的日常生活，也沒有真正融入他們的文化習俗中，更無法與百姓的正統宗教信仰和諧相處，因此，西方宗教在巴塘歷史上只留下了曇花一現式的短暫足跡，像是一個漂泊不定的過客。

然而透過這次的教案現象看本質，可以發現其中所潛藏的深層次矛盾。

當時的一位英國情報員在分析巴塘騷亂的原因時，得出了以下幾點結論：

一．約兩年以來，四川政府力圖將巴塘及鄰縣置於清朝官吏的有效管轄範圍內，此事遭到了喇嘛們的極力反對；

二．新任駐藏助理大臣鳳全遇害，是由於他途經巴塘時在那裡停留數月，其手下掠奪藏民而犯下了罪行；

三．相當多的人依然與廢黜的達賴喇嘛有聯繫，他們積極策劃與清朝官吏相對抗，因為他們認為最近發生的事件，證明了官府根本不能保障喇嘛們的特權，也無能對全西藏行使宗主國的權利。換句話說，喇嘛們已經認識到了清朝政府極度的虛弱性；

四．據說拉薩三大寺已向巴塘及其它地方傳達密令，要謀殺所有在西藏邊境活動的漢人和歐洲人；

五．理塘的喇嘛更是與清朝官吏長期不和，後者去年捉拿了桑披寺院的住持——堪布，並砍下了他的頭顱。

這位英國情報員最後的結論是：儘管因地域之隔很難做出判斷，但事件看來主要是針對清廷的，這或許可以看作是清政府虛弱無望的又一個證據。

鳳全是滿州人，又是清廷任命的駐藏幫辦大臣，其顯赫的身份和地位絕非一般清廷官員所能比擬。皇族高官在巴塘被殺，消息震驚朝野，清廷嚴旨責飭四川總督錫良，迅速派兵戡平巴塘之亂。

這裡要弄清一個問題：巴塘事件中，正副土司羅進寶、郭宗紮保究竟扮演的是什麼角色？從現存史料看，這個問題有些模糊不清。事件發生前，清朝官府對巴塘正副土司應該說是完全信任的，此前，糧台吳錫珍一直租借土司羅進寶的房屋居住，二人有著親密友好的私人關係。鳳全到巴塘後，羅進寶至少在表面上也與之相處融洽，曾親率數十名士兵負責鳳全行轅的保衛工作。即便在鳳全身處險境之時，羅進寶也還主動提出掩護鳳全從糧台衙門後門溜出，到他的土司官寨暫時避難。至於副土司郭宗紮保，從吳錫珍將法國神父牧守仁安排在其官寨避難的情況看，也是獲得了官府高度信任的。而且，巴塘之亂發生後，郭宗紮保本人也在騷亂中被幾個鬧事的喇嘛打傷，可見此時清朝官府與巴塘土司還能夠和平相處。

但是巴塘土司對開荒屯墾心存芥蒂，也是不容置疑的一個事實。尤其是強硬派鳳全常駐巴塘後，巴塘正副土司心理上的微妙變化，驅使他們漸漸走向了官府的對立面。與丁林寺堪布喇嘛所扮演的公開對抗的角色不同，巴塘土司明裡依附官府，暗地裡支持甚至參與了叛亂。比如，從法國神父牧守仁忽然翻牆逃跑的蹊蹺案件中，就可以印證巴塘土司當時已經間接介入到叛亂：牧守仁逃跑的原因，要麼是已察覺到郭宗紮保的某種意圖，要麼是知悉了某些外人不知的秘密，或者還有這樣的可能——郭宗紮保來向糧台吳錫珍報告消息時，失蹤者牧守仁其實早已被亂民殺戮，郭宗紮保來報案，只不過是裝裝樣子。

鳳全一行五六人在鸚哥嘴遇難後，巴塘土司羅進寶、郭宗紮保自知惹下了大禍，連夜緊急會商，並以巴塘老百姓的名義給官府遞交了一份報告，呈明已將鳳全及數名洋神父一併誅殺。在報告中，他們抱怨鳳大人帶領兵勇到巴塘後，學洋話，習洋操，行洋禮，與洋人勾結在一起，冒犯神靈，污穢天地。又登記百姓男女老少人丁戶口名冊，企圖將巴塘地方喇嘛百姓盡交歸於洋人管轄。他們在報告中說，殺鳳全是為民除害，實出無奈，並不是要脫離清廷官府的管轄，更不是要背叛清廷，希望清廷能明辨是非，切毋再開兵釁。他們提醒官府，任何派軍隊來巴塘圍剿的行動，都有可能激怒民眾，報告稱：

如再差派官兵勇丁進來，則眾百姓發咒立誓，定將東至理塘、西至南墩的十餘站差事撤站，公文折報一律阻擋，甘願先將地方人民盡行誅滅，雞犬寸草不留，誓願盡除根株，亦無所憾也。

巴塘事件發生後，川藏震驚，清廷下令四川總督錫良嚴辦。錫良令提督馬維騏率標兵五營進剿，又令趙爾豐為善後督辦，率兩營士兵跟進。

此時，泰寧叛亂剛剛平息，提督馬維騏率部奔赴巴塘，抵巴境後，派出偵察員刺探情報，得知數日前尚有喇嘛和土民築卡防守，聽說清軍到來，皆不願接戰，已於前天夜晚自行解散。

也就是說，土司羅進寶等人在報告中稟報的「甘願先將地方人民盡行誅滅，雞犬寸草不留」純屬賭咒發誓的空話，馬維騏部進剿的沿途，基本上沒有遭遇到什麼抵抗。六月二十六日，馬部順利進入巴塘，架起大炮轟擊丁林寺，大殿中彈起火，全寺焚毀，生擒寺廟堪布傲拉絮巴等喇嘛，餘眾逃往七村溝一帶，後被馬維騏派兵全殲。

至於鳳全的遺體，由巴塘糧台吳錫珍派人找回，做成棺木隆重入殮，在城內昭忠祠臨時停放了一段時間，後葬於鸚哥嘴，並立碑紀念。

巴塘正副土司羅進寶、郭宗紮保，均被活捉，押往刑場殺頭。其妻室兒女被押送成都，聽候審訊。巴塘地方一切事務，交由糧台吳錫珍臨時代理。之後不久，趙爾豐率兵進入巴塘，清戶口，查田畝，規定糧稅，廢除土司，將巴塘改為巴安府，鹽井改為鹽井縣，鄉城改為定鄉縣，三壩改為三壩廳，同屬巴安府。

一場轟轟烈烈的改土歸流從此拉開了序幕。

羅進寶、郭宗紮保是巴塘地方的最後一任正副土司。羅、郭之後，巴塘土司制度廢除，關於巴塘土司之所以滅絕，有個這樣的傳說：

羅進寶的官寨裡，有一個小花池，年久失修，只剩下乾涸的死水以及一些殘枝敗荷。羅進寶想填平水池，在此地建造一間唸經房。請來喇嘛為之卜筮。

西康喇嘛尤善卜筮之事，邊地土民無論大事小事，均要謀以卜筮定吉凶。具體方法是，不用龜甲或蓍草，而是取珊瑚珠或木珠一串，從額頭右邊到左邊，數其間有若干珠，以此推測吉凶。

紅衣喇嘛卜筮後云：「毀花池而建經堂，恐怕會對土司不利。」

羅進寶問：「怎麼個不利法？」

喇嘛搖頭不語。沉思良久說了句話：「以後有乘紅馬者到來，則巴塘土司亡矣。」

羅進寶感到奇怪：「馬有紅色乎？這世上有白馬、黃馬、黑馬、紫馬、烏青馬，各色都有，就是惟獨沒聽說過有紅馬。你說的紅馬，是不是紫馬？」

喇嘛雲：「紅馬非紫馬也。」

說罷，喇嘛閉口不言。

巴塘事件過後，人們想起當年紅衣喇嘛的話，才發現話中有深意。騎紅馬者，趙爾豐是也。趙是丙午年生人，按生辰八字測算，丙屬火，午屬馬，連結起來即紅馬也。

當地人皆認為：紅衣喇嘛卜筮，靈驗至極。

再說鳳全，他有個妻子名叫文佩，字季筠，也是滿州旗人。文佩是個才女，工刺繡，善畫花鳥，下筆有文采，落墨生動有趣。鳳全殉難，文佩夫人聞訊傷心欲絕，絕食數日，蓬頭垢面，口口聲聲要與丈夫同赴黃泉。她哥哥——在江南做官的文煥多次寫信安慰，勉以大義，這才勉強進食。

不久，文佩帶著兒子忠順赴打箭爐，親迎丈夫骸骨，監督工匠修建祠墓。在荒涼淒清的打箭爐，文佩一邊為丈夫修祠墓，一邊搜集鳳全生前遺物，同時打探丈夫遇難前後的各種消息和線索。她不知道從哪裡聽到了傳聞：鳳全被圍困在土司官寨時，曾寫信向打箭爐同知劉廷恕求援，請求火速派兵來解救。

結局大家也都知道了，直到生命結束，鳳全始終沒等到一個救兵。文佩的滿腔怨恨，立刻轉移到了那個見死不救的官員身上。可憐她到打箭爐衙門裡去找到劉廷恕，見面二話不說，上去就是一個耳光，破口大罵不止。劉廷恕也冤枉，又不便與文佩計較，對方是女子，又剛死了丈夫，只好吃個啞巴虧，捂著半邊臉委屈地退到一邊。

文佩這還沒完，請人寫成若干「蜚白」（類似今天的傳單），逢人便發一張，到處告狀喊冤。

告狀告到成都總督府，錫良無奈，只好以「年老糊塗，幾誤邊事」的緣由將劉廷恕參革，讓劉廷恕暫時在家賦閒，避過這個風頭。

在劉廷恕而言，這事實在來得太冤枉。劉在打箭爐當官多年，熟悉邊情，也屢有功勞，鳳全抵達打箭爐後，諸事多徵詢他的意見，把他當作心腹看待。不料想竟被牽扯丟官，一方面感歎官場之險惡，一方面深感憤憤不平，將當時鳳全、錫良等上司官員的有關函電、公文等彙集成冊，並附上他自己所知道的實情，印成了一本小冊子，名為《不平鳴》，以辯白其冤。

文佩為丈夫鳳全修建祠墓，耗費五千九百餘金，於成都北郊昭覺寺購得業田八十餘畝，其中十畝地建祠，剩下七十畝雇人租種，每畝歲收租穀兩擔，以供「蒸嘗」（指祭祀費用）。

這座祠墓修建了三年，終於完工。

三年中，文佩夫人含辛茹苦，心力交瘁。祠墓建成之日，文佩跳進祠廟南邊的一口池塘中，追隨丈夫鳳全而去。

鹽井軼事

中國有許多名叫鹽井的地方。這裡所說的鹽井，指的是西藏自治區芒康縣鹽井納西民族自治鄉。

鹽井地處西藏東南端，位於瀾滄江東岸，平均海拔二千四百米，東北與四川巴塘交界，南與雲南德欽接壤，氣候炎熱，盛產青稞、大麥、玉米、小米等農作物，以及蘋果、石榴、西瓜、梨等瓜果特產。

鹽井是一個神奇的地方，歷史上是吐蕃通往南詔國[1]的交通要道，是「茶馬古道」沿線唯一存活的人工原始曬鹽風景線，人稱「活化石」。

一千三百年以來，鹽井人一直傳承著最古老的曬鹽工藝，他們利用特殊地質所恩賜的「鹵泉」，在崖壁上建起大小不一的曬鹽台，層層疊疊，從山頂一直延伸到江邊，形同一瓣瓣偎傍著懸崖盛開的蓮花。

每年三至五月，是鹽井人曬鹽的黃金季節。此時陽光明媚，強勁的風掠過河谷，這時節很容易出鹽，出產的鹽品質也最好。此時瀾滄江兩岸桃花燦爛，映紅了半邊天，在此期間曬出的鹽呈

1 南詔國，（今雲南、貴州、四川、西藏、越南、緬甸等地）。

淡紅色，被稱作桃花鹽，又名紅鹽。

鹽井產鹽始於何時？如今已難於查到確鑿的記載，寥寥無幾的史料，也只是說早在唐代鹽井就有了曬鹽的歷史。而在古人類學的文獻中，鹽井產鹽時間要比這早得多。瀾滄江峽谷是早期青、甘氐羌部落向南方遷徙的走廊，正是在遷徙途中，羌人俯身溪流邊，手掬泉水解渴，偶然發現了這塊天然鹽鹵的秘密，人們開始搭建曬鹽棚，慢慢地形成了古老的集鎮。

在藏族說唱藝人口口相傳的民族史詩《格薩爾王傳》中，就曾描述了當時爭奪鹽井的宏大戰爭場面：西元十一世紀，藏王格薩爾與納西人統治的羌國因爭奪鹽井大動干戈，這場戰爭雙方動用兵力居然達一百八十萬之多，也許史詩筆觸誇張，但仍能依稀看到其氣勢恢宏的影子。

納西王召集部落的子民誓師出征，他對部下唱道：「那神也一再鼓勵我，叫我去奪取飲食調味的最佳品（鹽），從今天的這個時辰起，直到奪取調味佳品那天止，各位大臣要牢記，為了調味佳品歸屬我們，即使五尺身軀倒下地，也不達目的決不停息！」但是最終的結局是悲劇，格薩爾王打敗了納西王，佔領了鹽井，同時還俘獲了納西王子友拉。後來，友拉被冊封為納西大臣，負責掌管鹽田，這意味著鹽井從此由藏族和納西族共同擁有。

鹽井如今隸屬西藏自治區，但是在歷史上的不同時期，曾分別隸屬於四川或雲南管轄。到了清末，鹽井的管轄權名義上屬巴塘土司，實際上鹽井地方勢力已尾大不掉，巴塘土司鞭長莫及。

趙爾豐改土歸流，將鹽井專設一縣治，隸屬巴安府（巴塘）。當時的鹽井縣還包括了紅拉山、徐中鄉、碧土、門空等幾個自然風景保護區，派駐鹽井委員，建立鹽局，設置鹽卡，成為趙爾豐手中掌控的一大財源。

據劉贊廷《民國鹽井縣圖志》載，趙爾豐改土歸流之初，曾推行過一系列的教育改革，在鹽井設立了兩個官話（普通話）小學，當地的原住民對子女入學視為畏途，寧願出錢也不讓子女進學堂，在趙爾豐的強硬政策下，才勉強有人將子女送入學堂就讀。清廷垮臺後，學校官銀斷絕，學費無著落，只好裁減，兩所學堂合併成一所，學生也僅剩五十餘人。其中有個藏族學生名叫華慶，小時候出家當喇嘛，後來就讀於官話小學，以敏而好學而知名，讀書癡迷幾近懸樑刺股，幾年裡通曉了不少漢文經典，被學堂樹立為榜樣。

文化差異不僅僅體現在辦學和對子女入學問題的認識上，在鹽井人的信仰上體現得尤其強烈。鹽井的天主教堂頗有名氣，走遍全西藏，只有在這裡能夠捕捉到一絲西方宗教的氣息。這是一種非常奇特的文化現象，除了納西族、藏族以及其他民族能夠和平相處外，藏傳佛教、東巴教和天主教也能夠和平共處，使這裡成為一個多元文化彙聚且和諧共存的福地。

據說在鹽井，信奉天主教的信徒甚至多於佛教、東巴教的信徒。

鹽井分為上、下兩個村莊，分別叫上鹽井和下鹽井，之間相距約三公里。一百多年前，那位高鼻子的法國傳教士呂司鐸闖入這片土地時，就被其原始神秘的氣息深深吸引了。他找到當地頭人，贈送了一箱煙土，收拾起傲慢的派頭，彎腰低頭，一副恭謹的模樣。

頭人問傳教士要什麼？

傳教士說：我要的東西少得可憐，一張牛皮大的土地，一管牛角粗的水。

頭人滿口應承下來。

法國傳教士將那張牛皮剪成無數個細條，連接起來圈起了一面山坡；又將一條溪流從幾裡外引向了山坡，牛角粗的一管水越流越暢快，形成了一條清澈透底的溪流。

在那面山坡上，法國傳教士修建了康區的第一座天主教堂，在九家村發展了最初的幾名信徒，隨後買了上鹽井村的部分土地，廣為收容四方老人孤兒，在荒涼的土地上蓋起了一幢幢房子，村民理所當然地成為教民。村子裡除了有教堂外，還有學校和衛生院，教員和醫生都由外國傳教士擔任。每天清晨，這裡都能看見教徒們的身影，空氣中飄蕩著唱詩班的歌聲。

天主教能在鹽井這塊貧瘠的土地上紮根極不容易。據《鹽井天主教史略》介紹，自從第一座天主教堂修建之後，西藏拉薩三大寺震驚萬分，下令封殺，從此因信仰不同而引起的矛盾接二連三爆發。舊時鹽井各佛教寺廟有二十餘座，天主教堂只有一座，不成比例的抗衡中，外來的天主教處於劣勢。

從二十世紀初開始，鹽井一帶發生的教案至少有三起以上。如一九〇五年的巴塘之亂，受牽連被殺的天主教徒就有十餘人。每有風吹草動，天主教徒往往成眾矢之的，被群起而攻之，搶劫教堂、驅逐神父的事件一再發生。

儘管如此，鹽井的天主教徒仍然普遍存在優越心理，認為自身更加先進文明。民國年間的《鹽井縣誌》云：「城北三里許有法國教堂。在未設治以前，教民借勢凌人，百姓懷怨。」

當年的鹽井天主教堂是中西合璧的磚石結構建築，整體顯現出典型的巴斯利卡式風格。主持教堂的是法國神父蒲德元，每天上午他做完彌撒，都要凝視燭臺前的聖母像沉思一會兒，拱頂上的日月星辰和當地教民成了他的整個世界。到了下午，蒲德元要到教堂後邊的葡萄園裡去勞作，澆水、鋤草、剪枝，他喜歡這個荒涼而又寧靜的世界，希望能在這裡播下信仰的種子。

一九〇五年的巴塘之亂發生時，蒲德元並沒有意識到將有大禍臨頭。騷亂發生之初並沒有什麼跡象。那天上午，神父蒲德元做完彌撒，正在凝視著燭臺前的聖母像沉思，忽然聽見教堂外邊響起了一片呼嘯，紛亂的腳步聲像是洶湧的海濤由遠而近傳來，他掀開窗子，探頭一看，數以千計的喇嘛和土民密佈在教堂四周，一張張憤怒的臉，讓蒲神父感到不寒而慄。正在驚慌倉促之中，幾個當地教民小跑過來，幫助蒲神父喬裝之後，匆匆地從一條地道裡逃到後山，潛進了密密的樹林。

當天，分佈在瀾滄江、怒江沿岸的十所教堂被燒毀，教堂裡的財物被搶劫一空，一名清軍哨官試圖阻攔，被憤怒的喇嘛和土民們當場打死。

神父蒲德元逃亡到雲南德欽縣茨中教堂，驚魂未定，一邊在胸前劃十字，一邊聽當地教民傳述各種消息。

教民所傳述的消息中，有一條讓他稍感心安：清朝麗江知府李德卿正率軍趕往茨中教堂，要來保護外國神父。

這條消息並非謠傳，此時，麗江知府李德卿確實正匆匆忙忙朝這裡趕。

不僅麗江知府急了，連光緒皇帝也急了，發出上諭：切實保護好巴塘、鹽井、茨中等地的外國教堂和傳教士，不允許有半點疏忽。

但是光緒皇帝的聖旨並沒能及時制止住這場騷亂。麗江知府率兵匆匆趕到茨中教堂時，只見教堂內一片狼藉，燭臺前的聖母像被戳了個大窟窿，四周的牆壁上胡亂塗著一些亂七八糟的圖案，教堂前的大廳裡躺著兩具屍體，一個是法國神父蒲德元，一個是英國神父傅禮士。

——此次事件史稱「維西教難」。

「維西教難」發生後，清廷勃然大怒，雲貴總督丁振鐸下令撤銷李盛卿的麗江知府職務，暫留軍營戴罪效命。光緒皇帝下旨，派清軍分路剿撫，不得怠慢。歷經了半年時間，這場騷亂才終於得以平息。

清廷平息了追殺神父、搗毀教堂的騷亂之後，在鹽井設立了鹽務局，禁止私自運輸井鹽，按銷售量徵收鹽稅。

這一舉措引起了以臘翁寺喇嘛為首的當地群眾的不滿。他們說，瀾滄江西的產鹽地達村和達雪村，自古以來都是西藏噶廈政府的屬地，鹽稅一向由該寺代替西藏地方政府徵收，而今清廷要來收鹽稅，是無稽之談，也是虎口奪食。

清廷派出的交涉官員是原巴塘糧台吳錫珍。

經歷了巴塘之亂，吳錫珍親眼看見了欽差大臣鳳全被喇嘛們追殺而狼狽逃竄的情景，驚心動魄的場面始終歷歷在目。幾年在邊地做官的經歷，使他對那些剽悍的喇嘛和士民們心存疑懼，對於臘翁寺喇嘛蠻橫的抗稅行為，吳錫珍仍想以安撫為主，耐心講解達村、達雪村雖然地處瀾滄江西但仍屬巴塘府管轄的歷史依據。臘翁寺的喇嘛們把吳錫珍的忍讓當作軟弱可欺，事態迅速惡化，武裝衝突一觸即發。

光緒三十二年（一九〇六）十一月二十一日夜，清廷設立在瀾滄江岸的士兵拿獲了臘翁寺喇嘛的私鹽一馱，連人帶馬一起送往鹽稅局充公。次日夜晚，清廷士兵李大安、李德勝、陳子高等人布守哨卡，皎潔的月光下，一隊馱運私鹽的馬幫由遠而近攏來，當李大安等提出要檢查證件時，馬幫不由分說，紛紛從馬鞍底下抽出藏刀，劈頭砍來。李大安等三名士兵被刀砍傷，血流不止，清軍士兵開槍還擊，馬幫順著山道奔逃，當場被擊斃一人。

清軍與臘翁寺的戰事，就此正式拉開了序幕。

臘翁寺喇嘛一直是個特殊的利益集團。他們有宗教的旗幟作護身符，既經商謀利又武裝護送，公開與清政府對抗，從事走私販賣私鹽的商業活動，長久霸佔鹽利，有了錢就購置武器裝備，不服從清廷的任何管束。

因馱運私鹽與哨卡清兵發生衝突後，臘翁寺喇嘛絲毫不思過錯，反而糾合僧眾，放出風聲要攻打鹽局、燒毀教堂，把清軍趕出這塊地方。

當時駐守鹽井的清軍士兵只有二十餘人，而臘翁寺糾合的僧俗約有兩千人左右，雙方實力太過懸殊。為了避免全軍覆滅的命運，清軍方面派出士兵藍玉洪、劉海清前往臘翁寺，想通過談判的方式解決這場糾紛。

結果，藍玉洪、劉海清被喇嘛們捆綁起來，吊在一棵大槐樹上，向瀾滄江東岸的清軍士兵們示威。

其時清軍管帶程鳳翔正在這一帶巡視，得到鹽井委員王會同的加急密件後，迅速調集兵力，全線佈防，準備與臘翁寺打一場硬仗。

臘翁寺喇嘛偵知消息後有些心虛，表面上佯裝投誠，暗地裡集結黨羽，於臘月初八日深夜二更率眾來犯，先行開槍，清軍還擊，擊斃一人，活捉一人。次日，臘翁寺僧眾夜晚傾巢出動，分兩路攻打清軍。清軍列隊轟擊，到天亮時共擊斃喇嘛百餘人。清軍陣亡一人，受傷者七人。清軍乘勝追擊，攻破碉堡十四座，繳獲刀槍多件。

十二月二十五日，清軍兩百五十餘人對臘翁寺實施總攻。管帶程鳳翔、幫帶顧占文、哨長張紹武、哨官夏正興分別率兵從四面圍攻，一舉攻佔臘翁寺。

關於這場戰役，清軍的請功報告中寫道：

> 共斃逆僧七十餘人，生擒二人，陳斬首級九頭，奪獲抬槍四桿，火槍三十七桿，騾馬五匹，焚毀大碉三座，大昭及餘碉三十餘座。

圍剿臘翁寺的清軍指揮官程鳳翔，人稱「程老爺」。他幼年失學，在軍中發奮讀書，是個風趣又特別能喝酒的儒將。關於程鳳翔的故事，後面章節會專門敘述，此處不多贅言。

清軍圍剿臘翁寺，喇嘛們紛紛翻牆逃跑，頭目德林逃至鹽井西北之紮玉、左貢一帶，程鳳翔準備率兵追擊，將其抓捕歸案。

程鳳翔在寫在趙爾豐的密件中陳述了自己的想法：如果德林等人投誠，即以安撫之策對待；如對方不願投誠，則堅決予以圍剿，殲滅逆僧，一勞永逸。其具體的軍事部署是，從巴塘、空子頂等處調入鹽井的左營兩哨士兵繼續留守鹽井，恢復秩序，維護穩定，保護教堂和居民；後營全部人馬赴紮玉、左貢一帶追剿，不獲全勝，決不收兵。

趙爾豐在回信中，肯定了程鳳翔全力進剿紮玉、左貢的計畫，並補充強調了兩點：一是先派與德林關係密切的鹽井地方頭人，儘量勸其自首，若仍頑抗不歸，再率兵前往捉拿；二是嚴令部下士兵，不准滋擾當地百姓。

接到趙爾豐的指示，程鳳翔開始做進攻前的準備工作。

平息臘翁寺之亂後，鹽井及周邊地區謠言四起，人心惶惶。為消除敵意，安定民心，程鳳翔派士兵到處張貼佈告：凡是與臘翁寺叛亂無關的喇嘛、佃戶，均可以發給護照，各自安心念經、種田，清軍士兵將加以保護。並請來周邊地區的大小頭人數十人，程鳳翔親自酹酒，在一起舉行聯歡活動，聯絡感情。

這一深入民間細心疏導的舉動收到了良好效果。

經過兩個多月的精心準備，程鳳翔準備開始進攻了。

但是此時，趙爾豐忽然發來一封急電：命令程鳳翔立即收兵，撤出察瓦崗。

程鳳翔手拿電報紙，心生蹊蹺。

他想，事情忽然有變，內中肯定有非常重要的原因。

是的，程管帶的判斷沒有錯。程鳳翔率兵進入察瓦崗後，立即引起了桑昂曲宗地方僧俗官員的高度警覺，他們從周邊調集藏兵和土民參與防堵，同時急電上報拉薩地方政府，控告程鳳翔妄收藏地，逼勒納糧免差。

此時清廷任命的駐藏大臣是聯豫。聯豫，字建侯，內務府正白旗人，是軍機大臣那桐的親戚。聯豫的仕途生涯起自浙江，先是在浙江做小官，後來遷至廣東為官，曾隨維新派人物薛福成出使英、法、意、比等歐洲國家達四年之久，受到了西方現代文化的薰染，思想偏向於維新。

這個聯豫雖說滿腦子裡裝了些新思想，官場上做人的品格卻並不高。此人實無開拓精神，他所從事的諸如練兵、通商、興學、設警察等西藏新政，實際上是前任張蔭棠的未竟之功，而其才幹又不足以應付，故多無成就。

聯豫犯下的最大錯誤是與十三世達賴喇嘛失和，致使達賴逃亡大吉嶺，造成了西藏地方政府與清廷分庭抗禮的局面。

按照清廷制度規定，駐藏大臣與達賴喇嘛地位平等，共同主持西藏事務，拉薩噶廈政府作為政教合一的西藏地方政權，在達賴喇嘛和駐藏大臣的雙重領導下行使權力。因此，駐藏大臣與達賴喇嘛是西藏政治體制中的關鍵人物，他們之間關係的好壞，也成了西藏治亂的關鍵所在。

但是坐鎮拉薩的駐藏大臣聯豫，並不遵行歷來的治藏規則，自以為統治者，堵塞達賴喇嘛與中央王朝交流的管道。

此時達賴喇嘛的日子實在太不好過。光緒三十年（一九〇四），英國人乘日俄戰爭之機，入侵拉薩，達賴改換便裝，取道黑河，越過唐古喇山、通天河等地進入青海，再經甘肅倉促逃到庫倫（今蒙古烏蘭巴托）。清廷以「貽誤軍機，擅離招地」為名，革去了他的達賴喇嘛的名號，又擔心達賴投誠俄國，急忙令西寧辦事大臣准良前往迎候，將達賴迎至西寧，表面相敬如賓，實際是一種軟禁。不料在此地發生了達賴與西寧喇嘛「鬥法」之事，清廷只好將達賴安排到雁門關，移床山西五臺山，這一住就是三年。

為了保住自己的位置，奪回失去的權力，達賴決定起程進京，覲見慈禧太后和光緒皇帝，陳述他關於西藏問題的一系列想法和意見。

還未來得及起程，就傳來了趙爾豐進攻鹽井，攻克臘翁寺，殺死喇嘛的消息。

本來就心情鬱悶的達賴，此刻的情緒更加糟糕。

達賴住在五臺山普壽寺的二樓，每天睜眼醒來，滿目看到的都是數不清的佛像，他向那些佛像祈禱，又覺得菩薩也不能理解自己心中的苦悶。想去京城覲見兩宮，又擔心得不到信任，反而把事情弄得更糟。

這一年的山西巡撫是寶棻，他是滿洲正黃旗人。寶棻在川東道台任內，因辦教案得力而嶄露頭角，調至山西巡撫任上，又以懂兵事擅長辦新軍而名顯於清廷，是在清廷上層說得上話的一個人物。

寶棻來找達賴喇嘛，耐心細緻地勸說了一番，無非是勸說達賴要識時務，及時與中央政府改善關係云云。對寶棻來說，多一事不如少一事，焦點人物達賴長期留在山西，說不定什麼時候鬧出什麼事端，他這個山西巡撫吃不了還得兜著走。為了將達賴喇嘛送走，寶棻還準備了一大筆銀子，並派部下沿途小心護送，所需要的駝馬、氈帳、食物、草料等物資，一應俱全。

在寶棻的力勸下，達賴終於起程。達賴一進入直隸地界，清廷就派大臣前往保定迎接。沿途各地方官對達賴特別優禮，所到之處，駐持名剎，香花供養，警衛森嚴，接待規模之高，讓久處鬱悶之境的達賴心情略微舒展。抵京後，達賴最初被安排的住地是東黃寺（普靜禪寺），後移至西黃寺，由內務府會同理藩部勘測房屋，兩次動工修葺，添蓋住房兩百多間，並特別委派了翻譯官為達賴充當翻譯。達賴所住的西黃寺，每天都有王公親貴前來致禮，達賴如有出行，則前呼後擁，轟動京城。

達賴對於這一次具有歷史意義的陛見十分重視。陛見前一天，達賴即派堪布二人率藏兵二十餘名，押送貢品三十抬，敞蓬車八輛，由西黃寺起行，前往頤和園呈進貢品。清廷對於達賴這次覲見的禮節也極為重視，事先委派專人研究，並對若干細節事先進行了預演。

應該說，達賴喇嘛在京城連續兩次的覲見活動，從表面上看是極其風光的，但是實際效果卻並不理想。

這次覲見後，清廷恢復了達賴喇嘛的名號，慈禧太后還特別為他加封了「誠順贊化西天大善自在佛」的稱號，並每年賞銀一萬兩。

封賞使人高興，然而達賴心中的那些煩惱，並不能通過封賞一掃而光。達賴不滿意的是，他向清廷所反映的西藏情況，並未能引起慈禧太后和光緒皇帝的重視，這使達賴感到灰心喪氣。更讓人遺憾的是，覲見後不久，慈禧太后和光緒皇帝相繼駕崩，達賴想再次與清廷上層商討西藏事務，報告遞上去了，卻遲遲沒有結果，這更是加深了達賴喇嘛的失望情緒。

達賴深為憂慮的是鹽井事件以及程鳳翔部西征進軍。在京城，達賴先後派人向攝政王載灃、軍機大臣奕劻、袁世凱、張之洞、鹿傳霖等人獻禮謁辭，並借機多次控告趙爾豐的邊軍越界騷擾，妄殺無辜事宜。然而兩宮駕崩後，清廷的官員似乎沒有人站出來理事了，達賴的控告和請求均無人理睬。

於是程鳳翔率兵進入察瓦崗地區，成為達賴與清廷之間矛盾的焦點。

察瓦崗是個美麗的地方。所謂察瓦崗，指的是怒江、瀾滄江之間的察瓦絨、門空、左貢、察隅一帶地方，廣義上的察瓦崗，還包括了今天雲南德欽縣管轄的地盤。六世達賴倉央嘉措曾寫過這樣的詩句：「壓根兒沒見最好的，也省得情絲縈繞；原來不熟悉也好，就不會這般顛倒。」這樣的句子用來形容察瓦崗地區的風景是再合適不過了。

程鳳翔率領士兵駐紮在這個地方，進攻的目標是冷諸寺。

這次戰鬥的規模，與當年進攻桑披寺有些相似。冷諸寺中，也有一千餘名喇嘛兵，從鹽井臘翁寺逃脫的僧人頭目德林，也潛藏在該寺。當年趙爾豐率兵進攻桑披寺，手下有幾個營的兵力；而現在程鳳翔進攻冷諸寺，手下只有一個營的士兵。情況更不妙的是，冷諸寺地處西藏境內，糧食供應和運輸成為大問題，形勢最嚴峻時，程鳳翔部幾乎到了無糧可吃的地步。

這一天，程鳳翔突然接到上司統領羅長綺的密令：「生獵火燒」！

兩天後的一個漆黑的夜晚，北風大作，程鳳翔精心挑選了二十名士兵，帶著幾桶煤油，乘黑夜潛入冷諸寺附近，將煤油澆在寺門上，然後引燃。頃刻間，大火像條巨龍一躍而起，借著風勢呼拉拉燃燒，將整座寺廟變成了一片火海。被困在寺中的藏兵和喇嘛大駭，紛紛向外逃命，卻被大火封門，無法逃出。他們跑到城樓上棄械求救，絕望的聲音在蒼天之下飄蕩，無比淒涼和憂傷。

但是一切都已經晚了。現在，即便外邊的人想救他們出來，也無法穿越那一片火海，只能聽任大火燃燒。有人想出了一個主意：挖條地道，逃出生天。一算時間，根本就來不及。幾十個喇嘛橫下一條心，丟了槍支，閉上眼睛從碉樓上往下跳，結果折胳膊斷腿不說，落地的喇嘛沒有一個活的。

冷諸寺被大火燒成了一片廢墟，無言地訴說戰爭的殘酷無情。

消息傳到拉薩，噶廈政府為之震動。他們給返藏途中的達賴寫信，控告清軍「一夜燒殺喇嘛千餘人」。達賴接到這封信，鬱悶的心情又多了幾分悲涼。

帶著強烈的不滿情緒，達賴親自上書清廷，要求對肇事者嚴懲不貸。在那封信的末尾，達賴顯示了他的強硬態度，大有此事處理不好，他就要與清廷決裂的架式。

這一次，清廷再也很不能不理不睬了。

清廷下發文件，命令成都將軍蘇魯岱查辦。蘇魯岱延續了晚清官場敷衍應付的作風，並沒有派人赴程鳳翔部所在地詳細瞭解情況，只是在羅長椅部的駐地巴塘草率調查了一下，就輕鬆得出了結論。

這個結論十分怪異：原來，羅長椅寫給程鳳翔的密令中，那四個字是「生獲尤妙」（生获尤妙）。因係草書寫成，被程鳳翔誤讀成了「生獵火燒」（生猎火烧）。比照這四個字的簡繁體，你會發現確實有幾分相像。

程鳳翔是趙爾豐手下的第一愛將，趙爾豐自然要全力加以保護。他找到成都將軍蘇魯岱疏通，蘇魯岱並不太買帳，擺出一副愛理不理的老官僚派頭。趙爾豐只得給他哥哥趙爾巽寫信抱怨一番，請趙爾巽從中斡旋調和，爭取能從輕處罰程鳳翔。

查辦的結果：羅長椅以草書誤事，撤職候參；程鳳翔誤讀，革職留任。從此，趙爾豐下了一道軍令，各機關以及軍人公文函件，一律使用楷書，不准草書。

這個結果讓人覺得蹊蹺。按理說在這次事件中，羅長椅的責任更輕，卻遭到撤職處理；而直接責任人程鳳翔，卻能免予革職，留任立功。

這其中，與趙爾豐的庇護不無關係。

用心揣摩，仔細分析，有一個疑點讓人百思不得其解：前面說過，程鳳翔是一名儒將，喜讀書，愛思考，按理說他沒有理由認錯字。何況，程鳳翔部下還有一等一的高級幕僚李介然等人，熟讀《綱鑑》、《春秋》等古籍，不可能鬧出那種類似半文盲的笑話。

那麼惟一的解釋是，其中暗藏陷阱！

羅長綺是湖南人，曾在江南任過幾年候補道，後來響應清政府的號召，捨棄江南，奔赴邊陲，期望能為「籌邊改制」做點實事。來邊塞之初，羅長綺頗受趙爾豐器重，趙將他兩年來改土歸流的精銳部隊——邊軍五營交給羅長綺，就意味著趙已將羅視作心腹。

但是羅長綺最後還是讓趙爾豐失望了。因為，羅長綺的籌邊理念與趙爾豐大相逕庭。

趙爾豐認為，治理邊務應該先威後德，「大張撻伐，聚而殲旃」，用武力樹立清廷的絕對威信；而羅長綺則認為，古人早有訓句，「故遠人不服，則修文德以來之，既來之，則安之」。翻譯成現代白話文是：如果遠方的人還不來歸服，就用仁義禮樂來招撫他們，已經來了，就讓他們安心。

按照現代文明的觀點來看，羅長綺的見識要高於趙爾豐。

但是，趙爾豐是羅長綺的上司。而且在當時，趙爾豐靠鐵腕治邊務，贏得的是一片掌聲和歡呼聲。因此，羅長綺的倒楣和落魄，必然是遲早的事。

「生獲尤妙」的草書密令，成為羅長綺革職的導火線。這其中，不排除擅長讀古籍的程鳳翔並沒有認錯字。而所謂的認錯字，只是冷諸寺悲劇發生後，趙爾豐幫助愛將程鳳翔推諉責任的一個辦法。換句話說，羅長綺在這個事件是充當了一回替罪羊。

羅長綺不僅丟了官，後來還在邊疆丟了命，提起來讓人不勝唏噓。

接到趙爾豐的命令後，程鳳翔雖然不甘心離開察瓦崗，卻又不得不離開察瓦崗。察瓦崗，察瓦崗，這個美麗的地方，這個讓人魂牽夢繞的地方，當你知道了那些背後的故事，你也就知道了美麗背後的那些憂傷。

一個神秘的原始部落

這個神秘的原始部落名字叫作「三岩」。

查詢相關資料，三岩指的是西藏貢覺縣金沙江西岸的六個鄉村，分別是克日、羅麥、沙東、敏都、雄松和木協。這裡崇山峻嶺，千溝萬壑，絕谷野林，當地民居村莊絕大多數座落於高山斜坡位置，耕地極其稀少，牲畜失足墜崖的死亡率超過自然死亡的數量。

地勢險惡，交通閉塞，加上原始的習俗以及古老的傳說，使得三岩地區彷彿籠罩在一片神秘的雲霧之中，成了一個秘境。

在三岩，大地和天空，草原與馬群，生存與死亡，一切有生命跡象的物體都渲染上了神秘的色彩，變得光怪陸離。當地的原住民們認為，那些物體都是造物主意念幻化的結果，人們對無所不在的神靈充滿了敬畏。

一座雪山通常被看作一尊神，一塊石頭也會有令人畏懼的美麗傳說，三岩原始混沌的生命狀態中，生老病死吉凶禍福都被人們堅定地認為是鬼神的意志，自然界裡任何細微的變化和徵兆，都能成為指導人們行動的讖語，巫術和占卜術在三岩地區大行其道。

不僅如此，三岩的原住民還曾經以剽悍著稱。

有句話說：藏區最剽悍的是康巴人，康巴人中最剽悍的是三岩人。

外省人至此，常常會被那些身材高大魁梧、身穿寬袍大袖的英武漢子們所吸引。那些漢子們像是草原上幾近絕跡的純種馬一樣，勾出人們心中對英雄的崇拜和嚮往。

曾經有過這樣的傳說：西元前三三六年，亞歷山大大帝率領馬其頓軍隊東征，用四年時間征服了敘利亞、埃及和整個波斯，抵達印度最富饒的恒河地區。熱帶惡劣地理環境的潮濕悶熱以及毒蟲蛇蟒，使得士兵們開始想念家鄉了。亞歷山大也為之苦惱，他徘徊於恒河兩岸，心中充滿了困惑。

向西，是茫茫黃沙的沙漠；向南，是浩瀚無邊的大海；繼續東征，卻見喜馬拉雅山脈高高聳入雲端，雪山像是一把把利劍，直指他的心間。這位不可一世的偉大國王，足跡征服了全世界，此刻卻寂寞地撫鞭歎息：世界怎麼如此之小？

相傳馬其頓軍隊西撤時，在印度的北部山區留下了一支純種的雅利安人。這支雅利安人後來分成了三部分，大部分留在了恒河平原，有一支人馬北上，進入喀什米爾定居；另一支人馬沿著喜馬拉雅山長途大遷徙，在我國西藏與四川的交界處定居下來，經過歲月的洗禮，漸漸演變成了現在的康巴人。

三岩地區的寺廟不多，主要是寧瑪教派（紅教），也有原始的苯教寺廟。三岩有三個較大規模的寺廟：察然寺、白日寺和瓦底寺。小的寺廟則無具體數目。和西康的其他地方比較起來，三岩的宗教氣氛要淡許多，寺廟也很少，但是其原始的拜物信仰和巫術卻無處不在，極為盛行。

提到三岩，不能不提三岩的「帕措」。

「帕措」係藏語，「帕」的意思是父系宗族；「措」的意思是集團或者群體。合在一起即為：一種獨特的父系社會生存方式。

「帕措」是世界上並不多見的父系氏族的殘留，是保存完好的一塊人類生活圖景的古化石。它主要分佈在三岩一帶，它的來源、公佈、財產、婚姻以及它的內部組織形式、活動方式、議事程序等等都有些什麼樣的特徵？對於現代人來說是一個費解的謎。

關於「帕措」的歷史來源，如今無任何資料可考，有五種說法可以參考。

一是認為「帕措」產生於人類早期的英雄時代，即人類初期的父系氏族社會留下的痕跡；二是認為「帕措」是阿里古格王朝流亡的後裔，約有六百年歷史；三是認為「帕措」從四川省白玉、巴塘等地遷徙而來，有六、七百年歷史；四是認為「帕措」是藏族史詩《格薩爾王傳》中總管王察根的後裔；五是認為西元十三世紀中葉，薩迦派高僧八思路過貢覺時，曾組織人員繕寫《甘珠爾經》，後記中提到施主的名字時，有一個名叫「乃達帕措」的，因此而得名。

「帕措」分為若干個群體，每個「帕措」都有其鮮明的標記，有的頭上紮紅綢布，有的腳下鞋帶與眾不同，有的留八字鬍，以示與其他「帕措」相區別。

在「帕措」中，男人稱為措巴，女人稱為納加，意為手上的東西，含有男人附屬物的意思。生活於「帕措」制度中的成員，其婚姻形式多是包辦，而且講究門當戶對，男子有選擇女子的權利，女子卻沒有選擇男子的自由。如果說某個男子，看上了某個姑娘，不用向姑娘本人示愛，只需要向姑娘的家長提親，應允後即可舉行婚禮。

「帕措」內部的家庭形式以一夫多妻居多，也有一妻多夫的現象。他們的結婚和離婚都比較隨便，如果一方提出離婚，只需要補償另一方一些財產就行了。「帕措」內部女子沒有繼承權。為防止家庭財產外流，入贅招女婿往往並不被允許。即便偶爾有之，待婚後幫助生育了子女，這個入贅的女婿也會被無情地趕出家門，以確保兒子們將來的繼承權。只有女兒沒有兒子的家庭，往往被稱作「絕戶」，其家產在家人死絕後歸「帕措」所有。

「帕措」內部有一套金字塔型的嚴密組織。

最高一層是頭人，由全體「帕措」成員選舉產生，一般由年齡大、威望高的人來擔任。頭人沒有特權，與所有成員之間地位平等。但在遇到問題時，頭人有組織權和決斷權。

頭人之下是勇士團和長老會。勇士團由年輕力壯的成員擔任，名額不限，主要是在械鬥時勇往直前，衝鋒陷陣。長老會由年齡較大的成員擔任，主要是討論內部重要事務，參與制定「帕措」規則，教育違犯規矩的人。勇士團和長老會都要無條件地支持頭人的工作，聽從頭人的召喚和指揮。

最下面一層是平民，包括年老體弱者、殘疾人以及少年兒童。他們在遭遇到大規模械鬥時也必須參加，並無條件地支援頭人、勇士團和長老會的工作，聽從上層的指揮，服從命令，積極參與帕措組織的活動。

「帕措」之間發生爭端時，一般習慣是向對方提出經濟賠償要求，對方同意則事端平息。向對方索要的財產，三分之二歸受害者及其家屬，三分之一由帕措成員平分。賠償方則三分之一由肇事者負擔，三分之二由帕措成員分攤。少數地方也有富者多出，貧者少出的現象。如果是兇殺事件，交接賠償物品時，需要請雙方當事者之外的帕措頭人（或者請一名高僧）當公證人。

如果談判因賠償條件不符而破裂，雙方便會進行械鬥。械鬥方式有決鬥、征伐和偷襲等多種形式，復仇的目標一般只對準肇事者，即便肇事者是小孩，也決不肯輕易放過。仇恨的火焰一旦燃燒起來，就像草原上萬千野馬奔騰，再鮮豔的花朵也紛紛被馬蹄所踐踏。更可怕的是，這種復仇有時候會世代積怨，代代相傳，無休無止。

過去，三岩人不僅以剽悍而著稱，在他們的生活字典裡，「搶劫」二字甚至還是個褒義詞，不是惡行，而作為善被人頌揚。男子漢的美德是善偷敢搶，他們出去搶劫，就像下地幹活一樣自然。一個家庭，如果沒有善偷敢搶的男子漢，不僅被人瞧不起，而且在村子裡還很沒有地位。搶劫歸來者往往被人們當作勇士一樣對待，少女獻花，老人誇讚，他們牽著搶來的牛羊在村子裡大搖大擺地走過，人們羨慕的眼光就成了他們胸前的勳章。

有首〈強盜歌〉，三岩昔日的男子漢人人都會唱：

我騎在馬上無憂無慮，寶座上的頭人可曾享受？

我漂泊無定浪跡天涯，藍天下大地便是我的家。

我兩袖清風從不痛苦，早跟財神爺交上了朋友；
從來不計較命長命短，世上沒有什麼可以留戀。

岩石山洞是我的帳篷，從來不用學會拉扯帳篷；
兇猛野牛是我的家畜，也不必拴牛羊在家門口。

我獨自喝慣了大碗酒，對頭人從來不會說敬語；
我獨自吃慣了大塊肉，從來不會用指甲刮肉絲。

我雖不是喇嘛和頭人，誰的寶座都想去坐坐；
我雖不是高飛的大鵬鳥，哪裡有高山就想歇歇腳。

我俠義從不想找靠山，兩拳和長槍為我壯了膽；
我俠義是沒有幫手的，快馬快刀是我的好夥伴。

我當俠客從不願拜頭人，高高的藍天是我的主宰；
我當俠客從不去點香火，太陽月亮是我的保護神。

閉上眼睛想像一下：月黑風高之夜，草尖掛著露珠，風吹樹葉沙沙響，一群小夥子唱著〈強盜歌〉去遠方的大路上搶劫，姑娘們為他們送行，像是送勇士出征。到了第二天傍晚，小夥子們滿載而歸，手中牽著牛羊，臉上掛著傷痕，心愛的姑娘依偎在身邊，輕輕唱起了一支情歌……這一幅詭譎的邊地野趣圖，正是三岩人生活的真實寫照。

三岩地處深山野林的偏遠一隅，是歷代中央政府與西藏地方政府之間的緩衝地帶，歷史上不屬藏區，也不服中原王朝管轄，無酋長，以搶劫殺人為雄。《清史稿》描述三岩為「化外野番，不服王化，不事農牧，搶劫成性」。有多種文獻記錄，三岩人屢放夾壩（搶劫），恃其地險人悍，明火執仗，商旅者非成群結隊持械不敢經過，甚至敢對官府對武，朝廷曾多次在這裡用兵，收效甚微。

翻閱歷史之篇章，三岩始終籠罩在刀光劍影中，像一部永無止盡的武打片。清朝歷代，三岩這個地方都是讓清廷為之頭痛的蠻荒之地。僅光緒年間，就有著名的三岩三案，讓人聞之膽戰心驚。

光緒五年（一八七九）十二月三日，清廷駐西藏幫辦大臣維慶赴任途中，在三岩大石包地方遭遇數十人圍搶，他們殺死引路嚮導，奪走貨物馬匹若干。

維慶，字桂亭，滿州鑲黃旗人，曾任成都副都統。這次遭搶劫後，清廷高層大為惱怒，大清朝的堂堂大臣，竟在上任途中遭遇搶劫，丟失物品事小，顏面盡失事大，如此羞辱，是件很傷面子的事。

這椿案子被稱作「大石包案」。

震怒之下，清廷令地方官嚴厲查辦。地方官帶著一隊士兵，去找三岩頭人解決問題，還未能抵達目的地，就遭遇到土槍土炮的一頓轟擊，該地方官嚇得扭頭就跑。好不容易疏通關係，將三岩的幾個頭人請到官府，屁股還沒有坐穩，衙門外邊又響起了槍聲。

經過幾番波折，大石包案尚未水落石出，第二年又發生了「核桃園案」。

核桃園距離大石包二十里。光緒七年（一八八一）閏七月，巴塘天主教堂法國神父梅玉林前往鹽井，途經三岩核桃園地帶，遭遇搶劫，野番不僅搶劫了物品，還將法國神父殺死，丟棄在荒山野嶺曝曬。

梅玉林（一八四五—一八八一），法國傳教士，早年在巴黎攻讀神學，光緒三年（一九七八）被派往中國藏區傳教，駐四川巴塘。

在荒涼貧瘠的邊地，那個三十三歲的法國人走完了他短暫的一生。

在異域他鄉回首往事，神父梅玉林也曾經有青春和愛情。進入巴黎神學院之前，梅玉林瘋狂地愛著一個名叫伊蓮娜的法國女孩，迷亂的星空下，他向伊蓮娜傾訴衷腸，伊蓮娜甜蜜地笑著，像個美麗的天使。可是伊蓮娜最後還是和他分手了，伊蓮娜說，雖然她信仰天主教，卻只想過普通人的生活，不想為宗教而獻身。後來，伊蓮娜和一位銀行職員結婚生子，而梅玉林進入巴黎神學院，開始了他的傳教士生活。

回憶有一點點甜蜜，也有一點點苦澀。梅玉林決定終身不娶，他要把自己的一生奉獻給天主教，到神秘的東方古國傳授天主教的真諦。梅玉林走村串鄉，挨家挨戶祈禱，引導窮苦的牧民走進教堂，將一杯杯聖水灑在他們的頭頂，幫助牧民們皈依天主教，洗去罪惡，獲得永生。

梅玉林異常虔誠地做著這一切，他似乎忘記了這個世界上還有其他事物存在。只是每天傍晚，梅玉林走出教堂，在小樹林裡吹奏起心愛的口琴，優揚的旋律在山坡上飄蕩，在那個瞬間，他會回憶起伊蓮娜，那美麗的略帶憂傷的面龐，那令人心醉的金髮碧眼……昔日的伊蓮娜重新回到他的身邊，他伸出手去，抓住的卻是一個夢境，那種悵然若失的感覺，使他心痛，也使他對自己的傳教士事業更加堅定。

半個月前，從法國巴黎運送來了一批教堂物品，諸如桌子、椅子、燭臺、聖母像、十字架以及一台價值昂貴的管風琴，需要梅玉林轉送到鹽井教堂。這一天，梅玉林雇請了一批牧民（其中也有自願前來的教民），押運物件箱十三馱，經三岩大石包、核桃園前往鹽井教堂。

臨行之前，教民向興順曾給他提出建議：通知官府，派兵護送。

梅玉林搖了搖頭，說用不著。他對邊地的原住民傾注了太多的愛心，壓根沒想過那些淳樸憨厚的原住民會為了搶奪財產來殺害他。梅玉林拒絕官府保護的另一個原因，是因為當時正好有一隊乍丫（今察雅）商旅要去拉薩，梅玉林與乍丫商旅同行，本來就有商人武裝護送，犯不著同官府打交道。

上路了，梅玉林押運貨物心切，匆匆忙忙走在前頭。行了一程，那支乍丫商旅的隊伍漸漸落後了。此時梅玉林等人已經行至核桃園，道路兩旁，荊棘叢生，野花怪石甚多，澗水作雷鳴，朝遠處一望，滿山遍野的核桃樹，開著一片白絨絨的花朵。

有人提議，先休息一會，等乍丫商旅隊伍趕上來後，再一起結伴前行。

正準備支帳篷的時候，忽然從山那邊傳來了達達的馬蹄聲。一隊西藏巡邏兵沿著山道匆匆而來，為首的人是四郎洛布，從馬背上跳下來，勸阻梅玉林等千萬不要在此地停歇。梅玉林不解，問其原由，馬上有隊伍中教民告訴他：此地名叫核桃園，是三岩地區著名的強盜窩。

梅玉林平時雖說對三岩「夾壩」有所耳聞，但他仍然對三岩的「強盜文化」缺乏深層次的理解。他沒有聽從四郎洛布的勸阻，依然下令搭建起帳房，要在恐怖的核桃園地帶過夜。

初更時分，梅玉林聽見了狗叫聲。他讓教民向興順到帳房外邊查看，向興順剛走出帳房，就被三個兇猛的漢子撲倒，隨即數十條漢子擁進帳房，梅玉林掏出洋槍，當場擊斃一人，那數十條漢子稍退，旋即又從四面圍攏，擲石亂砸。梅玉林舉槍繼續射擊，忽然被一塊石頭砸中他的右臂，正遲疑間，一條壯漢像山豹一樣撲來，將他壓倒在地，帳房外邊的人群如潮水般湧來，用砍刀、木棍和石頭等肆意砍戮，梅玉林神父當場殞命。

核桃園的這次殺戮事件，只有教民向興順一人乘夜間逃脫，潛入深山樹林中躲避。至次日天亮，官府派兵趕到，清點被搶劫的物品，計損失馱騾十三頭，騎馬二匹，木箱二只，茶包一只等。法國神父梅玉林頭面部均被刀石砍擊，右手腕骨折，左手被砍斷，掉落在離他身體一尺多遠的草叢裡。

洋人神父被殺，物品遭搶劫，此事引起了清廷的高度重視。四川總督丁寶楨派兵數百，會同巴塘糧員、土司前往嚴辦。

然而這麼一宗簡單的搶劫殺人案，直到半年後才被破獲。

光緒八年（一八八二）正月，四川總督丁寶楨、成都將軍托克湍聯名向清廷報告：事涉三岩核桃園的搶劫犯工布曲批、策珠二人已被拿獲，經教民向興順辨認，確係當夜搶劫行兇之罪犯。此外，被抓捕的還有巴塘丁林寺喇嘛降巴納小、淆熱根堆等。經過審訊，工布曲批、淆熱根堆二人被綁赴刑場處決，策珠、降巴納小等人收監服刑，並向法國教堂賠償白銀一千九百三十五兩。

對於這一處理結果，法國教堂方面表示滿意，此案才算了結。

大石包案和核桃園案後，經過清廷一番整頓，三岩地區平靜了十餘年。到了光緒二十三年（一八九七），此地又發生了一樁搶劫案。

這次搶劫案所搶的東西很奇特，不是平常物品，而是一隻裝有奏摺的高檔木匣子——此次事件史稱「訥欽折匣被搶案」。

訥欽，字子襄，滿洲正白旗人。光緒二十二年（一八九六），訥欽被清廷任命為駐藏辦事大臣，積極開導藏族民眾，疏通與英國、印度通商的關係，盡心盡職地為清廷工作。

然而就在上任一年後，他呈送給清廷的奏摺匣子，卻在三岩打雞窪遭人劫了！

應該說這是一次意外。三岩地區經常以搶劫為生，他們平時搶劫茶包、酥油、布匹、青稞、金銀珠寶等物品，都與日常生活息息相關。而這一次在打雞窪搶劫所得到的奏摺匣子，除了漂亮好看外，並沒有半點實用價值。

說直白點這是一次誤搶。當他們看到列隊整齊的士兵手捧著那個漂亮好看的木匣子，行進在三岩人的地盤上，以為木匣子裡必定裝的是值錢的金銀珠寶，於是實施了那一次的搶劫計畫。當他們好不容易弄清花費大氣力搶來的木匣子並沒有多大價值時，一定後悔得腸子都青了。

木匣子雖說沒有什麼價值，但在清廷看來，搶劫奏摺匣是對官府權威的無禮挑釁，是絕對不能容忍的。

當時的四川總督是鹿傳霖。前面說過，鹿傳霖是個頗有抱負的人，他計畫在川邊實行改土歸流，大力整肅邊地事務。得到搶劫奏摺匣的消息，下定決心要進行徹底追查。

鹿傳霖派出四川提督夏毓秀前往調查，又令知府嵇志文、記名提督韓國秀遣兵進行協助。據史料載，清廷對這次搶劫奏摺匣子的案件極其關注，先後數次以光緒皇帝的名義發佈諭令：「三岩之搶案、桑披寺之命案，均應辦理得宜，迅速了結，毋使朝廷久廑西顧之憂」。

這一切都是「雷聲大雨點小」，雖說清廷自上而下，從中央軍機處到四川總督府，都叫嚷要嚴厲清查，然而輪到具體的經辦人，卻是困難重重。

夏毓秀、嵇志文、韓國秀率兵三千抵達三岩地區，在一個名為「日吉桑多」的地方被困住了。

這是一片未被開化的土地，神秘，原始，野蠻，混沌，天地之間充滿了未知的詭異元素。

久居西康的劉贊廷，在《邊藏芻言》一書中有篇〈蝙蝠記〉，記錄了三岩地區一種兇猛而又奇怪的大鳥，當地人傳說是飛神，常於夜間飛出，至數百里撲食牛羊，甚至會飛進牧民家中尋食人間小孩。當地人深以為患，卻又無計可施。當地頭人請來了察拉寺的高僧，率領一群喇嘛對天祀神，每逢朔望之日，供奉牛肉四十斤，綿羊一隻，以避免此害。相傳飛神極其靈驗，凡所供奉的牛肉斤兩不足或綿羊太瘦小，夜間必飛至三岩上空怪聲啼號，只有等到供奉物品斤兩足夠，方肯甘休。否則通宵達旦啼號，不肯離去。

劉贊廷對這件事特別好奇，曾邀約美國籍醫生史德文等一同上山查看。在一個向陽的斜坡上，有塊突兀的石凳，即是供奉飛神之處。走近一看，石凳上血肉模糊，堆積了一寸多厚，上面長滿了綠色的黴斑。正感悵然之餘，步入斜坡附近的小樹林，又見樹林中有乾糞一節，長二尺許，粗如牛屎。經美國籍醫生史德文檢查，乾糞上有蛋白質，內裹羊毛，知其排泄物出自禽類而非獸類，由此斷定是「飛神」的糞便。

到了供奉牛羊的日期，劉贊廷選派精壯士兵二十人，攜帶快槍、手榴彈等，先行於斜坡附近埋伏，聽令行事。至二更後，忽聞山中響聲震顫，暫態一隻巨大無比的黑色怪鳥飛到眼前，在夜空中盤旋約半小時之久，然後落到了石凳上啄食牛羊。劉贊廷下令開槍，槍聲驚破了寂靜的夜空，黑色怪鳥似被擊中，翅膀的撲拍聲像是擂響了一面大鼓，數里之外清晰可聞。劉贊廷說，那隻怪鳥好像是被射中了，匍匐在地上久久不起，惟吼聲如雷。

劉贊廷擔心怪鳥傷人，一直躲在暗處，下令士兵們點燃乾柴，方圓十餘里的鄉民見到火光，百餘人持械前來援助，但均不敢靠近。等到天亮了，方才稍敢攏身觀看怪鳥，形似蝙蝠，其身如牛，頭如箕斗，翅長約三丈，全身細毛呈暗灰色，腹部生乳房，短爪如利刃，眼睛像是一對寶珠，灼灼發光。有膽大者挖下眼珠一看，方知並非寶珠也。

在這樣一片混沌未開的蠻荒之地，當年率兵的四川提督夏毓秀究竟遇到了些什麼樣的困難？他率領的士兵為何被久久困在「日吉桑多」？僅憑留下的史料已經難於還原真相了。只是在趙爾豐寫給清廷的一份報告中見到了這樣的文字：

……因以人強山險，未能深入，只招得下三岩宗巴五家，察拉一寺，名曰投誠，既不納糧，復不當差。該提督且割讓巴塘之白降工一村與該寺，並每年由兵餉內提銀四百兩與之；又割讓喜松工之地，每年青稞一百四十克與宗巴五家，名曰保路錢，飭該寺僧俗等保大道，不出劫案。

也就是說，四川提督夏毓秀與三岩人的妥協，是被迫的，也是尷尬的。招撫收編的結果，只是在形式上將其納入官府的管轄內，實質上並無任何好處，甚至還要畫撥村莊和白銀。這哪裡是招撫收編？倒更像是委曲求全。

換個角度看，鹿傳霖下令夏毓秀、嵇志文、韓國秀等人發動的對三岩的進剿，實際上已經以失敗而告終。

歷史的迷霧中，還掩藏著晚清四川官場內部鬥爭的場景。

訥欽折匣被搶案發生後，駐藏大臣文海向清廷報告說：「三岩野番搶奪折匣之案，派兵進剿久未得手，鹿傳霖、夏毓秀等人的處理辦法未必妥當，奴才皆不以為然。」報告中文海對鹿傳霖進剿三岩的計畫表示了強烈不滿。

另一方面，成都將軍恭壽，又因鹿傳霖在處理德格土司獻地問題上擅自將恭壽之名列入奏摺，恭壽與鹿傳霖之間起了齟齬。

如此一來，駐藏大臣文海和成都將軍恭壽聯手，要將鹿傳霖從四川總督位置上拉下來。作為改土歸流的強硬派人物，鹿傳霖遭遇兩面夾攻，他的下臺也就成了遲早的事情。

鹿傳霖被召入京城後，恭壽接替了鹿的職務，臨時代理四川總督，繼續辦理巴塘、三岩兩案。恭壽對待邊民的辦法是以安撫為主。他派人前往察拉寺談判，授予該寺廟堪布及當地頭人土千戶的官職，並發給官制銅印。提出的條件是令其保護川藏茶馬大道，保證不再出現搶劫案。清廷高層顯然默許了恭壽的安撫措施，光緒皇帝的上諭云：

> 三岩野番向不歸化，此次搶劫折匣，猶敢不服開導。現以官軍攻剿，將首逆伏誅，其餘均已就撫。該署督擬於上中下三岩設立土千戶，歸巴塘官府管轄。即著照所請行。

訥欽折匣被搶案，就這麼稀裡糊塗畫上了一個句號。

雖說對三岩搶劫案的處理不盡如人意，但是官場上該升官的依然升官，之後恭壽高升，夏毓秀被賞頭品頂戴，嵇志文、韓國秀等官員也都獲得了獎賞。

繼任四川總督趙爾豐在評價這一歷史事實時說：恭壽如此處理三岩搶案，甚感荒唐！當地土著們每每提及恭壽辦案，就當作一個笑談。而巴塘人對割讓土地給三岩人，尤為怨恨。遺憾的是，從前關外藏區無清廷軍隊，只能任由搶匪猖獗，惟有隱忍而已。

趙爾豐的言下之意，是說恭壽並不比鹿傳霖高明。

光緒三十二年（一九〇六），趙爾豐被任命為川滇邊務大臣。

上任之後，趙爾豐即著手巴塘的改土歸流，又將成功經驗向整個康區推廣，一曲氣勢磅礴的邊地史詩就此拉開了大幕。為保障改土歸流順利進行，趙爾豐指揮所率邊軍分駐康區各地，征剿反抗力量，以武力推動改土歸流。

在這種情況下，一向桀驁不馴的三岩「野番」便成了趙爾豐的心頭大患。

在寫給清廷的報告中趙爾豐抱怨：自從他率兵來到邊地後，周歷德格、察木多、乍丫、貢覺、江卡等地，各處百姓紛紛前來衙門控告三岩野番，搶劫案件大小總共不下千餘起。竟有許多殷實之家，被搶劫一空，頓時成為貧困戶。至於擄掠勒索錢財，乃至殺人放火，也是該地的常事。每天，趙爾豐坐在簽押房裡辦公，往往會被窗外響起的哭叫聲所驚擾，不用多問，那些哭訴者均是遭遇搶劫後的受害者。面對他們痛哭流涕的場面，趙爾豐感到實在可憐。他帶著一隊人馬，挨村挨戶去走訪一個個村落。沿途所見均是佈滿石頭的荒山和貧瘠的土地，他一次次在心裡感歎，這裡的老百姓實在太窮了。

自古以來在三岩的歷史上，山裡人出去困難，山外人進山更難。惟一的一條騾馬驛道像是飄蕩在深山裡的一根繩索，其間要跨越溪河、雪山和原始森林，不僅需要強壯的體力，還需要有勇士般的冒險精神。趙爾豐曾經在侍衛的攙扶下翻越過側拉雪山，從早到晚徒步行走了整整一天，在雪山上，幾個侍衛前拉後推，趙爾豐才得以平安下山。

下山後，趙爾豐去巡視一個名叫得巴的原始部落。

當地的頭人正在召集會議，古老的房屋被柴火熏得發黑，幾十個人有的坐著有的蹲著，還有的抱著胳膊站著。屋子裡煙霧騰騰，男人們圍著火塘喝酒，女人們在忙著做酥油茶。頭人見了趙爾豐，撲通一聲跪拜在地，口裡嗚哩哇拉念叨著什麼。趙爾豐勸導他們不要再行搶劫之事，這話通過翻譯轉達，頭人連連點頭稱是，並引導在場的幾十個人，用力發出了一片歡呼聲。

趙爾豐說，貧窮不能成為搶劫的理由。頭人和老百姓對於趙爾豐的話，表面看上去也深表贊同。他們爬到碉樓高處一個小閣樓裡祭拜，有兩個身穿紅袍的喇嘛在唸經，一邊唸經一邊敲鼓，鼓點咚咚響著，像是夏天風暴來臨前的雨點。

全體男子走出了房間，有人端著祭品，有人舞著藏刀，口中唸唸有詞，他們來到房屋旁邊的一塊巨石前，齊齊站定，主持者撒了青稞，又由頭人引領著圍繞巨石轉圈，一個個頂禮膜拜。在趙爾豐看來，頭人和老百姓如此莊重的樣子，又舉行了如此肅穆的宗教儀式，這個部落應該是不會再行搶劫之事了。

但是趙爾豐的判斷錯了。在寫給清廷的報告中，趙爾豐詳細地講述了在三岩地區遭遇「野番」們強烈反抗的處境：臣惟以好言撫慰，一面在三岩地區各部落張貼佈告，毋得再行搶劫，野番當面答應，進剿士兵撤離後，又立馬翻臉。他們撕毀了佈告，並在佈告背後書寫攻擊辱罵之詞，聲稱要殺盡清廷官員等等。

尤為可惱的是：有一天，邊軍士兵丁占奎發現哨棚外有動靜，走出哨棚觀察，竟被一夥騎馬的劫匪綁架而去。劫匪將丁占奎擄入深山老林，縛在一棵大樹上，剝光了衣服用鞭子抽打。見丁占奎身上沒有什麼物品，劫匪大為惱怒，將丁占奎從大樹上解下來，用繩子將兩隻腳捆紮了，繫在馬尾上策鞭奔跑，山石嶙峋，丁占奎皮肉盡脫。後來繩子斷了，丁占奎躺在地上，氣息奄奄，大約是劫匪們見其已死，方才捨之而去。丁占奎半夜甦醒，掙扎著爬回了軍營。

丁占奎的受辱，大大激發了邊軍將士們征戰的鬥志。士兵們聞之無不憤怒，人人請戰，誓師出征，討伐三岩。

宣統二年（一九一〇）九月，趙爾豐向三岩原始部落發出宣戰書。

其時，康區的巴塘、德格、察木多、乍丫、貢覺、江卡等地均已改土歸流。對於三岩地區，也早已派出偵探勘察地形，描繪地圖，並做好了進剿三岩的各種準備，眼下進攻時機已經成熟。

這年十月，趙爾豐派遣傅嵩炢、程鳳翔、彭日升、顧占文、劉贊廷等文武官員，分兵五路，進剿三岩。原德格土司多吉僧格（阿甲），自備糧械，率眾八十餘名，自告奮勇為前敵偵探。

戰鬥進行得異常激烈。三岩各部落分兵佈防於各險要隘口，居高臨下，滾木和石頭殺傷力巨大，占盡了大自然的各種優勢。清軍士兵仰攻，很難得勢，苦戰了三晝夜，才奪得要隘十餘處。

適值寒冬凜冽之時，士兵們身履山谷危險之地，對手又是兇猛剽悍的三岩「野番」，征戰一度舉步維艱。

關鍵時刻一個人幫助趙爾豐解決了難題。

此人是鳳山，字禹門，滿洲鑲白旗人，歷任廣州將軍、西安將軍等職，是清末有名的新軍統領。鳳山履行公務正好路經此地，趙爾豐與之協商，讓他率兵援助。有鳳山所率士兵的支援，趙爾豐部聲勢大振，兩支隊伍會合，全力合攻，對方勢不能支，全線潰退，隱入深山密林之中。

邊軍和鳳山所部乘勝追擊，對方躲在密林中施放冷槍還擊。士兵們分散組隊，各自為戰，蛇行前進，但聞槍聲所在，即向該處猛撲，斃敵甚多。

凡三岩人出陣作戰，部落全體成員都必須參與。男人打仗，婦女、老人和孩子們送飯。此刻男人們打敗了，婦女、老人和孩子們被集中到了一個山洞裡躲藏起來。指揮官傅嵩炑見此情況，火速下令嚴飭各軍，不許殺婦女、老人、兒童及傷殘者。同時派懂得當地土語的翻譯大聲喊話，勸其投降。

這場戰爭持續進行了兩個多月，大小戰役四十餘次，終於收服了三岩。趙爾豐參照巴塘等地改土歸流的經驗，在三岩地區建立流官制度——設三岩委員一名，由樊令任之，管理當地政務。

趙爾豐還親自擬定了管理三岩地區的《章程十二條》，大致內容為：

一，三岩全村之人既然真心投誠，即是大皇上百姓，本大臣一律保護。
二，本大臣特為三岩設立漢官，留駐漢兵，以後無論本村或者外村，如有冤屈之事，皆可向漢官控訴，為爾評理。
三，以前三岩是著名夾壩之地，百姓在本大臣處控告的搶劫案，不下千餘起。如果追究，傾盡三岩之財產也不足以賠償。大兵到來之前各案，概不追究，寬大為懷。從此以後若再有搶劫之事，一律斬首。
四，若家屬捆綁夾壩前來投案者，免除一家之罪；家屬包庇夾壩者，將其家屬及全村懲辦。
五，捉拿夾壩者予以重賞，報案者也有賞，藏匿不報者予以處罰。
六，開辦學堂，教育百姓學文化、懂王法、分善惡。挑選七至十五歲少年入學，購置桌椅，早日開學。
七，女子也應入學讀書，將來出嫁，生男育女，即可自教子女。
八，種地者要交糧，牧養牛羊者應納稅。
九，雇用烏拉（勞役）需按人頭給錢。
十，以前的搶劫舊案，一筆勾銷，不得記仇，也不得再追究。若膽敢違犯，殺以前的仇人，立即捉拿正法，家產充公，家屬充當娃娃。
十一，為防止外地人冒用三岩人之名行搶劫之事，三岩地方人均須將前髮剃去，後髮束成辮子，以示與外地人的區別。從今後梳頭洗面，整潔乾淨，人人讚美。

十二，外地搶劫犯若來三岩投宿藏身，不准私自留宿，應及時報案，由官府派兵押解歸案審訊。若敢私自藏匿，一經查出，與劫匪同罪。

從這十二條章程來看，大多數是改革社會、發展教育的進步舉措。制定十二條章程之後，趙爾豐派兵長期駐守三岩，以武力為保障來推進社會改革，收到了比較良好的效果。

在三岩人中，流傳著這麼一個傳說：西元六世紀前，歐珠崗桑戈巴傳到第四十五代，有郎德格布、蒙日布、溫多打本和歐日布等四個兄弟。他們居住在沙馬錯青戈的德格下村。有一年，這裡發生了泥石流，兄弟四人各自逃生，其中郎德格布一支遷徙到了德格龔埡地區，歐日布一支遷徙到了丁果村，他們共同建立了「歐珠崗桑戈巴」。

——據說，後來的德格土司就是由郎德格布一支發展而來的。

這個傳說的真實性已無法考證，其中不排除德格土司名氣太大，三岩人故意攀附德格土司的嫌疑。不過從地域上看，三岩與德格土司的轄地確實是緊密聯繫在一起的。

事實上三岩與德格土司的關係，歷來存在不和。明朝崇禎年間，第七代德格土司大舉進犯康北，試圖借勢將疆域擴展到白玉、石渠、鄧柯、江卡等地，曾多次派兵攻打三岩，但是都未能如願攻克。

到了趙爾豐進剿三岩時，德格土司一方面為報屢打敗仗、不能攻入三岩之仇，另一方面要在趙爾豐面前爭功，土司阿甲親自率領鄉勇八十餘人參與進剿三岩的戰鬥。

主要戰鬥結束後，仍有部分殘餘的三岩「野番」施放冷槍，採取游擊戰術對抗邊軍，趙爾豐採取了一個計謀：利用德格土司出面，以保證三岩頭人和百姓的安全為誘餌，將十八名三岩頭人引誘至事先約定的地點——色麥頂壩子上開會，談判的內容是三岩人如何歸附德格土司。

會上展開了激烈的爭論。三岩人說，我們與德格土司屬於不同的部落，是平等的關係，不存在誰歸附誰的問題。談判到了第三天，仍無進展。德格土司阿甲令早已埋伏在周圍的士兵們擁出，將十八名頭人捆綁起來，拖到一個荒郊野嶺全部殺死。德格土司立下了大功，趙爾豐將三岩地區的色巴、劣巴、巴巴等地劃歸德格土司協助管轄，以作為獎賞。

但是這麼一來，三岩人與德格土司從此便結下了樑子。

民國二十四年（一九三五），色巴、劣巴、巴巴三個村子裡的六百多名三岩人，聯合起來對抗德格土司的管束，拒絕差役，發生了武裝衝突。德格土司在漢人邊軍的支持下，強派兵力進剿，才平息了武裝抗差風波。

從此三岩頭人與德格土司的隔閡更深了，也對漢族充滿了仇恨。一九三七年至一九四九年的十餘年間，三岩人伏擊國民黨軍十九次，打死連長一人，副連長二人，班長二人，士兵十一人。伏擊商賈旅人四十餘次，搶劫物資不計其數。

傅嵩炑《西康建省記》中有〈三岩投誠記〉，其文曰：

三岩野番，性慷爽，無狡詐，劫搶之事，直認不諱，畏刑而不逃刑，可以縱囚歸獄。有太古之風焉。

話雖然這樣說，但是這樣的「太古之風」，對於任何當政者來說，始終都是件挺傷腦筋的事。

趙爾豐與改土歸流

對趙爾豐的評價一直是史學界爭論的焦點。正反面觀點針鋒相對，激烈而又尖銳。

正面評價認為，趙氏在歷任地方官的過程中，對地方治安和民生起到過積極的作用，尤其是對川邊事務的處理，收復川邊土地東西約三千餘里，南北約四千餘里，在邊地設立行政機構三十餘個，為後來的西康建省奠定了堅實的基礎，也穩定了清末西藏的局勢，某種程度上維護了國家的統一。

反面評價則認為，趙氏在歷任地方官時實行鐵血統治，甚至殘酷地對手無寸鐵的平民進行屠殺，是個嗜血的殺人魔王。

歷史人物的複雜性讓人沉思，也讓人著迷。還原歷史人物的最好辦法，也許是從浩如煙海的史料中打撈出一些碎片，通過黏貼拼接的方式，組合成儘量接近於真實的一幅幅圖景。

前面說過，趙爾豐出任永甯、建安道台時，提出了著名的「平康三策」。按照趙爾豐的設想，第一策是將川邊的倮夷原住民地盤收歸版圖，設立漢官統一管理；第二策是改康區為行省，設置郡縣，改土歸流，擴充疆域，以保西陲；第三策是仿照東三省之例設立西三省，由清廷派遣西三省總督，於四川、西藏各設巡撫，分駐巴塘和拉薩。

趙爾豐的平康三策深得其頂頭上司——時任四川總督總督錫良的欣賞，被委派為爐邊善後督辦。此後不久，又被提攜為川滇邊務大臣。

在川滇邊務大臣位置上，趙爾豐又進一步提出了「經邊六事」。這六件事分別是設官、屯墾、興學、練兵、開礦和通商。

設官，是整個西康改土歸流的重要組成部分，是從行政上理順關係，建立機構，從組織形式上確保其他各項改革措施成功進行的最基本保障。改土歸流的基本含義是改土司制度為流官制度。土司即當地原部落首領，流官指由中央政府委派的官員。改土歸流的推行，有利於消除原土司制度的封建落後性，同時加強中央政府對康區的統治。

具體的設立流官措施為：巴塘設巴安直隸廳，理塘改設順化縣，鄉城改設定鄉縣，以上均隸屬巴安直隸廳管轄；巴安設直隸同知一名、昭磨一名，所屬鹽井設分防經歷一名，定鄉設知縣一名、典史一名，所屬稻壩設分防縣丞一名，貢噶嶺設巡檢一名，順化設知縣一名、典史一名，所屬中渡河西設巡檢一名，均擬按月劃撥公費。

趙爾豐的平康三策和經邊六事，在清廷朝野上下引起熱議。尤其是鳳全在巴塘遇難後，清廷要求嚴厲處置肇事者、改革康區現狀的呼聲一浪高過一浪，趙氏是個敢作敢為的能臣，他果敢進剿桑披寺、泰甯、巴塘、理塘、鹽井和三岩等地的舉動贏得了一片喝彩。趙氏的強硬措施和鐵血手段，使他很快成為官府中炙手可熱的焦點人物。

光緒三十四年（一九〇八）二月，清廷任命趙爾豐為四川總督，同時加賞尚書銜，兼任駐藏大臣，辦理邊務。

趙爾豐要進藏，引起了拉薩噶廈政府的一片恐慌。

就在趙爾豐率領新召募的三營士兵和臨時湊聚起來的一營旗兵準備奔赴西藏之時，西藏三大寺幾次公稟駐藏大臣聯豫，堅決反對趙爾豐進入西藏。

當趙爾豐率領邊軍越過金沙江，向察木多、類烏齊方向行進時，遭到了藏兵的頑強阻擊。邊地事無鉅細，牽一髮而動全身，清廷此時也產生了動搖，呼籲停止武力進藏，清廷高層由原先的一邊倒支持趙氏，變成了支持和反對的聲音參半——甚至一度有反對聲壓倒支持聲的態勢。

其中有個關鍵人物就是駐藏大臣聯豫。

任乃強在《康藏史地大綱》中提及這段史事時，對聯豫的評價是：「才識淺陋，而倔強顢頇，過於趙氏，藏事由之窳敗。」意思是說聯豫沒什麼能耐，又固執己見，功勞歸己，失誤歸於趙爾豐，藏事之潰敗應該由聯豫負責。

實際上，聯豫並不像任乃強先生所說的那樣不堪。

聯豫在西藏推行新政，應該說有一定成效，不過他犯下的致命失誤是與十三世達賴喇嘛關係鬧僵了，一著不慎，滿盤皆輸。聯豫在給清廷的報告中，狀告「達賴貌似和平，而陰用其人，相為抵抗。」清廷根據聯豫的建議，將達賴喇嘛革職，在清廷和聯豫的雙重打壓下，達賴於夜間下山潛藏，逃往印度。

達賴喇嘛逃亡後，西藏的局勢變得更加緊張，拉薩地方政府官員和喇嘛們如驚弓之鳥，大有一觸即發的態勢。聯豫感覺自己彷彿是坐在炸藥桶上，他擔心因趙爾豐的武力進藏，會使西藏矛盾更加激化，於是向清廷報告，讓趙爾豐暫緩進藏，西藏局勢由他採取緩和的方式來進行和平過渡。

清廷同意了聯豫的報告，對當初改派趙爾豐替代聯豫擔任駐藏大臣的決定產生了懷疑。派出成都將軍馬亮，對趙爾豐進藏一事進行專題調查。

馬亮帶領道台龍紱瑞、知縣吳士椿等官員，前往巴塘、理塘等地調查了一兩個月時間，對巴塘、桑披寺、泰寧、鹽井、三岩等案件逐一走訪，摸清事實，拿出證據。經過調查，得出的結論是：藏番控告趙爾豐，不實之處甚多，措詞且多狂悖。

這是一份對趙爾豐極其有利的調查報告。但是報告的末尾，成都將軍馬亮提出了他的看法，建議清廷不能再派趙爾豐進藏。馬亮認為，西藏地方政府既然控告趙氏在前，將來必定不會聽從趙氏的指揮，趙氏進藏辦事，西藏政府會百般阻撓，處處掣肘，雙方難於相安。

這份影響清廷決策的報告一錘定音，決定了趙爾豐不再進藏。

如此一來，趙爾豐只好請辭。

在請辭報告中趙氏抱怨道：

> 臣舊病復發，身體不支，自進入康區督師進剿以來，沿途屢遇大風雪，經常住宿在游牧氈帳中，夜宿潮地，白天又要策馬賓士，以前就有的肝氣之症越發加重。眉目抽搐，心神煩

躁，不堪其苦。昔年鄉城桑披寺之役，督戰於冰天雪地，兩髁感受寒濕，經絡疼痛。自五月後駐軍色許，又復積感外邪，不惟眉目抽搐不止，且頭昏眼花，兩髁麻木，行步尤感艱難。自察病體，萬難支持，俯准開去邊務差使，另派賢員接辦。俾臣得以延訪名醫，靜心調理，等身體稍好後再報效朝廷。

從趙氏的這些抱怨中，誰都可以讀出一絲無奈。身體有病是個原因，更重要的原因，是官場鬥爭惹出的一場政治病。不過，趙爾豐雖說沒有能繼續挺進西藏，但是他卻在川邊康區改土歸流，把一場威武雄壯的大戲演繹得生龍活虎，有聲有色。

趙爾豐推行改土歸流每至一地，都要制定和頒佈《改革章程》廣為張貼，做到家喻戶曉。《改革章程》除根據各地不同情況進行特殊規定外，對於廢除土司制度和土司、頭人、寺廟的各項特權，以及土地制度、糧稅負擔和社會風俗習慣的改革等等，都作出了明確規定。

據傅嵩炑《西康建省記》記載，自光緒三十一年至宣統三年（一九〇五—一九一一），經趙爾豐改土歸流的土司有巴塘土司、理塘土司、德格土司、春科土司、高日土司、林蔥土司、納奪土司、孔撒麻書土司、白利土司、東科土司、朱窩土司、單東土司、魚科土司、明正土司、魚通土司、卓斯甲布土司、咱里土司、冷邊土司、崇喜土司、毛丫土司、曲登土司；投誠的川邊野番有波密、三岩、俄洛、色達、上下羅科；收回賞藏的地區有察木多、三十九族、八宿、類烏齊、碩般多、洛隆宗、邊壩、江卡、貢覺、桑昂、察隅、乍丫、瞻對、拉里、江卡。

以下就各土司改土歸流的經過作一簡要敘述。

巴塘改流記

巴塘古稱白狼國，地方千里，東鄰理塘、曲登，西接江卡、三岩，南邊連雲南，北邊緊挨德格土司。清廷授正副土司各一名，為世襲制。土司轄區內有大小頭人四百二十六人，原住民二萬八千一百五十人，喇嘛九千四百八十人。原由四川省派設糧員、都司、千總、外委各一名，三年一輪換。喇嘛寺則設堪布一、鐵棒一，為僧官，也是三年一輪換。鳳全被殺後，趙爾豐率邊軍進剿，擒誅正副土司、堪布喇嘛等數人。光緒三十二年（一九〇六）奏請改流，設巴安縣。光緒三十四年（一九〇八）改巴安府，分設鹽井縣、三壩廳、各管其地，並設康安道一駐巴塘。巴塘南有得榮，北有冷卡石，不服清廷統馭，宣統三年（一九一一）春，趙爾豐再派兵攻取，設得榮委員一名，而以冷石卡劃歸三壩。民國二年（一九一三），改稱巴安縣。

理塘改流記

理塘在明代時是青海屬地。幾經變遷，至清光緒年間有正副土司各一，大小頭人三十九名，原住民五千三百二十二戶，大小喇嘛寺廟四十座，喇嘛三千兩百七十人。其地縱橫千餘里，南接雲南及鹽井，北接毛丫、曲登，東接明正、瞻對，西接巴塘。清廷設糧員一名，由四川省委派。巴塘之亂後，趙爾豐率兵乘勝追擊，直搗理塘，誅殺頭人，囚禁土司。鄉城喇嘛以桑披寺為據點，自恃強悍，與清廷對抗。趙率兵督戰，大小戰役數十回，圍攻數月終於攻克。光緒三十四年（一九〇八），設理化縣，改理化同知，以鄉城為定鄉縣，稻壩為稻城縣，貢噶嶺設縣丞。

德格改流記

德格土司為康區四大土司之首，位於金沙江上游，方圓數千里，東連甘孜、瞻對，西連納奪、察木多，南接巴塘、毛丫，北至西寧、俄洛。光緒二十年（一八九四），瞻對叛亂，鹿傳霖派兵進剿，事平後曾奏請將德格、瞻對一併改土歸流，後因遇到反對而作罷。光緒三十四年（一九〇八），趙爾豐以德格經常騷亂為由，出兵圍剿，擊潰八巴。次年，趙爾豐率兵再攻察隅、卡納等地，肅清八巴殘餘，德格土司阿甲呈請改土歸流，趙爾豐因勢利導，促成德格改流。民國二年（一九一三），改德化縣，下一年。因縣名與江西、福建兩省地名同，仍改稱德格。

春科、高日改流記

春科、高日兩土司均為小部落，在德格土司的疆域之內。春科土司原住民五百八十八戶，高日土司原住民僅有二十八戶，位於春科界內，故又稱春科高日長官司。據《民國經世文編》記載，春科土司後因無嗣，由西藏派一堪布治理其地。而高日土司，在清末已經增至百餘戶，分散於登科、察渠卡之間，兩土司均已歸藏治，官印亦落入西藏堪布手中。宣統元年（一九〇九），趙爾豐率兵過登科，察知實情，乃將西藏堪布驅逐出境，奏請歸土歸流。兩土司部落並歸登科府、石渠縣分管。

孔撒、麻書改流記

孔撒、麻書兩土司在霍爾甘孜地方，孔撒土司原住民九百二十三戶，麻書土司原住民六百六十五戶。兩土司相連，東為明正，西為德格，南為瞻對，北為東科。又與白利、朱窩、章谷、單東各土司地盤犬牙交錯。麻書土司早為頭人所殺害，無後裔，由孔撒土司兼襲。光緒三十四年（一九〇八），趙爾豐率兵進剿德格，途經甘孜，孔撒土司與其母聚眾意圖對抗，被趙爾豐部察覺。孔撒土司擬向西藏逃亡，被趙爾豐部捉拿，將其地改土歸流，設甘孜、道塢兩委員。民國元年（一九一二）改為甘孜縣。

林蔥改流記

林蔥土司轄地在德格土司領域之內，居民分散在數個村落，其中有郎吉嶺村，被昔施、巴邦兩喇嘛寺所占。林蔥土司極想收回，常與喇嘛寺發生衝突。宣統元年（一九〇九），又因牛羊等牲畜被喇嘛寺搶奪，邊民訴之於邊務大臣趙爾豐，趙下令喇嘛寺歸還牲畜，並將該地改土歸流，歸入登科府。

白利改流記

白利土司亦名霍耳白利，距離甘孜三十里，部落偏小，在孔撒、章谷、朱窩三土司的疆域之中。宣統三年（一九一一），與林蔥土司同時繳印改流，後為甘孜縣之白利鄉。

朱窩改流記

朱窩土司其地在章谷、孔撒、麻書、東科四土司之間。光緒二十年（一八九四），因瞻對叛亂，四川總督鹿傳霖奏請將朱窩、瞻對兩土司同時改土歸流，惜未能施行。宣統三年（一九一一），與章谷、白利一同改流，其地分撥章谷、甘孜管理，後為爐霍縣朱倭鄉。

東科改流記

東科土司，亦稱霍爾東科，內接朱窩，外連色達，蕞爾之小部落。土司印信丟失多年，也未能正常承襲（由寺廟喇嘛充任土司）。宣統三年（一九一一）夏，趙爾豐奏准民政部將該土司地盤改土歸流。該土司以土印章呈繳，印文係依照原印翻刻而成，多年來一直在使用。東科後歸入甘孜管理，為甘孜縣之東穀鄉。

章谷改流記

章谷土司與孔撒、麻書、單東、瞻對、朱窩、白利、德格等土司地盤均交錯相連，羅科野番也近在肘腋。光緒二十年（一八九四），章谷老土司病故後，其親戚爭襲土司位，瞻對藏官也參與其中，欲謀奪其地。四川總督鹿傳霖派兵進剿瞻對，並奏請將瞻對、章谷和朱窩一起改流，因遭遇其他官員反對而未能實現。瞻對仍賞還西藏，朱窩歸還土司，章谷因無後代承襲，由四川省委員管理。光緒三十年（一九〇四），設爐霍屯，隸屬打箭爐。宣統三年（一九一一），劃歸邊務管轄，所有糧稅依照各改流土司章程徵收，後為爐霍縣。

革什咱改流記

革什咱又稱東單。其地與明正、瞻對、麻書、孔撒土司交錯相連，為瞻對所侵佔。宣統三年（一九一一），與林蔥等土司一起改土歸流，劃歸道塢委員管理。

魚科改流記

魚科土司為游牧部落，人口不多，部落偏小，先世不可考。與革什咱、卓斯甲布毗連。宣統三年（一九一一），在邊軍進剿下被迫繳印，不服，起而反抗，土司經邊軍圍剿擊斃。遂將其地改流，歸道塢委員管理。

卓斯甲布改流記

卓斯甲布與明正、魚科土司連界，人口數百戶。康熙年間，由清廷頒給印信號紙，後出師大小金川平定有功，清廷給予獎賞。宣統三年（一九一一）夏，卓斯甲布改土歸流，歸道塢委員管理。

羅科改流記

羅科為野番地，與章谷、魚科、瞻對各土司相連，部落偏小，分上、下羅科。兩土司、頭人相互仇殺，歷久不解。宣統二年（一九一〇），又因部落械鬥，控告於爐霍縣委員。入冬，復聚眾滋事，並打死前來制止械鬥的官府士兵。宣統三年（一九一一），趙爾豐率兵進剿瞻對，上羅科土司前來投誠，下羅科土司逃亡。是年六、七月間，官府進攻羅科，羅科攻，將上羅科劃歸爐霍縣管理，下羅科劃歸道塢委員管理。

納奪改流記

納奪土司在德格之西，察木多之東，人口數百戶，耕者少而牧民多。宣統三年（一九一一），趙爾豐平息巴塘之亂後，納奪土司之子攜帶印信號紙，赴巴塘呈繳給官府，遂改流。其地劃歸同普縣管理。

沈邊、冷邊、咱裡改流記

沈邊、冷邊、咱里三土司部落相連，東自四川漢源縣起，西至明正土司界，約有兩百多里。清朝時設有都司、把總等官，率兵駐守於險要關隘。沈邊、冷邊、咱里三土司風俗與漢人大體相同，原因是居於漢地而被同化之故。宣統三年（一九一一），改土歸流中收回印信號紙，改設瀘定縣。

巴底、巴旺改流記

巴底、巴旺兩土司，先祖同為一人，後兄弟分家成為兩土司。其地與四川懋功廳屬地相連，距離成都近，距離巴塘遠。宣統三年（一九一一），經道塢委員長勸說，先後繳印歸流，初歸道塢委員管理，後改置丹巴縣。

魚通改流記

魚通為古代地名，原打箭爐一帶，都屬魚通。其後因各土司部落地名更迭，惟有一小部落仍稱魚通。其地理位置在明正、咱里兩土司之北，清代隸屬明正土司。宣統三年（一九一一），與明正土司一起改流，其地屬康定縣管理。

明正改流記

明正土司即打箭爐土司。打箭爐，古稱旄牛國，漢武帝時期置旄牛縣，屬蜀郡。明正土司其地縱橫一千五百餘里，東自咱里土司界，西至雅礱江理塘土司界，為川邊第一大土司。清廷原設同知一名，屬雅州府管轄，負責轉運西藏糧餉。副將、都司、千把總、外委名一名，率兵鎮守其地。光緒中改同知為直隸廳，不屬雅州府。光緒三十四年（一九〇八），趙爾豐奏請改流，打箭爐改康定府，設河口縣。宣統三年（一九一一），明正土司繳印，改土歸流。此時辛亥革命事起，明正土司實權仍存。

泰寧改流記

泰寧，清廷設把總一名。境內有喇嘛寺廟一座，屬西藏管轄。光緒三十年（一九〇四），四川省辦理新政，在泰寧開辦金礦，寺廟喇嘛率眾阻攔，並殺死都司盧鳴揚，釀成騷亂。四川府派兵進剿，收復其地。宣統三年（一九一一）趙爾豐改土歸流中，泰寧一併改流。

俄洛、色達改流記

俄洛、色達兩土司，唐朝時屬吐蕃地，清代屬野番部落。其地在德格、東科、章谷之北，懋功廳以西，西南與甘肅、西寧接壤，區域遼闊，縱橫四千餘里，但土地貧瘠，牧民們以放牧為生，逐水而居。俄洛分上、中、下三俄洛，由三個頭人分轄其地。宣統元年（一九〇九），趙爾豐率兵進剿德格土司，兵臨雜渠卡，逼近俄洛，諭令俄洛投誠。色達則分上、下色達，宣統三年（一九一一），趙爾豐進剿甘孜，檄令上、下色達全體投誠。

瞻對改流記

瞻對唐朝時屬吐蕃地，東連明正土司，南接理塘，西北與德格土司毗連。縱橫數百里，為雅礱江的上游。原由五土司分治其地，咸豐年間，此地發生了一場叛亂，被平息後賞給西藏管理。鹿傳霖任四川總督期間，曾試圖收服這塊飛地，但未能成功。光緒三十四年（一九〇八），趙爾豐率兵進剿德格，策劃收服瞻對。但終因諸多掣肘而延緩，直至宣統三年（一九一一），才再次整肅軍隊進駐瞻對，收回內屬，設瞻對委員。

三岩改流記

三岩在德格之南，江卡之北，貢覺、乍丫之東，巴塘之西，跨金沙江上游，東西二百餘里，南北四百餘里。分上、中、下三岩，無土司頭人管束，為野番地。通常集數十戶或百餘戶為一村，自耕自牧，疆界甚嚴，互不往來。光緒三十四年（一九〇八），藏人以藏商遭遇搶劫被殺害為由，率兵進攻，經年不克。之後三岩野番更是氣勢洶洶，搶奪漢人官兵槍械，趙爾豐率兵進剿，兵分五路直搗老巢。宣統三年（一九一一）三岩改土歸流，設委員。民國成立，改稱武城縣。

江卡、貢覺、桑昂、察隅改流記

江卡距巴塘四百里，唐宋時為吐蕃所據，元時為蒙古所有。清初與貢覺、桑昂、察隅部落一起賞給西藏，僅在江卡設守備、把總、外委各一名，率兵把守關隘，為進藏驛站。西藏另派兵分駐江卡、貢覺、桑昂、察隅各處。宣統二年（一九一〇）改土歸流，完糧納稅。清廷於江卡、貢覺、桑昂、察隅四區分設委員，管理其地。兩年後改名為寧靜山——因四部落境內有寧靜山而得名。

乍丫、察木多改流記

乍丫與察木多兩部落緊緊相連，東接德格、納奪、貢覺，西連八宿、洛隆宗。宣統元年（一九〇九），川軍統帥鍾穎領兵入藏，藏軍扼守察木多，被趙爾豐率邊軍擊敗。趙爾豐奏請以江卡為川藏界線，同時進駐察木多和乍丫。乍丫原住民呈請改流，設委員一名管理。宣統三年（一九一一），撤銷察木多改設昌都府，派理事官清查丁糧，徵稅管理。一九〇三年，乍丫改稱察雅縣，察木多改稱昌都縣。

八宿改流記

八宿又名恩達，在察木多之西。清廷設有外委，宣統元年（一九〇九），趙爾豐進駐察木多，八宿僧俗頭人因懼怕清軍征討，呈請改流設官，趙爾豐准其所請。一九一一年設恩達府，一九一四年改恩達縣。

碩般多改流記

碩般多地處洛隆宗之西，丹達山之東，與洛隆宗、邊壩、類烏齊四部落同與西藏毗連。清初軍隊入藏，將四部落賞給藏人，然因碩般多為入藏要道，故設千總、把總、外委等官職，並派兵扼守。宣統元年（一九〇九），川兵入藏，藏兵駐守察木多防守，並令碩般多等四部落派兵阻攔。於是川兵經三十九族、八宿、波密等地入藏，趙爾豐則帶邊軍直搗察木多，擊敗碩般多等四部落。次年將碩般多等四部落劃歸康區，進行改土歸流，更名碩督縣。

洛隆宗、達隆宗改流記

洛隆宗在碩般多之東，沿革與碩般多相同。清康熙年間清軍進藏，洛隆宗頭人歸順。雍正年間，其地賞西藏。一九一〇年，經趙爾豐收回，與碩般多同時改流。達隆宗也稱邊壩、賓巴、冰壩，沿革與洛隆宗同。一九一〇年歸流。

類烏齊改流記

類烏齊在察木多西北，碩般多東北，北鄰青海，為進藏捷徑。其沿革與洛隆宗同，雍正年間賞西藏，一九一〇年經趙爾豐收回改流。

波密、白馬崗改流記

波密部落位於康藏接壤處，與白馬崗野番毗連，分上、下波密。一九〇九年趙爾豐進駐察木多，波密頭人因懼怕而投誠，其後又叛。次年經川軍、邊軍征服改流。白馬崗，在波密西南，南接緬甸，西連西藏，為野番地。一九一一年與波密同時改土歸流。

三十九族改流記

三十九族位於丹達山西北，與青海接鄰，原有七十九族，雍正年間將鄰近西寧的四十族劃歸青海疆域，剩下三十九族撥歸駐藏大臣管理。一九〇九年，趙爾豐進駐德格後，三十九族即派遣代表赴德格，表示願意投誠歸順。同年冬，趙爾豐進攻察木多，三十九族呈請改土歸流。

趙爾豐治理川邊，並非一帆風順。

擔任邊務大臣後的數年間，他的日子一直都是在馬背上度過的。走馬上任之初，川邊地區的基層權力被土司、喇嘛所控制，背後還有藏官在暗中操縱，每一項改革措施的實施，都不那麼容易。尤其是改土歸流，觸動了當地土司、喇嘛們的利益，自然會遭到當地勢力的武力反抗。因此，對趙爾豐來說，治理的過程就是打仗的過程。仗打完了再坐下來談判，手中就有了過硬的籌碼。

趙爾豐素來主張用武力解決問題。鳳全事件後，趙爾豐的武力政策獲得了清廷的支持，他大膽用兵，在川邊康區設置二道、三府、十廳、三十縣、八設治委員、二理事官等，共為二十五縣區。一九一一年，經清廷核准，在川邊康區設置二道、五府、二十一州縣，為民國後西康建省奠定了良好的基礎。

宣統元年（一九〇九），鍾穎率清軍入藏，趙爾豐率軍聲援。

此時趙爾豐仍兼任邊務大臣，但是清廷給了他一個新頭銜：駐藏大臣。清廷要求趙爾豐與前任駐藏大臣聯豫聯手，共同體察西藏民情，處理西藏事務。

然而此時西藏事務已成一團糟。先是聯豫與十三世達賴關係鬧僵，西藏地方政權對清廷產生了不信任；繼而鍾穎率川兵入藏，更是火上加油，讓本來已緊張的關係更加緊張了。

清廷任命趙爾豐為駐藏大臣的奏摺發出後，西藏噶廈政府深知，若趙爾豐主持藏政，必定會執行與川邊康區改土歸流同樣的政策，於是派員前往察木多，並調集藏兵意圖阻止趙爾豐入藏。

這一年，趙爾豐越過金沙江，向察木多、類烏齊進攻。

次年，趙爾豐的邊軍與鍾穎的川軍會合，迅速推進到工部、波密地區一帶。

邊軍和川軍所到之處，都派人向當地土司、頭人進行招撫，說服他們建立郡縣，這次征戰流下了許多故事和傳說。

其中有一個故事是這樣的：趙爾豐率兵抵達察木多後，逮獲了西藏噶廈政府登珠及隨從四十餘人。士兵將登珠等人押解到察木多時，趙爾豐陳兵三十里，前往迎接，然而登珠卻坐在馬背上，神態自若，完全不像是被俘者。趙爾豐盛筵款待，登珠也坦然入座，囚徒儼然成了座上賓。

趙爾豐微微一笑，用調侃的口吻挑釁問道：「你為什麼被捉住了啊？」

登珠臉不變色心不跳，沉穩答道：「兩軍對戰，理應先約定作戰日期，鳴鼓對壘，武力相較，才是正著。如此攔路行劫，將我捆綁而來，哪裡能算作英雄？」趙爾豐聽罷哈哈大笑，盛筵結束後，即當眾放掉了登珠，並約定時間再戰。

再次作戰的日期到了，登珠所率領的藏軍不堪一擊，全線潰敗，登珠只好乘馬逃跑。可是他剛一上馬，就被邊軍士兵活捉，押解到趙爾豐面前。這一次，登珠低下了高傲的頭顱，面紅耳赤，久久沉默不語。

從這一則故事裡，能夠品讀出趙爾豐當年的八面威風。

進入民國後，國內政局動盪，四川軍閥混戰，由趙爾豐、傅嵩炑提議籌建的西康省流產，川邊康區已改流的土司也借機紛紛復辟，形成了流官與土司混雜並陳的局面。

與此同時，川邊與西藏的矛盾衝突逐漸顯露，英國政府趁機煽動西藏上層的親英勢力向川邊康區發動軍事進攻，連續攻克了川邊太昭、碩督、嘉黎數縣，拉開了長達二十多年的川藏糾紛的序幕。

那一切，都是趙爾豐被殺身亡以後的故事了。

魂斷西康

趙爾豐被殺身亡，是辛亥革命給他帶來的結局。

話說原任四川總督錫良上任後，其大辦新政的舉措中有一條是修鐵路。這條鐵路叫川漢鐵路，途經湖北宜昌、四川奉節、重慶，抵達成都。其中最著名的險要地段是「蜀道難，難於上青天」的長江三峽。正是修建這條鐵路，折射出了當時各種尖銳複雜的社會矛盾，使之成為清末四川的縮影。

雖說川漢鐵路公司掛牌了，但是工程浩大，需要巨額經費，集資十分困難。一拖拖了幾年，才由地方民眾集資，官紳商民認購股本，時人將這種抽租方式稱為「鐵路捐」。當時運用了一切宣傳手段，張貼告示，印發傳單，在街道和鄉村路口製作大幅標語，派志願者挨家挨戶上門勸說，讓政策家喻戶曉。

誰知道款項籌募剛剛有些進展，清廷對鐵路的政策發生了重大改變。

宣統三年（一九一一）五月八日，清政府實行責任內閣制，成立由慶親王奕劻為總理大臣、十三名國務大臣組成的新內閣，十三位大臣中，滿洲貴族九人，漢人官僚僅四人，時人譏之為「皇族內閣」。在全國民眾反清浪潮日益高漲之時，出臺「皇族內閣」實為愚蠢之舉。

更愚蠢的是，「皇族內閣」成立次日宣佈的第一條國策——鐵路國有政策，更是引起了各界普遍的失望乃至憤怒，成了清廷滅亡的催命符。

鐵路國有政策出臺，引發了聲勢浩大的抗爭風潮，朝野上下一致指責郵傳部尚書盛宣懷喪權辱國，膽大妄為，所有的屎盆子都往他頭上扣。

當時錫良已調離四川，代理四川總督的是王人文。

王人文（一八六三—一九四一），雲南大理人，白族，在貴州、廣東、陝西等地做官二十餘年，仕途生涯從小縣官做起，一步步爬到代理四川總督的位置，很是不容易。原以為代理只是過渡，王人文咬咬牙花了一大筆銀子賄賂慶親王，滿心期待能早日扶正。不料幾月後，清廷任命新一屆高級官員的名單發下來，卻沒有他的名字——四川總督位置上的人物竟是趙爾豐！而對王人文的安排，是去川邊康區當邊務大臣，接替趙爾豐的空缺。

王人文極為不滿，言談舉止不免有所流露，酒酣耳熱之際，常對左右發牢騷：「兩宮辭世，喪服初滿，即以鉅款縫製戲服，以官職為市場交易，國事不綱，現在已達到登峰造極的地步了！」對身邊的三兩知己，話說得更透徹：「老王一大把年紀了，還被派往邊陲蠻荒之地，以從來沒辦過邊務的人去辦邊務，豈有不鑿枘（格格不入）者乎？」

有這樣的態度，王人文對清廷政策的抵觸情緒可想而知。

清廷關於鐵路國有的政策下達後，以四川諮議局為代表的地方紳商勢力極力反對。他們反對的理由很簡單：當初修鐵路，四川民眾是集資拿出了銀子的，現在鐵路收回國有，一定要把集資的銀子退回來才行。當然，檯面上的抗爭理由並不是這麼簡單，他們打出的旗號是：反對向外國銀行借款，中國人要自主修建鐵路！經過演講與聯絡，四川省諮議院在全省各地掀起了一股反對鐵路國有的浪潮，各團體、機關、學校到處鬧集會，全社會充滿著不滿的抗議聲。

對省諮議院這股政治勢力，王人文當然知道其重要性。從某種意義上說，他也想借助這股力量為自己在官場上呼風喚雨增添幾枚籌碼。

王人文或明或暗的支持，使得四川保路運動浪潮一浪高過一浪，波濤洶湧，蔚為大觀。等到清廷想收拾亂局時，為時已晚。成都的大街小巷群眾集會已成波瀾壯闊之勢，民眾與官府的對立成了四川社會生活中的一種常態。更為嚴峻的是，保路運動層層推進，有演變成武裝暴動的趨勢。

清廷將王人文宣佈為罪臣，下令撤掉侍郎及川滇邊務大臣的職務，擬定逮捕懲辦。只是後來因辛亥革命爆發，清廷垮臺，原本想懲處王人文這個罪臣，卻再也無能為力了。

接替四川總督的趙爾豐這一年六十六歲，不過他絲毫看不出老態龍鍾的模樣，花甲老者依然精神矍爍，雙目炯炯有神，滿頭威武的銀髮，看上去像頭銀白色的獅子。在雅州府，他冷靜地聽取成都派來特使的彙報，特使告訴趙爾豐，如今四川紳商不像以前那麼聽話了，他們有自己的看法和主張，官府下發的文件稍微與他們的意見不合，他們就會爭論，甚至還會群起抗議。

趙爾豐冷笑道：「這都是王人文的軟弱無力，把這些人給慣壞了！從前我在護理川督時，他們還蠻文靜。不過短短幾年功夫，這些人就變了樣了？四川人的脾氣從來是服硬不服軟，古時候諸葛亮從嚴治蜀，人人都說他好；劉璋治蜀寬大，人人罵他昏庸……」

話雖然這麼說，成都究竟亂到了什麼樣子？趙爾豐回川後能否靠武力治理得了？這一切都還是未知數。

趙爾豐回到成都後所採取的鐵血政策，使他為之付出了慘痛的代價。

他走的一步錯棋，是下令逮捕四川立憲派首領蒲殿俊等九人。

一九一一年九月七日上午，一個清軍軍官模樣的人手持帖子，來到成都嶽府街川漢鐵路公司總部，指名要找負責人。這名軍官稱，路事有轉機，受四川總督趙爾豐委派，請蒲殿俊、羅綸等人速往總督府，商議融通解決辦法。

聽說鐵路的事有了轉機，蒲殿俊等人興致勃勃，立刻上路前往。誰知剛剛走出鐵路公司大門，迎面見到的是一大片荷槍實彈的士兵，他們將鐵路公司團團包圍。而那個持貼請客的軍官，頃刻間演了一齣變臉戲，指揮士兵們將蒲殿俊等人一一捉拿，逕直帶到了總督府。

據當事人彭蘭村回憶：「當予等入督署也，有砍刀一柄隨於後，手槍兩支伺於旁，步槍兵士環繞數周，房上牆上，近街各口，外庭內堂，均佈滿武士，予等左右手，則用四十八股繩嚴陣以待……當時步槍、手槍、砍刀環繞眼前，有不槍決即刀辟之勢。」

可憐這一群人望所歸的縉紳，昨日還是座上賓，今日已成階下囚。

蒲殿俊等九人遭逮捕後，成都社會緊張氣氛急劇升溫，各界風聲鶴唳。趙爾豐下令全城戒嚴，實行宵禁，派人查緝「散佈謠言、蠱惑眾聽、形跡可疑及私帶軍械」之人。

對話之路走不通，就走上對抗之路。在資訊資訊不公開的情況下，各種傳說和謠言紛至遝來。成都民眾聽到那些傳聞後，情緒也變得更加激烈，他們一個個義憤填膺，扶老攜幼，手捧光緒皇帝的靈位牌，從四面八方像潮水似的湧來，要求釋放立憲派首領蒲殿俊等九人。

在洶湧如潮的抗議群眾面前，趙爾豐選擇了開槍。

當時駐重慶的英國領事白朗在呈報英國大使朱爾典的公文中，較為詳細地敘述了開槍殺人的大致過程：

督署之前，當由兵隊駐守，瞬息間有兩三千人聚集，並將光緒帝之牌位置於眾人之前。內有上等社會數人，餘皆下賤之徒。群眾向川督求情，將被拘之人釋放。並答應一俟放人，店市即開，且風潮自息等情。不料忽有一硃諭出現，警令眾人不得入內堂，違即槍擊。然此時並無人欲入督署。但硃諭一出，有一候補道王姓者，即令軍隊開槍，死傷約十五人。紛亂之際，被傷者亦甚眾。

當時下令開槍的，並非「候補道王姓者」，而是趙爾豐手下營務處總辦田徵葵。前不久，女兒田小姐遭羞辱，田徵葵心裡一直還窩著火，眼下逮到個伺機報復的機會，哪裡能輕易放過？至於他下令開槍是否請示過趙爾豐，如今已成無人知曉的秘密。但有一點可以肯定：沒有趙的默許，縱然借他十個膽子，也不敢貿然開槍。

起初還是朝空中放槍，沒料到民眾不怕威脅，如潮水般湧來，田徵葵又急忙下令朝人群開槍，民眾紛紛倒在血泊中，「一霎時，衙門大堂下面的壩子就空了，除了流血的二十幾具屍體外，到處都是破鞋、草鞋，和黃紙印製的先皇牌位」。更為離譜的是，那一刻田徵葵似乎大腦進水了，為了顯示威風，竟任由幾十具屍體擺在衙門前的大街上，不准收屍。

當時的報紙記載，田徵葵下令開槍後，成都商民驚怒異常，乃以木版書光緒皇帝牌位，焚香膜拜，環跪於總督府衙門前痛哭，為蒲殿俊、羅綸等請命。此時田徵葵仍然不解心頭之氣，吩咐士兵從城樓裡拖出大炮，架在空曠的廣場上，欲以大炮轟擊之。成都知府於宗潼大哭，趨步上前，用身體擋住大炮口，用嘶啞的聲音說道：「要開炮，先把我打死！」田徵葵見此情狀，方才作罷。

成都血案發生後，封鎖消息、製造恐怖氣氛恫嚇民眾，成為當局者的首要任務。成都發佈戒嚴令，緊閉城門，派重兵日夜防守，不准一人登臨城牆。這期間，趙爾豐下令搜查鐵路公司，封閉鐵路學堂和股東招待所，查封了《西顧報》、《啟智畫報》等與保路有關的報刊，對郵電通訊設施，實行極為嚴格的管制。

但是大勢所趨，一切都已經晚了。武昌城頭的槍聲響起之後，湖北省成立了軍政府，推倒了多米諾骨牌的第一張牌。短短兩個月內，湖南、廣東等十三個省紛紛宣告脫離清政府獨立。此時各種消息不斷傳來：清廷派往四川的督辦大臣端方在資陽被殺頭，重慶成立了蜀軍政府，川東南各州縣回應武昌起義相繼暴動，而北京皇室的情況一時又不明朗。在這種艱苦至極的情形下，趙爾豐迫於各方面的壓力，釋放了蒲殿俊、羅綸等九人，並提出了《宣佈四川自治方案》，將四川的民政暫交蒲殿俊，軍事交朱慶瀾。

趙爾豐交權授印時有幾句話說得很感人，他說：「我以前對不起四川人，今天又要對不起朝廷。四川被我弄壞了，只盼望你們趕快替我補救。」前來勸說他交權的邵從恩回答說：「我們都是一班年青人，在政治上毫無經驗，以後還望大帥隨時指示。」政權的交接如果說能夠這樣進行，刀光劍影消解於無形中，應該說是中國人的福氣。

然而，歷史的進程往往並非如此。

趙爾豐自交出政權後，仍留置在總督府院內，有巡防軍三千人充當警衛，且掌握金庫六百萬兩。有人勸他離川赴京，躲過一場可能會到來的災難。趙爾豐回答說：「老妻病了，怎能丟下她不管？」這只是個由頭，實際原因是趙爾豐並不想離開成都。他對於那場辛亥革命缺乏足夠清醒的認識，以至於死到臨頭，還沒有太多的察覺。

趙爾豐讓舊部下傅嵩炑調兵回援成都。可是這封信沒能出城就被守城的新軍士兵們截獲了，交給了四川都督尹昌衡。

此時四川局勢未穩，尹昌衡決定採取斷然措施——殺趙爾豐以立威。

宣統三年（一九一一）十二月二十二日，農曆冬月初三晨，尹昌衡單身一人來到總督府，遞上一份手本（名片），謙恭地自稱為「世再晚」（晚輩）。趙爾豐愉快地接見了他。一番親熱的攀談後，尹昌衡說出了他的憂慮：「現在大帥身邊還有三千巡防軍，川民士紳為之不安，多次投書軍政府告狀，讓在下也深感為難。依愚之見，不如大帥將巡防軍交軍政府接管，尹昌衡負責保證大帥的安全。」

聽尹昌衡說得也還在理，無計可施的趙爾豐想了想，點頭答應了。

這筆交易達成後，尹昌衡馬上謀劃下一步行動。他集合了剛剛接手的巡防軍，在操場上當眾宣佈：「發清欠餉，放假半天，讓弟兄們快活快活！」巡防軍士兵歡呼起來，他們蜂擁而至，像蝗蟲一樣佈滿了大街小巷，猜拳行令，擲骰飲酒。

趙爾豐被解除了武裝，尹昌衡行動起來就沒有了顧忌。他通知親信部隊警衛標統陶澤焜率兵下手，提著大刀衝進總督府，抓獲了躺在床上抽煙的趙爾豐，綁赴明遠樓側旁的操場上進行公審。

趙爾豐綁赴開場的那天，天氣格外寒冷，對於趙爾豐來說，這個寒冷的冬日將永遠成為他的忌日。他被四名身體強壯的士兵架按著，坐在地上，呼嘯的北風吹拂著他滿頭的白髮，他瞇縫著眼睛向西眺望，似乎看到了他曾經鏖戰數年、殺人無數的西康。

「莫非一切皆有報應？」趙爾豐輕輕歎息一聲，低下了頭，不再吱聲。家人為他在地上鋪了塊大紅的氈子，聞訊而來的人群在空地上波湧著，聲音遙遠得像是隔著一個世界。荷槍實彈的士兵們，在艱難地維持著秩序。

忽然，趙爾豐怒目圓睜，衝著走到他身邊的尹昌衡大聲罵道：「尹娃娃，你裝了老子的統子！」尹昌衡臉上毫無表情，他現在是勝利者，不會在乎失敗者的幾聲謾罵。

尹昌衡向陶標統輕輕點頭，陶標統操起馬刀，用力往下一劈，趙爾豐的頭顱落地了。事畢，陶標統捧起這顆頭顱繞場一周，讓圍觀的群眾看了一遍，然後掛在一棵梅花樹上，示眾三天。

本章最後來說說傅嵩炑這個人。

傅嵩炑（一八六八—一九二九），字華封，四川敘永人（今古藺縣傅家場）。年青時有感於縣境內土匪橫行，荼毒鄉里，於是放棄仕途生涯，回鄉招募丁勇，要訓練一支武裝隊伍。不久，被地方任命為民團團總。

其時，趙爾豐正在永甯地方任道台，聽說有這麼一位既年輕又有文化的團總，對傅很有興趣，召見了傅嵩炑後，認為此人是不可多得的人才。從此，傅嵩炑被趙爾豐召入部下，成為趙氏的幕僚和得力助手。

巴塘之亂，鳳全被殺，趙爾豐臨危受命擔任川滇邊務大臣，率兵前往平定，從此拉開了川邊康區改土歸流的序幕。趙爾豐戍邊的數年中，傅嵩炑積極為趙出謀劃策，衝鋒陷陣，始終都是趙爾豐手裡最重要的一員戰將。

在經營川邊康區的活動中，傅嵩炑歷經了大小戰役數百起，他身材修偉，體魄強健，有方略，在作戰中指揮得宜，常常身先士卒，多次榮立戰功。如鄉城桑披寺戰役、德格戰役和三岩戰役，傅嵩炑都先後立功受獎，被提拔為知府、道員補用。除參與行軍作戰外，傅嵩炑還主管邊務財政。

趙爾豐治理川邊康區向來以武力自炫，而傅嵩炑與趙氏配合則輔之以懷柔安撫的一面，發揮了其一流的輔佐作用。比如進攻三岩時，趙爾豐任命傅嵩炑為主帥，兵分五路克期會師於三岩中心雄松。由於戰前準備充分，戰事發生後不到五天，便俘虜一千餘人。此時除少數婦女兒童仍留守在村寨裡之外，絕大多數男丁都已逃入深山野林，藏匿不出。傅嵩炑不再強攻硬打，果斷採取招撫政策，首先嚴明軍紀，下令各軍不准殺戮兒童、婦女和老人，不准搶劫農戶家裡的財物，並派人上山招撫。當三岩人打聽到家中妻小無恙、財物猶存時，有人感動得下跪磕頭，紛紛同意下山接受招撫。

攻克三岩後不久，趙爾豐被清廷任命為四川總督，清廷改派王人文任川滇邊務大臣。趙爾豐在返回四川之前，向清廷發電報舉薦傅嵩炑，認為傅「熟悉邊情，才堪大用」，保薦傅擔當代理邊務大臣。趙爾豐的保薦得到了清廷的認可，一九一一年四月，傅嵩炑正式接任代理川滇邊務大臣一職。

傅嵩炑接任邊務大臣後，果然不負眾望，在短短的時間內完成了以下事項：首先他乘趙爾豐返川之際，沿途收繳土司印信，平定魚科土司的叛亂，加快了康區全面改土歸流的步伐，進一步提出了籌備成立西康省的計畫。其次是籌畫經費，奏請每年由四川省調撥白銀一百萬兩，作為西康省建設的經費。再次是在巴塘建造行署衙門、文廟等，為將來西康建省做了大量具體的準備工作。

從後來西康建省的歷程看，趙爾豐和傅嵩炑是當之無愧的奠基人。

傅嵩炑代理川滇邊務大臣後不久，辛亥革命爆發，四川省保路運動風起雲湧，各縣紛紛組織武裝暴動，清廷處於分崩離析的邊緣，全國動盪不安的局勢迅速波及到川邊康區。其時邊軍共有八個營的兵力，其中有四營半調到波密地區，有三營奉趙爾豐的命令進駐打箭爐，待命增援成都。而剛剛經歷了改土歸流，面積廣闊的康區，僅有四百多名士兵守衛，且分散在若干地方。顯然，在這種形勢下，一旦發生變亂，局勢將完全無法控制。

此時駐守在巴塘的傅嵩炑憂心如焚，連續給清廷和趙爾豐發電報，訴說邊地兵力太少的尷尬處境，同時也為總督府的趙爾豐深感擔憂。他在電報中說：「川事一時不靖，邊地立即險危。設使數年勘定之功，一旦失敗，嵩炑身不足惜，如大局何？」

到了這年十月，傅嵩炑下令讓進駐波密的邊軍秘密撤回，向川邊康區轉移。他自己親自帶著數百名士兵，離開巴塘向成都方向行進，準備去援助趙爾豐。不料部隊行至雅安，偵察兵帶來消息：四川省宣告獨立，尹昌衡成立了四川軍政府，趙爾豐已被押赴刑場殺頭。

風蕭蕭兮易水寒，壯士一去兮不復還。此時的傅嵩炑深感清廷大勢已去，而他的頂頭上司趙爾豐已被殺身亡。大廈將傾，獨木難支，傅嵩炑滿心悲涼。此時，另一個更殘酷的事實讓他驚醒：遍地揭竿而起的革命軍密佈在四周，他的軍隊已經被手拿土槍、大刀和鋤頭的革命軍全面包圍了。

這是一場力量懸殊的戰鬥，成千上萬的革命軍幾乎沒費什麼力，傅嵩炑率領的幾百名邊軍就舉手投降了。

傅嵩炑在戰場上被活捉，押解到了成都。

四川都督府座落在成都忠烈祠街七十六號和七十八號，府第寬敞明亮，氣派顯赫。這裡原來是清廷武將向榮的私家公館，當年以鎮壓太平天國而聞名的駱秉章，每次出行都是威風凜凜，儀仗隊就多達七十餘人。四川獨立後，尹昌衡利用這個地方稍作改造，當作了他的都督府。

在這裡，新任四川都督尹昌衡與傅嵩炑有一席長談。

尹昌衡正當用人之際，不肯放過傅嵩炑這個人才，他循循善誘，勸導傅嵩炑要識大局，認清時代潮流。無論尹昌衡怎麼說，傅嵩炑都以沉默相對，偶爾開口說幾句話，也全都是無關時局，只談風月。

說到最後，傅嵩炑回覆了四個字：「我心已死！」

尹昌衡無奈，搖搖頭走了，他暗中下令將傅嵩炑軟禁。

府院幽深，從廳房裡走出去，是長長的遊廊，直接通向詩情畫意的後花園。樓閣假山相掩映，沿著朱紅色的圍牆是一簇簇翠綠的芭蕉，再過去點是一排石榴樹，石榴花開放的時候，像是一束束燃燒的火焰。

在這個優美的環境中，傅嵩炑撰寫了那部不朽的《西康建省記》。

引頸遙望西康——那些碉樓、那些經幡、那些山林溪流、那一朵朵白雲、那一座座雪山、那一群群淳樸而又帶有野蠻氣息的邊民、那一隊隊威武雄壯而又命運悲愴的士兵……所有那一切都似天上飄蕩的雲朵，一一湧向了傅嵩炑心頭，他弄不明白自己身在何處，甚至忘記了自己的存在，把滿腔心血揮灑到一頁頁白紙上，過去難忘的歲月，終於結出了一枚豐碩的果實。

這部《西康建省記》於民國元年（一九一二）十一月由成都公記公司刊印成冊，全書共六四目，內容廣博，除記載川邊康區各地改土歸流的經過外，還廣泛涉及政治、經濟、軍事、文化以及藏區宗教、民情風俗等，由於文字皆是作者親身經歷所得，其記述翔實可靠，誠如作者所言：「記中之事，悉與案牘相符。間有出入者，皆實事也，並非臆度。」

四川繼任都督胡景伊，對此書評價甚高，他說：傅君上馬殺賊、下馬作文，征戰西康數年，此書之成，足以補帷幄之運籌，足以補方乘之闕略。

書成之後的次年，傅嵩炑被當局派人護送回老家古藺縣傅家場鄉，晚年他蟄居故里，賦閑休養。民國三年（一九一四），傅嵩炑曾邀約原同事陳少端、蕭君浦等一行六人進京城，拜會清史館總裁趙爾巽。趙爾巽是趙爾豐的二哥，對三弟趙爾豐的慘死一直耿耿於懷，如今見到了三弟舊日的部屬，感情上首先便多了幾分親近。趙爾巽挽留傅嵩炑留在京城聽差，傅嵩炑也聽命留下了。可是等了半個多月，一直難以有合適的官職。進入民國後，清朝遺老趙爾巽也已經失勢，他的權力範圍被大大縮小，這也怪不得他。

傅嵩炑無怨無悔，不久仍返回故里，直到民國十八年（一九二六）病逝，時年六十歲，當地民眾予以厚葬。

趙爾豐和傅嵩炑相繼撒手人寰之後，他們當初費盡心血所構建的西康省藍圖終成泡影，當初精心安置在那裡的各級官員，都因為得不到民國政府的承認而四散離去。川邊康區重新淪為群龍無首的荒蕪混沌狀態，西康夢的實現，只能留待將來的某個時日了。

卷三

醉臥沙場

《艽野塵夢》背後的故事

《艽野塵夢》是湘西王陳渠珍留下的一部私家筆記，曾以手抄本、影本等形式在世上流傳，印成冊後深為讀者喜愛，流傳甚廣，雖是用文言文寫成，但故事優美，感人至深，被世人稱之為一部奇書。

著名藏學家任乃強先生對這本書有如是評價：「余一夜讀之竟，寢已雞鳴，不覺甚晏，但覺其人奇，事奇，文奇，既奇且實，實而復娓娓動人，一切為康藏諸遊記最。」

這裡想講述的是《艽野塵夢》背後的故事——也可以說是講《艽野塵夢》中的故事發生時西藏以及川邊地區極其複雜的社會背景。

話說清末駐藏大臣聯豫，正在西藏大張旗鼓地辦理新政，忽然聽到一個傳聞：清廷擬定在川邊建西康省，準備讓在川邊康區改土歸流卓有成效的邊務大臣趙爾豐進藏，取代他擔任駐藏大臣。聯豫自然要百般阻撓，他多次上書清廷，講述西藏問題的複雜性——潛臺詞是除了他之外派其他人進藏均是失策。同時通過軍機處大臣那桐的關係走後門，總算打破了趙爾豐的駐藏大臣之夢。

但是聯豫要統領西藏，還有一個繞不開的對手——十三世達賴土登嘉措。

在西藏，駐藏大臣和達賴喇嘛都是關鍵性的人物。然而聯豫出任駐藏大臣以來，與達賴喇嘛的關係始終鬧得很僵。在給清廷的報告中，聯豫一再指責達賴喇嘛夜郎自大，蔑視清廷官員，不知感恩，久蓄陰謀。聯豫將他與達賴喇嘛之間的矛盾定性為主權之爭，稱恢復封號的達賴喇嘛為「已革達賴」。如此倨傲的態度，自然引起了達賴喇嘛的強烈不滿。

宣統元年（一九〇九）十二月，達賴喇嘛返回拉薩，聯豫起初還是想放下架子去迎候，他帶著一幫下屬官員遠赴五里外的東郊札什城等候，無奈達賴並不領情，兩人面對面相恃時聯豫伸出了手，達賴竟毫不理會，和他所率領的群流亡政府的成員們自顧自地走了，表情冷漠得像雪山上的冰塊。

聯豫大為惱怒，即以外界傳言達賴一行攜帶有私購俄國槍械軍火為名，親自帶領一班士兵赴布達拉宮檢查，未能查獲到槍械軍火，又派出士兵前往黑河檢查達賴等人的行李，翻箱倒櫃，搜查了個遍，仍然未查出槍械軍火，反倒是士兵們趁亂擄掠了不少其他物品。

這樣一來達賴被大大激怒，決定採取報復手段，一方面停止了對駐藏大臣的糧食、柴草、人役的供應，並斷絕驛站交通；另一方面積極徵調各地藏兵，阻止川兵入藏。

說到川兵入藏，也與聯豫有極大之關係。

聯豫在西藏辦新政，其中重要一項為操練新軍。

清朝末年，清廷在全國範圍內大規模裁撤綠營兵，本來這時候的綠營兵已經腐朽不堪，而駐守西藏的綠營更是由於地處偏遠，管理疏漏，早已成強弩之末。聯豫深感手中無用之兵，坐耗薪糧，提出要裁去綠營舊制，招練新軍。

然而，如果訓練新軍，招募兵源、調集軍官、籌措軍餉等項事，非兩三年不能奏效，而眼下正當用兵之時，於是聯豫向清廷請求：調撥四川新練陸軍一協，由協統鍾穎統率進藏，先穩定住西藏的局勢。

宣統元年（一九〇九）六月，鍾穎帶著新招募的一協川軍，由成都拔隊西行。這樣一行動使得本來就已很緊張的西藏局勢，更是亂成了一鍋粥，幾至不可收拾的地步。無數生命在其中混戰、搏擊和廝殺，一場場驚心動魄的浩劫，給後世留下了一部沉甸甸的警世錄。

鍾穎年齡並不大，這一年只有二十二歲，能派他領兵打仗——而且是到戰局混亂複雜的西藏領兵打仗，足以見得此人來頭不小。

鍾穎（一八八七—一八一五），字鼓明，滿州正黃旗人，他的幕後背景與滿清皇族有著非同尋常的關連。其父晉昌，娶咸豐帝妹妹為妻，官至盛京副都統，後因支持義和團獲罪，謫戍西藏軍台。因為有這麼一層神秘的關係，鍾穎的仕途生涯一開始就順風順水。清末操練新軍，鍾穎通過家人向慈禧表達了他想從軍當少帥的願望，也許是因為當年對其父處罰過苛過嚴的緣故，慈禧太后想有所補償，爽快答應了鍾穎家人的請求。

在成都鳳凰山訓練新軍時，鍾穎還只有十八歲。

鍾穎統率四川陸軍兩千人，由步兵和炮兵混合編制，服裝武器皆為新式，於宣統元年（一九〇九）六月從成都啟程，進入西藏境內。達賴喇嘛聞訊後，派遣藏軍沿途阻擊，但均被鍾穎的川軍所擊潰，節節敗退。為加快部隊行進速度，也為防止發生意外，川軍取道歷來歸駐藏大臣管轄的三十九族地區迂迴前進，又由趙爾豐調遣邊軍護送，半年以後（次年正月初三），鍾穎所部屬的第一支馬隊四十餘人終於順利抵達拉薩。

人們的記憶中，那是異常寒冷的一天。當川軍先鋒隊軍官張鴻升率領四十餘名騎兵從小路連夜進抵拉薩街頭時，藏人無不驚訝，那些從天而降的騎兵們背著槍械，揮舞著馬刀，臉上佈滿了殺氣，稍有反抗便揮刀砍殺，人群紛紛四處逃竄，當地所設之警察也消失得無影無蹤了。

張鴻升，字雁賓，祖籍安徽人，原是四川提督馬維騏部下的一名管帶，在泰甯、巴塘、鄉城的幾次戰役中均有所表現。但是此人沒什麼文化，作風粗魯，始終不為上司趙爾豐所重用。鍾穎率兵進藏，急需一批人才，找到趙爾豐求援，趙爾豐順水推舟，正好將張鴻升塞給了求賢若渴的鍾穎。

與張鴻升一起被鍾穎所收留的，還有張的弟弟張惠如（隨隊任隊官）。從張鴻升此次勇當急先鋒的事例看，他確實稱得上是少帥鍾穎手下的一員虎將。而張家兄弟後來為鍾穎疑案鳴冤叫屈，甚至赴湯蹈火而不辭不悔，確實算得上是一對義士。民國四年（一九一五），鍾穎因羅長裿疑案被捕入獄，張鴻升命其弟惠如赴京城為鍾申辯，行至天津，被羅長裿舊日部屬所殺，一行七人皆死。張鴻升聞知弟弟的死訊後，連夜趕赴京城，繼續尋找關係為鍾辯護。鍾穎被判死刑，綁赴刑場殺頭，張鴻升幫其收屍掩埋，後放棄官職，出家為僧。

扯遠了，回頭再說這裡的故事。

繼張鴻升的騎兵先頭部隊抵達拉薩後，接連半個多月，鍾穎所統率的川軍一千餘名士兵也陸續到達拉薩。時值拉薩大昭寺舉行傳召大法會，這是一個純粹的宗教節日，是為紀念釋迦牟尼而創設的祝願法會。法會期間，各地僧人雲集於大昭寺內，誦經祈福，講經辯經，萬頭攢動，場面非常壯觀。尤其是當夜幕降臨，千萬盞彩燈同時亮起，那些用酥油彩塑做成的五花八門的各路神仙、傳奇人物、飛禽走獸等，栩栩如生，僧人們在舉行完熱鬧的驅逐惡鬼的儀式後，抬著巨大的佛像繞著八廓街緩緩巡行……

但是這一年，大法會的熱鬧氣氛被突如其來的戰爭沖得七零八落。

據朱繡《西藏六十年大事記》云：川軍部隊到達拉薩之日，駐藏大臣聯豫派衛隊前往歡迎，歸來途中，衛隊沿途放槍慶賀，擊斃西藏巡警一名，大昭寺的濟仲大喇嘛於琉璃橋畔飲彈身亡。衛隊餘興未了，又向布達拉宮開槍亂射，僧眾當場皆有受傷者。一時間，拉薩全城震動，人心不安。

當天夜晚，達賴召開緊急會議，認為局勢十分危險，決定以甘丹赤巴策墨林呼圖克圖出任攝政，留守拉薩，代理政教事務。達賴率同噶倫多覺邊吉、彭措頓柱、濟努白桑等人逃離拉薩，經亞東赴印邊大吉嶺，尋求英國人的保護。

聯豫下令派兵緊追不捨，直到達賴逃出了中國邊界才收兵。根據聯豫的報告和建議，清廷再一次革除了達賴的名號，並提出另外尋找靈童代替。不久又加封了九世班禪，意欲分散達賴的部分權力。

如此一來，清廷與達賴之間的關係走向了徹底破裂，西藏陷入到一場空前的社會危機之中，不過，亂局這才剛剛開始。

繼武昌起義後，各省相繼宣告獨立，四川省也位列其中。趙爾豐下臺，首任四川都督是立憲派首領蒲殿俊，蒲發佈了四川獨立宣言，又倡議西藏為四川附屬，設一副都督，暫由何光爕擔任。

何光爕，字稚逸，浙江紹興人，原本是清廷官場中人物，曾在四川任過知府，胸有文墨，他有個外甥叫馬一浮，是民國時的著名大儒。何光爕被聯豫看中跟隨進藏，擔任聯豫手下的首席書記官。

何光爕這個人，身在曹營心在漢，雖然身在官場，心底裡卻傾向立憲派，也同情革命黨。遺憾的是他是個文官，鬧革命還得依靠槍桿子，這個道理何光爕是懂得的，於是他借力打力，與掌控兵權的郭元珍、李維新、范金等人秘密聯絡，在駐藏的清軍中秘密形成了一股他能夠調動的武裝力量。

郭元珍，號聘侯，公開身份是駐藏大臣衙門的戈什哈頭目，也即侍衛隊長。以這個身份看，郭元珍無疑是深得聯豫信任的一個人物。但是此人暗地裡還有一個重要身份，是駐藏軍隊中秘密地下組織哥老會的總舵把子，作為袍哥老大，他在這個特殊時期幾乎掌控了駐藏軍隊的命脈，甚至能操持生死大權。這個人原是優伶出身，鴉片煙癮極大，經常入不敷出。他的優勢是擅長以江湖氣來處理人際關係，軟硬兼施，有張有弛，而這種治人手段在當時的川軍內部非常時興和流行。陳渠珍在《艽野塵夢》裡曾提及川軍內部哥老會密佈的事實：「有主張革命者，皆官長職員，及少數部隊；有擁護鍾穎者，皆哥老會之流……雖革命派擁余甚力，然勢力遠不及哥老會之盛。」

尤其是辛亥武昌起義的消息傳到拉薩，駐藏清軍人心浮動，軍隊中的哥老會趁機發展成員，開山堂，設公口，策動兵變，以回應內地的武昌起義。在這種背景下，何光爕、郭元珍、李維新等人結成的政治同盟，成了左右西藏局勢的一股重要力量。

最先知道武昌起義消息的是一名姓張的翻譯官。這個人叫張行坤，是駐藏大臣右參贊錢錫寶的女婿，在衙門內擔任洋文翻譯。一天，張行坤從《泰晤士報》上讀到武昌城起義成功的消息，將此消息捅出，透露給了侍衛隊長郭元珍。

從錢錫寶後來一系列行動軌跡來看，張行坤的這次「透露」應該是主動吹風，是為錢錫寶將來的奪權做準備。

再說郭元珍，得知武昌起義成功的消息後，也撥起了他的算盤珠子。

前邊說過，郭元珍的嗜好是鴉片，而且煙癮特大，這得耗費大量的銀子。而作為哥老會組織的掌門人，翻手為雲覆手為雨，支撐這一翻一覆來回折騰的是白花花的銀元。因此，在郭元珍看來，非亂不能生財，革命不革命並不重要，重要的是必須先弄到一大筆錢。

如此來理解辛亥革命期間拉薩之亂局以及郭元珍等人的各種怪異行為，就是找到了一把打開迷宮的鑰匙。

先是郭元珍、何光燮、李維新、范金等人以「勤王」為名，向西藏商上政府借銀元八萬塊，計謀得逞。

所謂「勤王」，即擁護清朝皇帝，反對武昌革命。

郭元珍等樹起「勤王」這面旗幟，得到了駐藏大臣聯豫和駐藏清軍首領鍾穎的讚賞和支持，搶奪錢財不但無罪，而且有功，這大大刺激了郭元珍等人的味口，據史料載：「九月二十三、四日起，連劫兵備處及使署所儲槍械子彈糧米，並庫存餉銀十八萬餘兩，簿記表式均一律焚毀……」此處的日期是農曆，按西曆應是一九一一年十一月十三日至十四日。

郭元珍等人搶劫錢財之後，革命形勢漸漸明朗，行將垮臺的清廷已成人人喊打的過街老鼠，繼續再樹「勤王」的旗號來招攬人心顯然是愚蠢的下策。遂將旗號一變，「勤王」改成「革命」，將這一齣大戲接著往下演。

既然旗號是「革命」，當然要幹點與革命有關的事。正好在此時，有一名下級軍官在拉薩街頭坐轎子，下轎時不願意付錢，雙方發生了爭執。轎夫是當地人，沒什麼文化，說話免不了粗魯，開口罵了那個軍官幾句，其間夾雜了十分不文明甚至野蠻的詞句。軍官憤憤不平，回到軍營後將事情添油加醋描述一番，這引起了郭元珍的高度注意。

原因是那名下級軍官在哥老會組織中的輩分並不低，敢於粗口罵哥老會的兄弟就是犯忌，由郭元珍領頭，帶著一夥士兵進了駐藏大臣衙門府，要求聯豫嚴懲那名無禮的轎夫。聯豫支支吾吾，在這情況特殊的關頭，他不敢輕易表態。

於是，就在當天夜晚，發生了聯豫府第被劫事件。

農曆九月二十五日（一九一一年十一月一五日），夜間十點，聯豫正在府第中與手下幕僚吳抱一促膝交談，方談至「人不可足信」，忽聽外邊響起了槍聲，推窗向外一望，街頭有人群在慌亂地奔跑。吳抱一說他出去觀察一下，順著走廊剛走到前廳，屋外響起踢門聲，旋即門板被踢倒，一夥手持槍械的士兵湧了進來。士兵們聲音粗魯地問：「欽差在哪？」吳抱一稍微遲疑，背上挨了一槍托。他指指後堂，說了聲「在後邊」，只見士兵們順著走廊飛快地小跑過去了。

聯豫於慌亂之中，藏匿在一張巨大的桌案底下，被叛亂的士兵們逮個正著。他們當即用一乘肩輿兜把聯豫抬往札什城。當天夜晚，與聯豫一起被抓的還有其家眷及姨太太多人。

聯豫被劫持後，錢錫寶自稱代理。錢是原駐藏大臣右參贊，聯豫被抓捕，他有資格代理駐藏大臣的職務。但是奇怪的是，將整個衙門搜查了個遍，也沒有找到駐藏大臣的官印。

儘管如此，錢錫寶還是在聯豫被抓獲後的第二天，以代理駐藏大臣的名義發佈了一紙安民告示。在這則安民告示中錢錫寶宣稱：駐藏大臣聯豫因事要離開西藏返回京城，責成錢參贊行使在藏的全部職責，希望軍隊嚴明軍紀，絕不傷害商民，老百姓無須懼怕，更不要逃亡，人人要安居樂業，不信謠言云云。

在這張安民告示中，錢錫寶隻字不提聯豫被亂兵抓獲之事，反而謊稱聯豫已率軍返回京城，可見在革命的特殊時期，官府中明爭暗鬥的權力之爭已公開到明火執仗的地步了。

故事像萬花筒般旋轉，幾天後，拉薩局勢又陡然發生變化。對於軍隊中哥老會發動的抓獲聯豫的那場兵變，民眾紛紛表示不滿，他們公推出鍾穎出面主持公道，鍾穎派遣軍隊從東郊札什城裡將聯豫營救出來，同時鎮壓了兵變首領葉林三等人。

聽說聯豫獲釋的消息，錢錫寶連忙見風轉舵，藉口赴江孜辦理夷務，將關防向部下匆匆交代幾句，帶著家眷和親信，騎馬倉皇潛逃。

聯豫回到駐藏大臣衙門，從後堂的一口大木箱裡取出銅製官印，卻並不急於辦公。他整日愁眉苦臉地坐在衙門裡，望著窗外的群山和天空歎氣。

幾天後，從遠方軍營中傳來消息，駐紮在後藏江孜的清軍第二營張葆初部發生兵變，殺死了一名忠於清廷的軍官，扯起了「大漢革命」的旗幟，揚言要殺回拉薩，來取聯豫、鍾穎的人頭。

是日，聯穎帶著幾個貼身衛士，逃入哲蚌寺避難。

自此以後，清軍內部更是自相殘殺，局勢大亂，險象環生。

真正使局勢急劇惡化的是因為川軍攻打沙拉寺。

沙拉寺是藏傳佛教格魯派的六大主寺之一，與哲蚌寺、甘丹寺全稱為拉薩三大寺，位於拉薩北郊的沙拉烏孜山麓，寺內保存有上萬個金剛佛像，深受僧俗民眾喜愛。

西藏公議局是辛亥革命時期拉薩成立的一個特殊機構，組成者多半為川軍中的哥老會成員，議長張謨，是積極主戰的人物。他提出川軍在戰爭中的部分款項應由沙拉寺負擔，經派人前往洽談，沙拉寺不同意出這筆錢。當時他的部下張海洋發怒道：「奶奶個熊，把大炮往山上一架，炮口對準沙拉寺，保證要支差有支差，要糧餉有糧餉，要銀子有銀子！」

張謨笑瞇瞇地說道：「兄弟既然這麼說，本議長只好贊成。」

於是，川軍於農曆二月初五（一九一二年三月二三日）攻打沙拉寺，連續兩個晝夜的進攻皆未能奏效，到第三天，進攻的川軍敗下陣來，沙拉寺喇嘛乘勝追擊，川軍士兵大敗作鳥獸散。商上政府以達賴喇嘛的名義發佈文告，號召西藏各地僧俗拿起武器驅逐川軍。自是路斷人稀，戰事全面爆發，在以後的日子裡愈演愈烈，駐拉薩川軍被壓縮在「西至第穆寺，東至工布塘，南至藏河壽寺，北至巡警總局」的狹小空間裡，開始了艱苦而又持久的保衛戰。

此後西藏公議局自行解散，哥老會勢力在無法收拾的殘局中黯然下臺。

另一個人物的故事，也許有助於瞭解當時錯綜複雜的情形。

這個人叫謝國梁，湖南湘鄉人，辛亥年間投降西藏，率兵與川軍作戰，成為川軍的勁敵。按照傳統觀念，謝國梁應算作叛徒無疑。但是其中的真實情況究竟是怎樣的呢？

謝國梁曾任川軍部隊的教練官，素來與管帶徐方詔不和。聯豫懷疑徐方詔與西藏噶廈政府有關係，以謝國梁替代徐方詔出任管帶。謝國梁對此心存謝意，將聯豫當作恩人報答，率兵打仗最為勇猛。

辛亥革命爆發，川軍為哥老會大小頭目所把持，成了袍哥的天下。謝國梁的好友王雪初、陶聯芳等均是哥老會中之巨擘，極力勸說他加入哥老會，兄弟夥們在一起有福同享、有難同當。

謝國梁沒有鬆口，加不加入哥老會不著急，眼下的難處讓他愁眉緊鎖。

他的難處是軍中缺乏糧餉。據史料記載，謝國梁所統領的部隊已有半年沒有發軍餉了，各營均因缺餉而鬧事，哥老會兄弟們又趁亂起哄，借機訛詐，氣勢洶洶。這一天，幾十個鬧事的哥老會士兵提著槍直奔營房而來，謝國梁見勢不妙，鞋底下抹油——趕快開溜。

哥老會總舵把子郭元珍為兄弟夥們撐腰，派出士兵追殺謝國梁，截獲了謝國梁在拉薩所娶的美妾一名，並搶奪了金銀財物若干。後來，謝國梁在逃亡途中被藏兵抓獲，藏軍頭目令其訓練士兵，謝國梁無家可歸，遂成為藏軍隊伍中的一名將領。

戰爭年代的故事就是如此弔詭，幾乎每個人物的心路歷程都能寫成一本豐富耐讀的書。川藏兩軍正式開戰以後，拉薩全城人心惶惶，謠言四起，兩邊人馬各懷疑懼。

一九一二年七月六日，包圍拉薩的藏軍發動總攻擊，川軍糧餉殆盡，腹背受敵，惟舉目四望，企盼救兵從天而降。他們往往將雪山凹處的黑影誤認為是前來救援的士兵，又將夜間的流星認為是救援部隊的信號燈，當一切都感到渺茫無望時，川軍將士們惟有仰天長歎，嗚咽抽泣。

經尼泊爾駐藏官員以協力廠商身份從中調停，川藏雙方代表達成了四項議和條件：川軍部隊槍支一律收繳，交尼泊爾一方封存於藏中；駐藏陸軍全部退伍，折道印度回國；欽差、糧台及各地方官仍可留藏，但只允許持有少量侍衛槍械；捕殺叛亂軍隊的頭目郭元珍、何光燮、汪文銘等，以謝藏人。

關於郭元珍、何光燮等人的結局，在這裡有必要交代一下。

捕殺郭元珍的行動是在一個漆黑的夜晚進行的，士兵們密佈於四周，不久，見郭元珍同一友人邊說話邊朝房間裡走來，等郭元珍掀開門簾準備進屋之時，鍾穎從院子裡的一棵棗樹下走出來，大聲喝令：「將他綁起！」郭元珍一愣，回頭看時，幾個黑影似猛虎下山撲將過來。郭元珍是見過世面的哥老會總舵把子，他鎮定的笑道：「要殺就殺，要剮就剮，何必綁？」他朝天一拜，按幫會規矩謝過海大人，又囑託友人幫他照顧好妻室家眷，回頭問鍾穎：「何人操刀行刑？」

此時鍾穎部下虎將張鴻升已經操刀在手，出面應道：「對不起了，兄弟。」刀鋒寒光閃閃，郭元珍似乎在這一刻被驚醒，頓時掙斷繩索，向西逃奔。一個馬弁舉槍射擊，子彈穿過他的後背，郭元珍踉蹌了一下，繼續向西狂奔。另一個守候在此的士兵撿起一塊磚頭，重重地朝他擲去，郭元珍用手一擋，是時槍聲齊發，郭元珍應聲倒地。當場驗槍孔，郭身中七彈，陽物亦被打掉半截。

張鴻升等人去捕殺何光燮的時候也是深夜。這天何光燮已經入睡，聽見有人敲門，他心裡並沒有多少戒備，赤膊著上身走出來。巡警對他說：「欽差大人有急事相商，請速往。」何光燮回臥室去穿衣服，只穿了內衣，就被巡警催促上路，一件狐皮大衣外套只好裹在身上。當時大雨如注，下了樓梯，何光燮不肯走了，問巡警：「欽差有何急事？」問話話音未落，四周有幾個人影子圍攏來，何光燮定睛一看，為首者即是張鴻升。

何光燮這才知道大事不妙，顫聲問道：「請問，我犯有何罪？」張鴻升冷笑一聲，反問道：「你做的事，自己不知道嗎？」此後雙方沉默不語。何光燮走到門外，遂就地被處決。

何光燮之妻是理塘人，生有一子一女，川藏糾紛解決後，由鍾穎贈送二百金，送往理塘老家，後無消息。

《艽野塵夢》是湘西王陳渠珍在西藏和西康經歷劫難後的一部著作，書中敘述的人和事讓讀者感歎萬千。然而按筆者看來，對於當時西藏和西康的混亂局勢來說，那本書中的人和事只是揭露了冰山一角，整座冰山要比那龐大得多，各式各樣的人物穿插其間，他們的經歷和心跡有的被發掘了，有的則掩埋在歷史的荒漠裡，成為被人遺忘的永恆之謎。

西陲告急

辛亥革命後，駐藏清軍陷入混亂，川軍與藏軍的全面交鋒以川軍慘敗而宣告結束，趙爾豐被殺，傅嵩炑被軟禁，西康建省的計畫至此破滅。不僅如此，十三世達賴還在英國人的支持下，變相宣佈獨立。藏軍在西藏境內得手後，繼續大舉內犯，進攻川邊康區，一直打過了金沙江，並對察木多形成圍攻之勢。

這一系列紛繁複雜的事件史稱「第一次康藏糾紛」。

一九一二年四月，西藏方面派遣大喇嘛強巴丹達率藏軍向東侵犯，進攻察木多，逼近川界。當時駐守察木多的清軍指揮官是彭日升，他與東進的藏軍進行了猛烈的激戰。

先說此時留守川邊康區的邊軍，因辛亥革命事起，紛紛起而響應。由於趙爾豐已被殺，傅嵩炑聲援趙爾豐又帶走了大部分兵力，川邊兵力稀少，佈防空虛。加之藏軍逼近，牽制邊軍兵力，康區土司、喇嘛聞風而動，掀起了一股叛亂復辟的浪潮。

五月三日，鄉城藏民數千人圍攻理塘，打死理塘糧務委員陳廉，縱火燒毀了官府衙門。鄉城鬧事的首領名叫布根，在川邊康區是個威風凜凜的人物，關於他的傳奇故事至今仍有流傳——

布根「悍匪」名聲太大，遠播周邊的色達、稻城、理塘地區，每當嬰兒啼哭，只要說「布根來了」，嬰兒的啼哭就馬上停止。一次布根的弟弟前往西藏朝聖，途經芒康時被搶劫並遇害，得此消息後，頗有詩歌天賦的布根用藏文給芒康寺廟寫了一首詩，大意是說他弟弟的死芒康寺廟要負責任。芒康寺廟的堪布接到詩後日夜寢食不安，驚恐萬分，擔心布根率兵前來進攻。最後決定帶著一千頭羊和一百串珊瑚，親自率幾個喇嘛前往鄉城賠禮贖罪，此事方才甘休。

得榮縣有兩座寺廟，為爭一尊佛像連年征戰不休，雙方均傷亡慘重，他們請布根出面協調。布根召集了兩座寺廟的僧人說：「你們的矛盾根源是這尊佛像，今天我仔細觀察佛像後，才知道這尊佛像與你們兩座寺廟都無關，佛像是鄉城桑披寺的，所以，為了消除你們之間的矛盾，這尊佛像我請回去了。」明知是巧取豪奪，兩座寺廟的堪布都不敢多說什麼，只好眼睜睜地看著布根抱走了那尊他們爭奪已久的佛像。

與此前後，業已改土歸流的明正土司也扯旗造反，宣佈恢復土司制度，土司甲宜齋聚眾數千人彙集於河口，廢單東、巴底、巴旺三土司，並成功地攻佔了丹巴縣。

需要注意的是，明正土司當年改土歸流並非出於自願，雖然說在改土歸流過程中土司一律取消，但是土司實權依然存在，呈「名無實存」之狀態。在民國初年，川邊康區歷屆政府仍舊要依靠明正土司的實力和影響來維護和加強官府的地位。以尹昌衡西征為例，在尹昌衡給民國政府的報告中，就曾經為甲宜齋請功：「查此次為民國出力，首推明正土司，核請獎勵土司甲木參瓊珀。」甲木參瓊珀即甲宜齋，這一年，甲宜齋被任命為康定總保正之職，還被授予了民國銀質勳章。

直到民國十一年（一九二二），甲宜齋乘川邊鎮守使陳遐齡向川中發展而發生戰亂之時，秘密在關外組織力量，意欲自立，再次恢復土司制度。這個計畫被陳遐齡察覺，他以反對現政權罪名將其逮捕，關入康定監獄中，後來甲宜齋被下屬劫獄救走，逃亡途中被邊軍士兵開槍擊斃。

當時的邊軍逞無人領頭的狀態：餉斷糧絕，軍心渙散，康定城岌岌可危，人心惶惶，一夕數驚。於是有保正金玉田、樂德盛二人出面，在全城商號中籌集白銀一千兩，敲鑼打鼓送到戍邊統領顧占文的衙門，請顧出任川邊督軍，臨時主持康區一切事務。

顧占文雖是臨危受命，卻也處變不驚，四處派遣心腹親信，暗中探訪藏軍的消息。經過偵察兵的報告得知，藏軍兵分兩路進攻巴塘，一是從大路來，旌旗浩蕩，堂而皇之；另一是從小路潛行，翻山越嶺，秘密而來。顧占文親自率領精銳部隊數百人，在一個險要隘口位置埋伏。其時正值秋天，遍地蔓草隱隱銜著一枚夕陽，掩映著滿山秋色。秘密行進的藏軍翻過了一座山崗，下山途中正行至半山腰，猛聽得一聲號炮，震得山谷俱鳴，樹葉紛紛落下，有人喊「中了埋伏！」喊聲未畢，只見邊兵從漫山遍野殺來，一場合圍很快結束，藏軍士兵丟盔棄甲，被剿滅了數百人。

然而局部的勝利對於川邊康區全域而言無濟於事。據郭友卿《民國藏事通鑑》載：從一九一二年四月起，藏軍陸續攻佔了清末川滇轄區之波密、鹽井、定鄉、稻城、公嘎嶺、貢覺、乍丫、三壩、理塘、河口等地，川邊康區所存者僅有南路之瀘定、康定、巴塘，北路之道孚、瞻對、爐霍、甘孜、德格、鄧柯、石渠、察木多等一一縣。

西陲告急！剛剛成立的民國政府將如何應對？

西藏及川邊康區之亂，嚴重影響到四川、雲南兩省的政局，也引起了全國的普遍關注。

四川都督尹昌衡、雲南都督蔡鍔、重慶蜀軍總司令熊克武接連不斷向北京政府發電，呼籲派兵出擊，平息叛亂，以解除西康危機。

一九一二年五月九日，在全國一片平亂安藏的呼聲中，北京政府致電四川都督尹昌衡：「川省與西藏唇齒相依，歷來籌辦藏事皆以川為本，務即揀派得力將領，帶軍由巴塘一帶疏通道路，節節前紮，一面密探藏中華兵住所，設法聯繫，聲援相見，免成坐困。」

六月十四日，北京政府電令尹昌衡率兵西征。這一天，由外交總長陸征祥面告英國大使朱爾典，希望英國政府在這件事上保持中立。同時提出了修訂《西藏條約》的四點意見：西藏永遠是中國領土；一切責任均由中國政府負責；商務利益上中英共用，惟政治英方不得過問；英國和其他國家均不得駐兵西藏。

是年八月九日，尹昌衡兼任西征軍總司令，率兵五千出征。

此處先來說說尹昌衡這個人。

尹昌衡（一八八四—一九五三），字碩權，四川彭縣人。早年入四川武備學堂，後來留學日本士官學校，與閻錫山、唐繼堯、李烈均、李根源、劉存厚等交往密切，先後結拜為兄弟。擅長寫民國掌故的劉成禺同他也是校友，他寫下了尹昌衡初到日本時的情景：「目不邪視，口不輕言，日夕以宋儒書置座右」。留學日本的學生，多以參加同盟會為時髦，有人來動員，尹昌衡搖頭回絕：「本人性素迂，且家赤貧，從小到大，供養全靠清廷。食人之祿，背之不祥。」

表面上的沉穩，掩飾不了他內心的高傲，尹曾有詩云：「我欲目空廿四史，以作胸中數萬兵」。由此足以看出，尹昌衡並不想做庸常之輩。歸國後，先是到廣西任職，巡撫張鳴岐對留日學生戒心重，尹得不到升遷，索性張揚個性，縱情詩酒，狂放不羈，在巡撫衙門舉辦的一次宴會上，竟借酒壯膽，開槍打碎了窗戶玻璃，如此狂狷，很難為官府所容，張鳴岐令其辭職。

回到四川後，尹昌衡像變了個人似的，成了川軍中的刺兒頭。時值四川操練新軍第十七鎮，趙爾巽從東北調來親信朱慶瀾充任該鎮統制，高級官職幾乎全部被外省軍人所掌控，引起川籍軍人的強烈不滿。尹昌衡排外情緒尤其熾烈，無形中成了意見領袖，每於宴會場所，以尹為首的川籍軍人少不了使酒罵座，公開說外省軍人無能。有一次，總督趙爾巽在場，尹昌衡照罵不誤，趙爾巽大為驚訝，反問他：「依你說，哪個是知兵的將才？」尹昌衡大言不慚拍胸道：「國中將才只有三人：吳祿貞、周道剛，區區在下。」（吳祿貞是辛亥時期有名的人物，周道剛是川軍將領，時任陸軍三十三混成協協統）紹興師爺出身的朱慶瀾世事圓熟，趕緊見風轉舵：「尹昌衡喝醉了，扶他下去。」

尹昌衡的狂放，並非無本之源。他會打槍，能吟詩，文武雙全。

不久，尹昌衡果然有了個登場亮相的機會。

話說四川獨立、蒲殿俊上任四川都督時，川中局勢極為複雜，幾種勢力，既相互糾葛纏繞，又相互抵觸排斥，各自懷有目的、抱負和野心。軍隊方面，清朝的巡防軍十三營麇集省城，趙爾豐的親信田徵葵等人煽兵構亂，各州縣的同志軍大批湧進成都，陸軍、巡防軍和同志軍互為水火，哄鬧鬥毆紛爭不斷。文人出身的「長衫客」蒲殿俊，並未察覺到平靜水面下的兇險，四川光復獨立之日，蒲殿俊宣佈，各軍放假十天，以示慶祝。

十二月八日，十天假期結束，蒲殿俊、朱慶瀾在東較場舉行閱兵式，當場宣佈：給每個士兵發三個月的恩餉，引來士兵們的一片歡呼。歡呼未熄，又起波瀾，主管軍權的副都督朱慶瀾補充說，日前藩庫財政吃緊，這筆錢要等以後補發。場上有人叫罵：「龜兒子，原來是誑人呢！」另有人高喊一聲「打起發」[1]，隨即響起槍聲，子彈擦著主席臺上蒲、朱的髮梢呼嘯而過，全場亂作一鍋粥，火光沖天，槍聲四起，叛兵如氾濫的蝗蟲，趁著混亂成群結隊衝上街頭，見門就入，首搶大清銀行、濬川銀行，各銀行、票號、糧庫、商店、公館等慘遭橫禍，連軍政府也被洗劫一空。大火三日不熄，庫銀八百兩損失殆盡，公私財產損失不下千萬，全省精華盡毀於此次劫難。

遭此忽然變故，新上任的都督蒲殿俊易服私逃，不知蹤影；掌管軍權的朱慶瀾也藏匿不出，無論誰來央求，也堅決不肯再出面。適逢此時，有傳聞迭起：趙爾豐得到消息，清廷並未完全坍塌，心生悔意，除挑唆陸軍、巡防軍向同志軍挑釁外，還連發出急電，催促其親信傅華封從川邊率軍回援成都，據說，傅已率兵到了雅安。

身為軍政部長的尹昌衡，那天舉行閱兵式時也在場，危難之際，軍人的沉著和魄力讓他脫穎而出。從東較場脫身後，他騎馬急速馳奔陸軍小學，下令軍校學生武裝佔領有利地形，防止騷亂

[1] 四川話：綁票、吃大戶之意。

擴大。稍事佈置後，又在亂槍聲中奔赴鳳凰山，找到新軍六十三標標統周駿求援，借兵三百，返回城內平亂，殺亂兵數人，亂乃稍定。

次日，新軍將領周駿、彭光烈等，約集士紳徐炯、邵從恩、張瀾及同盟會董修武等開會，重新成立四川軍政府，推尹昌衡為都督，羅綸為副都督。

此時，距離蒲殿俊那屆四川軍政府的成立時間，只有短短的十二天。

尹昌衡是軍人出身，深知槍桿子的重要，上臺後首先是抓軍權。當時川軍共有四個鎮（師），分別由舊川軍、同志軍、巡防軍等軍事勢力改編而成，統制是宋學皐、彭光烈、孫兆鸞、劉存厚。這些人原本並不在一條船上，雖說被改編了，暗地裡依然各彈各的調。要駕馭得住這四個鎮的軍人，才能坐穩權力的寶座。

尹昌衡想找一個人來幫忙，思前想後，非他莫屬。

尹想請來幫忙的這個人叫胡景伊（一八八四—一九五三），字文瀾，四川巴縣人。提到胡的來歷，還真是四川軍政兩界的一個資深政客。他早年曾是四川首批公費赴日留學生之一，回國後，為川督錫良看中，聘任為武備學堂學監兼教官，尹昌衡、劉存厚、周駿等人，當年都是胡景伊的學生。一九〇七年，錫良調任雲貴總督，胡景伊隨往籌辦新軍，擔任督練處參議官及雲南講武堂總辦等職，後被調至廣西，任新軍協統。辛亥革命時，廣西新軍中的同盟會員回應武昌起義，擬仿照湖北推舉黎元洪為都督的先例，推舉胡景伊為廣西都督，可是胡景伊說什麼也不肯幹，轉道去了上海，坐山觀虎鬥。

尹昌衡此時的如意算盤是：請老前輩出山，幫他料理軍務，輔佐大業。考慮成熟後，尹昌衡向全國發出通電，任命胡景伊為全川陸軍團長，各鎮均受其節制。一下子，胡景伊儼然成了四川軍政府的第二號人物。

剛把這一切安排停當，川邊又起戰事：藏軍在英國人的支持下，攻陷稻田、巴塘等地，進窺關內，川西告急！北京政府命令西征的電文下達後，尹昌衡連夜召開緊急軍事會議，商討出兵征藏事宜。在會上，尹昌衡慷慨激昂，決定組織西征軍，由他親自率領出征。

尹昌衡即將離任，按照常規，都督位置應由副都督張培爵接任，可是尹昌衡別出心裁，一邊急召在渝兼任重慶鎮撫府總長的胡景伊，囑其星夜回省；一邊電呈北京袁世凱政府，以胡景伊代理四川都督，張培爵改任民政長。

然而，長期混跡於軍政界的胡景伊並非尋常之輩，還在從重慶趕赴成都的途中，就電請尹昌衡，要求撥派機關槍營，那時尹對胡眷顧正濃，自然言聽計從，胡景伊因此羽翼更豐滿，暗中為武力接收做準備。

等到尹昌衡西征歸來時，官場上演出了一場鵲巢鳩占的輕喜劇，四川省都督位置已為胡景伊所佔據，而且不肯歸還，尹昌衡惱怒相加，卻又無可奈何——當然，這一切要怪就只能怪尹昌衡自己了。

出征前，尹還親擬了一份〈告別川中父老兄弟書〉在成都幾家報紙上廣為刊登，在四川社會各界引起了一片讚譽之聲。當時的西征不僅在四川影響巨大，全國也極其關注，上海灘頗有影響的報紙《申報》頭版位置刊發長文〈川人歡送西征軍〉，文章中寫道：「西征先鋒隊朱敦五君出發，舉凡軍政警商各界以及各學校各法團代表，于夫城廟內外召集歡送大會，男女老少均執歡送旗幟，從南門大街起，直至武侯寺紅牌樓外，人海如潮，一時道路為之阻塞。尹昌衡、張培爵兩都督及羅綸先生等均在武侯寺恭候，西征軍人到時，軍樂悠揚，炮聲隆隆，學校師生高唱歌曲，民眾鼓掌，頗極一時之勝。」

據尹昌衡在《西征紀略》中自述：當時四川政局初定，百廢待興，又聞西陲告急，全國民眾呼籲西征，開會商討十餘次，軍餉皆無著落。尹昌衡正在病中，在侍從的攙扶下再次來到會議室，先由籌邊處總理黃煦昌彙報川邊的危急狀況，黃煦昌在川邊康區摸爬滾打多年，對那裡的一草一木深有感情，他一邊講一邊哭，聲淚俱下，在場的人無不動情，當場抹眼淚的大有人在。

尹昌衡也為之動容，他坐在椅子上發言，聲若洪鐘。尹昌衡首先列舉了西征軍的十大不利條件，最後斬釘截鐵地說：「值此存亡之際，惟有昌衡率兵親征，方能將十不利變為十有利，立功報國，當在此時！」

有人暗中遞話：都督身體不適，是否將啟程的日期往後推一推？

尹昌衡「謔」地一聲站起來，大聲道：「昌衡尚能披甲上陣！值此川邊危難之時，正是武夫肝腦塗地之日，安敢病哉？」說罷，尹昌衡用威嚴的目光掃視全場，眾人一時噤聲，會場上一片安靜，連掉根針也能聽見。尹昌衡平日裡有愛說大話的毛病，但此時此刻，這幾句話當是肺腑之言。

尹昌衡率兵從成都出發，部下兵分數路西進，大小戰役數場：

朱敦五率先遣一大隊從爐城出關，與藏軍激戰於鄉城，藏軍掠城而去；

朱森林部從南路進攻河口、理塘，在河口擊敗藏軍，攻下麻蓋宗、剪子灣、西俄洛三要塞，圍攻理塘；劉瑞麟部從北路救援察木多、巴塘；

滇軍西征軍沿怒江入藏與藏軍交戰，並攻取入藏門戶鹽井，拉薩震驚；

西征軍北路劉贊廷、杜培其等部從德格挺進，馳援巴塘；

劉瑞麟部進抵察木多，藏軍死傷千餘，餘部退往碩般多。理塘西北之崇熙、毛丫、曲登三土司宣佈投誠；

朱森林部攻克理塘，收復貢覺、三岩、同普部落。瞻對、白玉、稻城、鄉城、乍丫等地土司紛紛投誠；

西征軍以黃煦昌為司令官，以張茂林為先鋒，率劉瑞麟、蒯書禮等部由察木多出發，以圖江卡。是日攻佔俄洛橋，俘獲五百餘人，藏督乘亂逃跑……

至此，西征軍未及三月，即以破竹之勢收復了理塘、巴塘、察木多等要地，以及原滇川邊務轄區內除科麥、察隅、丁青、碩般多、拉裡、江卡等六縣之外的全部失地，聲威顯赫。

當年尹昌衡率師西征時，其西征司令部就設在康定城。尹昌衡愛題寫詩文，征戰之餘暇他在川邊康區留下了不少詩句，如〈由打箭爐赴巴塘途中〉：

建節犛牛國，頻經鸚鵡崖。
江隨人意轉，山向馬蹄來。
霽築荒碉遠，荊榛古戍瞶。
淒涼殘兔碣，空憶補天才。

又如〈西征夜行軍〉：

月到天心馬到山，驚霜無間撲刀環。
呼寒戰士猶枵腹，盼捷將軍未解顏。
廿八年華今夜老，三千迢遞幾時還。
東岩壘靜西嚴急，知是前鋒破虜關。

又如〈理塘獵後入吳王廟觀戰袍〉：

邊城黃草風蕭蕭，征馬長嘶壯士驕。
映日龍蛇開甲冑，折風雕鷹試弓刀。

受降城上貴碑古，望敵樓頭秋氣高。
古來將帥知多少，空有吳王剩戰袍。

後人評價尹昌衡半生戎馬半生詩文，他性情豪放，早年又飽讀詩書，讀他飽醮感情題寫的那些西征詩，似乎又將人帶到了烽火連天的戰爭歲月，禁不住讓人心潮逐浪，悵然長歎。

那一年，統率西征的青年將軍尹昌衡只有二十八歲。

征戰西域的日子

尹昌衡西征之初，就下令軍中印製了一批宣傳品，除〈西征別川人書〉、〈告邊藏番人文〉等文告外，印刷量最大的是一張照片。畫面上是趙爾豐在成都被殺頭的真實情景，一把大馬刀旁邊是顆血淋淋的人頭，再旁邊躺著趙爾豐矮胖而短小的身體。印發這張照片是警告川邊康區的土司和喇嘛，讓他們不要繼續胡作非為，同時對當地老百姓也能起感慨作用。士兵們沿途張貼散發這幅照片時總是用一種自豪的口吻說：「殺死趙爾豐的那個人就是尹將軍！」

雖說尹昌衡就是「殺死趙爾豐的那個人」，但是他的治理邊務的手段卻並不像趙爾豐那麼嚴酷，尹昌衡在西征的公告中宣稱：恩威兼用，撫剿並施，最重要的是在收復失地的同時也收復人心。

他在《西征紀略》中這樣描述當時的情形：本都督有仁愛之心，不輕易殺一人，也不妄動康區一草一木，護衛寺廟，教化民眾，招募流離失散的士民，赦免前來投誠的流寇，用極刑者也不過打二百杖，凡有對邊民犯有暴行劣跡之將士，無論是誰，他都將嚴懲不貸。

用事實說話，也許會更有說服力。

西征行軍途中，旌旗浩蕩，塵土飛揚，大有氣吞山河之勢。連日行軍，有的士兵撐不住了，私底下抱怨太勞累，有些受不了。怕苦畏難情緒像瘟疫似的在軍中蔓延。不久尹昌衡知道了這個情況，他緊急召集將士們訓話，短促的句子威武有力：「呼勞者斬！」

第二天，尹昌衡下令急行軍一百里。

第三天，尹昌衡下令急行軍一百一十里。

第四天，尹昌衡下令急行軍一百二十里。

西征軍行至雅礱江畔，士兵們終於挺不住了，一個個橫躺在江邊的草坪上，望著遠方的氈房和莊稼發呆，有的士兵乾脆連眼睛都不想睜開，還有的士兵小聲嘀咕著：「寧願打死，也不想再走了。」

說這種話的人被告密，當天夜晚抓捕了十名士兵。

尹昌衡知悉這個情況後，再次集合將士們訓話，他說：「有人說饑餓疲勞殺人，我說饑餓疲勞生人。我們是戰場上的將士，敵人無時無刻不都在虎視眈眈地盯著我們，不饑不勞，將死於敵人之手！」說著，尹昌衡「嘩」地一聲扯開身上的軍衣，讓將士們看他大腿上的肌肉。尹昌衡人稱尹長子，個頭足有一米九幾，但是他的大腿和臀部瘦骨嶙峋，除了骨頭就是皮。

在場的將士們都被感動了，領兵的統帥和士兵們一樣行軍吃苦，士兵們還有什麼好抱怨的？尹昌衡見士兵們情緒激昂，大聲喝令：「拿酒來，今天本都督犒賞三軍！」

就在雅礱江畔的草坪上，尹昌衡和西征的將士們開懷痛飲。

有人問尹昌衡，昨天夜晚抓捕的那十名士兵如何處置？尹昌稀手一揮，吩咐將那十名士兵帶上來，親自為他們一一鬆綁，說道：「既然將士們都明白了饑勞能生人的道理，又何必斬？」那十名被當場釋放士兵跪在地上連連磕頭，他們慶幸是在尹昌衡手下服兵役，要是換了趙爾豐，哪怕肩膀上有十個腦袋，恐怕也早已經搬家了。

胡蘿蔔加大棒，尹昌衡正是靠這種軟硬兼施的辦法治軍，於是「全軍大服」。治理軍隊如此，治理邊務同樣也是如此。

還有一個故事也能說明問題。

西征軍揮師收復理塘之日，理塘居民四處逃散，有的甚至全族攜家帶口，逃到了深山野林去避難。惟有一個八十多歲的老僧人沒有跑，他逢人便說：「人老了，無所謂，到哪裡都是個死。」

這天下午，老僧來到尹昌衡的臨時都督府，請求見尹都督一面。

尹昌衡將老僧請進廳堂，叫人搬椅子請老僧就坐。老僧說：「我也沒別的要求，邊地土民們不懂事理，或受蠱惑，或隨大流而跑，他們實在是太可憐了，只是想避難，並不想得罪大軍。老衲請都督對土民們開恩，勿開殺戒，要殺就殺老衲一人，老衲在此請死。」說著，老僧解開隨身帶來的包裹，裡面裝滿了珍珠、瑪瑙和金佛，說願意將這些寶物獻給尹都督，以求尹都督對土民們的不殺之恩。

尹昌衡不動聲色，冷靜說道：「既然是獻寶，明天來吧。」

到了第二天，老僧前來獻寶。尹昌衡早已準備好了一堆藏銀，說道：「大軍此次西征並非與僧佛作戰，請您老儘管放心。佛法戒貪，如果本都督今天收了你那些寶物，就是犯了佛教的戒條，萬萬不可。不如改成售賣方式，將這些藏銀拿去招撫逃亡的土民，也是和善積德之舉。」

聽了尹昌衡的一番話，老僧大為感動。當時收了藏銀，千謝萬謝而去。

幾天後，前來歸順的邊民成群結隊而來，「歸者千餘人」，見了尹昌衡的軍隊面含笑容，再也不是先前那種冷若冰霜的情形。從此，西征軍所到之處，土民們扶老攜幼，端著飯菜、提著酒壺迎候在大道兩旁，一幅擁軍愛民的喜樂圖，在尹昌衡自述稿本《西征紀略》中處處流露出來，雖然不排除一些美化和誇張的成分，但大體上還是能夠相信的。

尹昌衡西征戍邊並非一帆風順，時而有憂心事，甚至有性命之憂。

西康初定後，西征軍分兵駐紮察木多、巴塘、鄉城、稻城、鹽井、江卡等地，扼守要塞隘口，護衛勝利成果。問題是尹昌衡帶的兵並不多，只有五千餘人，防線又太長，東至巴塘，西至波密，南至玉樹，北至察木多，長達千餘里。表面旌旗招展，實則內部空虛，這種情況下若發生任何一點意外，都將難以收拾。

——但是意外還真就發生了。

二次革命爆發後，四川軍政府司令熊克武響應孫中山號召，發動了反對袁世凱的武裝起義，並迅速攻佔了永川、榮昌、隆昌、內江等地，直逼瀘州。消息傳到川邊康區，駐守在丹巴的西征軍警衛團長張煦積極回應，「攻撲觀察使署，擊斃衛兵，並傷顏譚觀察額角，公私財產，一掠無餘，文武官員，盡被脅迫」。尤為不堪忍受的是，張煦竟派兵包圍了尹昌衡在巴塘的住所，扣押其父母親及一妹一妾，並自封為川邊大都督，派人送來一封信，催促尹昌衡舉兵北伐。

收到張煦那封信的時候是夜晚，尹昌衡正在營帳裡，與幕僚駱成驤一邊飲酒，一邊暢談天下大事。

駱成驤，字公嘯，四川資中人，是清朝四川惟一的狀元郎。這是個有趣之人，能詩擅畫，雖說考取了文狀元，晚年卻熱衷於講武，尹昌衡西征亟需人才，將駱成驤收入囊中，做了他的高級顧問。

話說尹昌衡拿信後撕開一看，只見信上寫道：「請尹公火速率川軍北伐，父母姐妹及小妾方可生聚；若西來討伐，家眷與公皆將遭殺戮！」尹昌衡火冒三丈，當時隱忍不發，將信藏入袖中，繼續與駱狀元一起碰杯飲酒。

不一會兒，又有人送信來，這次是尹昌衡母親所寫，內容是請尹昌衡速率兵北伐，不然的話，父母及妹妹、小妾的生命均危險矣。尹昌衡仍然不動聲色，將信藏入袖中，繼續喝酒。

駱成驤在一旁觀察尹昌衡面色有異，問道：「君有什麼急事，何必隱瞞？」

尹昌衡搖頭道：「沒有事。」

駱成驤說：「不對，君在百萬大軍面前，常常能喜憂不形於色，今晚卻氣色慘澹，明明是有事隱瞞。」

尹昌衡長出一口氣，道：「何必多說，喝酒吧！」

說著一仰脖子，將滿杯酒一口吞下。駱狀元也舉杯奉陪，兩人並不多說話，你一杯我一杯，醉意漸濃，尹昌衡離席，從營帳牆上取下一把劍，當庭起舞。那把劍舞著舞著，尹昌衡眼角裡滲出了一滴淚珠，歎息道：「一生忠孝，盡在於此矣！」

尹昌衡將那兩封信交給駱成驤，等駱狀元讀了，尹昌衡試探地問道：「請老兄幫我出個主意？」

駱狀元擺頭說：「這個……我也想不出好辦法。」

聽到前面廳堂裡有哭聲，尹昌衡的夫人顏機走了過來，臉上寫滿了詫異。當她聽丈夫道出了事情的原委後，不禁也跟著哭了起來。顏機是四川著名紳士顏楷之妹（顏楷曾任川漢鐵路股東大會總會長），家學淵源深厚，知書達理，尹昌衡從成都出征前，剛剛與顏機新婚不久，就率軍西征。她哪裡見過如此淒慘的場面？又哪裡經歷過如此嚴峻的局勢？

哭過一陣，尹昌衡定下心來，坐在營帳裡與軍機駱狀元等人商量。

駱狀元道：「派人往成都，請求援兵？」

尹昌衡道：「現在去成都搬援兵，等於是抱著柴禾去救火，萬萬不可。」

駱狀元道：「與之決戰吧？」

尹昌衡道：「十騎當數千，必敗不可！」

駱狀元道：「那麼就只有一條路了——換便裝，微服出逃。」

尹昌衡道：「放棄父母只顧自己逃生，如此不忠不孝，將來如何做人？會遭人恥笑的！」

駱狀元攤開雙手：「這也不行，那也不行，狀元我也沒有辦法了。請教都督大人，你準備怎麼辦？」

尹昌衡道：「惟有一死！」

駱狀元哈哈大笑，道：「好吧，都督去死，都督死了駱狀元為君寫傳！」

以上場面不是筆者無端杜撰，而是出自尹昌衡的自述稿本《止園自記》。在生死大難面前，尚能如此談笑風生，不愧為大英雄本色矣！

當時西征軍已分散佈防，留在尹昌衡身邊的僅有幕僚顧問、勤雜人員及侍衛士兵四十餘人，欲以四十餘人前往決戰，又擔心張煦會傷害父母家眷，尹昌衡考慮再三，五內如焚，乃決定身懷匕首，只帶少數幾人冒險赴敵。

第二天，尹昌衡一行騎馬西奔，傍晚時分到達胡桃崖。

張煦的部隊就駐守在瀾滄江邊，而尹昌衡一行兵不多，卻能長驅直入，這大大增強了尹昌衡的信心，他駐馬在河岸上，執鞭笑道：「張煦不知兵，已行至此，對方還毫無察覺。」

說著尹昌衡下馬，又從另一匹馬上扶下了身穿素服的夫人顏機，執顏機之手，雙雙登上一座山崖。他們在崖壁上久久佇立，相互間好像還說了些什麼。等尹昌衡和夫人顏機從山崖上下來，駱狀元問道：「此中有何奧妙？」

尹昌衡輕聲道：「駱狀元有所不知，夫人已有身孕，此次隨行，我們夫妻一直是與悲涼結伴。本都督今日前往，生死未卜，已同夫人約好，若我死，夫人也會追隨我而去，不留子女，在天上去做兩隻快活的比翼鳥吧。」

一席話，說得駱狀元眼眶也微紅了。

說話間尹昌衡再次上馬，十餘騎兵也要跟隨尹都督前往，被他止住了，說道：「你們好好保護夫人，見我死，則殺之！」

夫人顏機挺身站出道：「何必殺，山崖下滔滔江水，為我葬身之地！」

如此悲壯的場面，當時在場的士兵無不為之動容。

當尹昌衡單騎行至離瀘定橋五里時，遇見張煦部的管帶官周明鏡，尹昌衡曉以大義，要說服周明鏡倒戈。周明鏡挺身上前，行過軍禮，答道：「都督教誨，周某不敢不聽從，請都督入軍營少歇。」

尹昌衡和周明鏡騎著馬，徐徐馳入軍營中。周明鏡將士兵們召集攏來，聽尹都督訓話，只聽尹昌衡站在隊前朗聲說道：「弟兄們來邊地當兵，家裡的父母妻兒想必都十分牽掛，家人對你們抱有厚望，今天盼你當隊長，明天盼你當團長，此後還望你能步步高升，光宗耀祖——大家說對嗎？」

士兵們齊聲應答：「對！」

巨大的聲音在山谷中迴盪，如雷鳴一般。

尹昌衡接著說：「可是，如果為了圖一時意氣，不顧家室，自投死路，請問誰願意如此蠻幹？」眾士兵面面相覷，無人應答。只聽尹昌衡繼續說道：「今日的事情已和以往大不相同，以往是專制滿清，我們不得已而革命造反，今日是共和時代，總統靠選舉產生，意見不同可以商量，何必刀兵相見，血流成河？弄不好身家俱傷，父母悲號，妻兒痛哭，本都督也於心不忍啊……」

尹昌衡話說至此已有幾分哽咽，上佳的口才，讓在場者無不佩服。聽了這番演說，士兵們一個個暗中低頭啜泣，莫能仰視。

尹昌衡當機立斷，摹仿古代將軍做派，大聲喝道：「尹某話已說盡，請弟兄們自行酌定，願跟隨我尹某的站左邊，願跟隨張煦北伐的站右邊！」

話音未落地，士兵們嘩地一聲出列，清一色站到了左邊的佇列中。

尹昌衡下令讓周明鏡整肅部隊，然後一起出發去征討張煦。

隊伍向前行進一會，便遇見張煦部下趙城、王明德率兵前來。

尹昌衡先讓周明鏡出馬力陳利害，發話讓趙城、王明德率兵退回原地，趙、王不肯服從，下令士兵們開槍射擊。誰知此刻士兵們見到了都督尹昌衡，一個個都不肯舉槍射擊，趙、王再下一道命令，士兵們仍不聽從，有的士兵甚至跑到了尹昌衡和周明鏡這邊。

此時此刻，尹昌衡心裡已有了勝利的把握，他冷笑一聲，大聲喝令：「把趙城、王明德綁起來！」士兵們聞風而動，一擁而上，將趙、王捆了個嚴嚴實實，帶到尹昌衡面前，背後猛力一推，趙城、王明德「撲通」跪在了地上。

尹昌衡手一揮，下令道：「斬！」

身後的幾個侍衛兵大步跨出，將趙城、王明德拖到了一道土坎邊，槍口對準腦袋開火，將二人擊斃。

尹昌衡道：「首惡已誅，隨從不問，弟兄們安心當兵打仗，往後我尹長子若能吃香喝辣，決不會忘記弟兄們！」

說雖然這麼說，尹昌衡私下還是向周明鏡等將領下令，對隊伍進行整肅，凡參與叛亂的一律追查，該抓捕的抓捕，該退伍的退伍。

戰鬥告捷，駱成驤、顏機夫人以及四十個隨行的士兵從後方趕往前線，談論起這場廢時不多的戰鬥無為歡欣鼓舞。

駱成驤問：「平叛如此神奇，靠的是什麼？」

尹昌衡笑道：「抱一顆赴死之心，一切自然就好辦了，此乃天助人也！」

夫人顏機站在一旁，望著年輕威武的丈夫，盈盈地笑著。

之後，尹昌衡急忙趕往家中，看望剛剛被解救出來的父母、小妹和美妾。一家人團聚在一起，敘說著兵變的日子裡各自的遭遇，彷彿有說不完的話。

張煦事件只是尹昌衡西征戰事中的一個小插曲，此役中，脅從趙城、王明德被殺，主謀張煦逃脫，後來在將軍蔡鍔擔任四川都督時被任命為川邊屯殖特使兼軍隊統領，再後來，被孫中山任命為川南鎮守使。民國七年（一九一八），四川邊軍在德昌蒲壩圍攻張煦部，其部隊潰敗，張煦自殺。

幻滅的英雄夢

對於那次西征，尹昌衡滿懷信心，他是懷揣著一個英雄夢踏上征程的。

在爐城，尹昌衡曾給友人寫了一封信，信中寫道：

> 邊藏乃錦繡河山，滿清得時，如獲石田。大臣誤國可謂至矣。若著得手，數年之內可以不仰給於內地，十年以後可以大助內地矣。經營詳細情況現正在調查，編輯後當公佈。

字裡行間，透露出了尹昌衡建設新西康的勃勃雄心。

西康確實是一塊極具神奇魅力的地方，無論是晚清時的鹿傳霖，還是之後的趙爾豐、傅嵩炑，或者是率兵西征的尹昌衡，以及後來的西康王劉文輝，無不對西康充滿了征服重建的雄心和欲望。

關於尹昌衡的西征計畫，當時滬上著名的《申報》曾有篇文章〈尹昌衡之遠征夢〉，其中介紹道：有邊防軍十餘營常年戍邊，頗富經驗，對康區邊地情形尤為熟悉，又能吃苦耐勞，尹昌衡擬將這些邊軍加以整頓訓練，曉之以理，然後挑選精兵數百名，令一穩沉勇猛之統領作為前鋒，直趨拉薩，昌衡親率陸防各軍繼其後，一面派遣喇嘛分別演說，以安達賴之心，布民國之惠，宣宗教之旨，使其畏威懷德傾心向化……。

尹昌衡不僅對遠征作了計畫和安排，還十分注意川邊康區的戰後重建。過雅江時，適逢之前趙爾豐、傅嵩炑購買比利時鋼材聘請比利時的工程師、在雅礱江上建造的吊式鋼橋落成不久，尹昌衡親自為鋼橋題名「平西橋」三個大字，並吟成五言律詩一首，抒發西征旨趣：

萬里歸雲擁，輕騎出塞門。天心驕將帥，人力定乾坤。入穴虎可得，臥波龍欲奔。臨流據天塹，此去西鑾吞。

當西征軍第一階段作戰計畫基本完成後，尹昌衡認為「控邊制藏，非同時並舉，方能保全領土，維護國權」。他對下一階段的軍事行動做了如下部署：

命鄒衍貴營駐紮打箭爐、河口，保護西征軍的後方供應線；

命朱森林團為南路，駐巴塘、理塘，相機進攻鄉城、稻城；

命團長向樹榮率所步兩個營及陳步三營為北路，進攻甘孜、鄧柯；

從朱森林、向樹榮兩團中各抽調一營駐察木多，作為機動部隊；

以打箭爐為大本營，隨時策應南北兩路。

不久，南北兩路部隊連續作戰告捷，惟有鄉城久攻不下，尹昌衡任命黃煦昌為司令，由黃集中察木多一帶的西征軍，命張茂林為先鋒，率部進抵江卡，隨時待命入藏。

然而就在這時，北京傳來了停止入藏的命令，使得西征軍陷入困境。

西藏亂局牽動了北京政府的神經。西征軍入藏，引起了國際社會的關注。英國政府率先發起了質疑的聲音。英國駐華公使是朱爾典，這個生於愛爾蘭，年近六旬的中國通，與後來成為中華民國大總統的袁世凱私交深厚。

朱爾典向北京政府提出了四點要求：

一，不許中國干涉西藏內政；

二，不能容許中國在西藏拉薩保持無限制的軍隊；

三，要求根據以上兩點訂立協定，作為承認中華民國的條件；

四，在訂立協議前，將對中國人封閉一切通往西藏的交通。

四點要求無理也無禮，但是此時民國肇始，急於需要得到列強的支援。袁世凱不想公開對抗，便採取打太極拳的方式，委婉迂迴地對朱爾典說：「中國並無調兵入藏之事，政府也未發佈調兵入藏的命令，只不過是在巴塘、理塘、察木多一帶清理邊界而已。」

作為一個老資格的中國通，朱爾典對中國官場的運作方式瞭解透徹，他深知袁世凱話中的含義，如果不繼續採取強硬態度施壓，他所預判的嚴重後果將會真的發生。於是，一九一二年八月十四日，朱爾典奉外交大臣格雷之命，向中國外交部正式提出了《五項聲明》，表示英國政府雖正式承認中國對西藏有上邦之權，然而決不承認中國有干預西藏內政之權。

英國政府以拒不承認中華民國、斷絕印藏交通等相威脅，粗暴干涉中國內政。經過幾番交涉，北京政府被迫做出了讓步，下令西征軍不再進攻。

在給尹昌衡的密電中，袁世凱表示了他的擔憂：繼續入藏，恐怕將來會無法收拾，萬一英國政府也派兵作戰，則全國動搖，將陷入進退兩難之境。因此，「切為可冒犯輕進，釀成交涉，動搖大局。」

幾天以後，北京政府再次電令尹昌衡：入藏一節，事關重大，暫勿深入，邊藏鎮撫府，應更名為川邊鎮撫使。命令前敵各軍隊，萬勿入拉薩境。

這樣一來，西征軍入藏計畫中途廢止，尹昌衡只好暫時駐守川邊。

對於袁世凱和北京政府關於西征軍停止入藏的決定，當時不理解的人很多。比如接替尹昌衡任四川都督的胡景伊，就在一封電報中陳述了他的隱憂。

胡景伊說，川邊作戰連續告捷，西征軍的將士們正在勇猛向前，他們不畏艱難險阻，克服困難，正當在進攻的勢頭上，卻接到了不許入藏作戰的命令，這實在是太摧殘士氣了。

比胡景伊更加想不通的是尹昌衡。他豈止是想不通，更多的是鬱積在胸的怨氣和不滿。

一九一三年六月，北京政府發佈命令，任命胡景伊為四川都督，尹昌衡為川邊經略使。

這個命令像是導火線，引爆了尹昌衡胸中的憤懣。

在回電中，尹昌衡以兵窮財盡等諸多理由，聲稱解職，撂挑子不幹了。

尹昌衡的推辭和要脅並沒有起任何作用，北京政府堅持原先的人事安排，並且無半點迴旋妥協的餘地。眼看四川都督沒有他的份了，如果繼續稱病告退，川邊經略使恐怕也當不成，尹昌衡思前想後，只能打掉牙往肚裡吞，答應就任川邊經略使。

在給北京政府的回電中，尹昌衡顯然是用一種對袁世凱討好的語氣說道：念時局萬難，大總統尚勉力支持，鞏固民國，昌衡何惜一身，不忍報效？若再堅持，似不近情。

尹昌衡深諳官場之道：不做事可以；得罪上司，等於自毀將來的宦途生涯，那是萬萬不行的。靠這麼一種心境擔當川邊經略使，尹昌衡的行為舉止便可想而知。

尹昌衡這一時期充滿了寂寞和感傷。他甚至沉浸到酒色中，來排遣其落寞鬱悶的心情。觀其詩作，少了前期威猛雄壯、英氣逼人的氣概，多了徘徊委婉、憂悒感傷的情懷。如〈西征思親〉：

東海人初返，西山路復遐。兒成當報國，親老不留家。
虎變事無極，烏私心苦賒。遙憐慈父母，日日盼歸車。

又如〈山下夜飲歌〉：

青山無言白日沒，羌笛一聲起邊月。
主人有酒洗我塵，掃雪迭鋪雙罽毹。
酌酒冷於冰，當風寒刺骨。
安得野火燒空林，使我痛飲到明朝。

尹昌衡生性風流，一生追逐功名也追逐風流，在駐守川邊的那些苦悶寂寞的日子裡，愛情成為他生命的主線之一。

尹昌衡在西康的風流軼事，屢屢成為上海小報的花邊新聞。

有一則〈寵納蠻女〉這樣寫道：尹昌衡西征時，美人充下陳，人人豔羨。後來赴北京繫獄之日，忽得一種奇病，腹部腫痛，捫之有塊，尋醫就診。醫師囑其服一種藥，名曰「金雞納霜」。服藥後，瀉出一蟲，長尺餘，形如棉帶。之後奇病痊癒，眾人皆稱奇。有的說是因誤食了西康某種植物所致，也有人說此病與尹昌衡夜納蠻女有關，眾說紛紜，莫衷一是。

當時尹昌衡年輕氣盛，血氣方剛，被困在巴塘，猶如籠中一頭困獸，追逐風月也是事實，並非他人栽贓。在尹昌衡晚年回憶錄性質的《止園自記》中，有一篇題名為〈思過記〉，尹剖析了自己的不足和缺憾：

余自謂色不足以害德，酒不足以喪行，狂不足以損明，傲不足以長非。弱冠以來，誘人婦女而淫之者多矣，且為大將專制萬里，正宜肅廉隅，厲風節，反以軍中挾優伎，招搖罔忌憚，緋衣登場……

尹昌衡的反思深邃而又沉痛。顯然，經歷了苦難的磨礪，曾經的英雄夢幻滅了，他也從早年略顯輕浮的習氣中走出來，更為注重自身的修行和歷練。

有段史實，透露了尹昌衡被困巴塘期間的窘境。

有個人叫李亨，字葆衡，四川秀山人。清朝末年，全國紛紛籌辦新式學堂，李亨進入了他所在地區的一所新式學堂敲鐘，敲鐘之餘也做點雜事，再有多餘的時間便去課堂上旁聽，此人勤奮好學，幾年功夫就有了一些古文功底。

當時有個名人叫吳嘉謨，正好在酉陽一帶辦學，李亨的老家秀山縣屬酉陽州管轄，一來二去，兩個人便認識了。李亨羨慕吳嘉謨的才學，吳嘉謨賞識李亨的刻苦，後來吳嘉謨赴成都上任新職，就將李亨隨身帶在了身邊。

此時正值趙爾豐、傅嵩炑開發西康，需要大量人才，經吳嘉謨推薦，李亨加入到赴關外辦學的行列中。

當時的「出關」是個苦差事，出了關之後，就不知道還能不能回來。一般家境富裕的人家，是不肯讓子女去出關的。李亨是個有志向的男兒，他來到巴塘，在那裡投身教育事業，創辦了第一所巴塘小學，招收了一批藏漢學生，立志為即將到來的新西康建設培養出一批人才。

最早在西康辦學並不容易，尤其是生源難招，上千年的土司部落生活，便西康的老百姓視進學堂讀書為畏途，他們寧願出錢請人去上學，也不肯將自家子女送進學堂。

沒有人來上學怎麼辦？官府想出的辦法是「派學差」。就是由官府向土司指派學生名額，當作一種差役，土司必須完成名額指標。

這樣一來，生源問題總算是解決了。

進入民國，社會上各種思潮湧起，地處邊陲的西康地區也深受影響。一九一一年，同盟會在西康發展組織，李亨此時加入了同盟會，並被推薦為西康地區的代理學務總辦。辛亥革命後，川軍進藏，藏隊東進，西康地區土司紛紛復辟，一時間，這一地區的局勢變得錯綜複雜。

當時由革命黨人熊克武任總司令的蜀軍政府下發了一道命令：任命李亨為察木多地方的知事。然而此時的察木多，已被西藏軍隊從四周包圍，成了一座孤島。被蜀軍政府任命為察木多地方官的李亨，根本就進不去。

當了官沒有地方可管，等於是個空官銜，所以李亨很想進到察木多。

恰好這時候尹昌衡率兵西征，給李亨帶來了一線希望。

李亨跟隨尹昌衡的西征軍，一路凱歌到了爐城。可是，到了爐城後，尹昌衡的部隊卻不走了，士兵們在城區和城郊安營紮寨，閒暇無事，便三五成群到酒館裡喝酒鬧事，看著這樣的情景，李亨漸漸心灰意冷。

讓李亨更不能理解的是，西征軍首領尹昌衡，不僅不對其部下嚴加管束，反而放縱自我，每天喝酒打麻將聽川戲，或者找蠻丫頭尋歡作樂。

尹昌衡被阻隔在爐城，心中自有他難言的苦惱。尹昌衡想建功立業，北京政府卻在下一盤很大的棋，不能給尹昌衡建功立業的機會。但是那些機密內幕李亨並不知道，因此，李亨對尹昌衡愈加不滿。

就這樣在爐城待了幾個月，李亨終於忍耐不住了，積澱在胸中的鬱悶憋得他太難受，由平時的小牢騷發展到了一次總爆發。

那天尹昌衡請李亨喝酒，三杯下肚，膽子壯了，借著酒勁，他開始罵尹昌衡。開頭尹昌衡並沒有太在意，李亨罵得很隱晦，他說尹都督哇，政府給你西征軍總司令這麼大一個官，就是要讓你好好擔負起保衛邊陲的責任，如今你不去打仗，一天到晚在這裡喝酒玩樂，哪裡對得起政府？哪裡對得起人民？罵著罵著，李亨的豪氣越發上來了，指著尹昌衡的鼻子說道：「你自命為才子，到處去找佳人，你這個總司令算個錘子！」

這一下戳到了尹昌衡臉的痛處，只見他一沉，擺擺手，對手下侍衛說道：「葆衡他喝醉了，扶他下去。」

偏偏這個李亨是書生性格，不僅沒有收斂，反而罵得更加難聽了。

尹昌衡皺了皺眉頭，幾個看眼色行事的侍衛快步衝上來，將這個不省事的李亨半拖半架地拽下去了。

更有趣的是，第二天尹昌衡來問李亨為什麼要罵他？李亨仍是一臉傲氣，哼了一聲說道：「你就該罵！我早就看不慣了！」

看來這個李亨很不熟悉官場規則，遭遇的結果自然不會太好。尹昌衡派兵將李亨抓起來，連夜送回四川內地的邛崍縣軟禁起來。因為是秘密抓捕，外界都不知道李亨的消息，一個人無緣無故失蹤了，惟一的線索是他失蹤前一晚喝醉了酒，乘醉罵了西征軍總司令尹昌衡。

最著急的是李亨的家裡人。李亨來到西康後，在巴塘娶了個藏族妻子，生有一子。聽說李亨失蹤的消息後，她嚇得帶著孩子連夜逃跑，後來下落不明。李亨遠在四川秀山的父親，聽到消息後欲哭無淚，依他的判斷，李亨十有八九已經被尹昌衡派人殺掉了。

直到一年多以後，尹昌衡赴京被袁世凱軟禁，李亨才得到解脫。此時察木多也被藏軍佔領，民國政府也已經取消了察木多這一級行政機構，李亨再想去察木多當官成了一個空想。

從這個故事中，我們多多少少能讀出一點尹昌衡當年的寂寞和苦悶。

尹昌衡西征，前後時間不過一年多，用兵不過五千人，卻縱橫數千里，平息了川邊地區的多起動亂，驅逐東侵的藏軍，恢復了趙爾豐時期建立的三十多個縣級機構的設置，為後來的西康建省奠定了基礎。

尹昌衡回到成都時，發現四川都督的位置已經被胡景伊強佔了。尹昌衡想約胡景伊談談，胡景伊卻避而不見，躲進北門外的昭覺寺，同尹捉起了迷藏。

尹昌衡無奈，央請省議會出面解決，議長胡駿為尹昌衡打抱不平，牽頭召集會議，認為胡是受尹委託，取得職位未經省議會選舉，應屬無效。這邊正在鬧得歡，北京政府發來電報，下令委任尹昌衡為川邊經略使，川督由胡景伊接任。電文中，還隱隱含有斥責尹昌衡不該來成都的意思，明裡說經略使地位高過都督，但誰都知道邊地貧瘠，實際上明升暗降，尹昌衡情急之下，給北京發電，撂掉烏紗帽不幹了，要解甲還鄉。袁世凱回電：不准！

事情還在朝更壞的方向發展。接下來，北京政府下令撤銷川邊經略使，改設川邊鎮守使，另外委派人擔當此職，歸川督節制，速調尹昌衡進京。

尹昌衡認為，率兵西征，馬到成功，歸來必定受萬人景仰，卻不料，才進北京，他便知道大禍臨頭了。

尹昌衡倒楣，與趙爾豐的哥哥趙爾巽大有關係。

這個清末總督，辛亥革命後隱居青島，過著遺老生活。一九一四年，北京政府聘為清史館總裁，主編《清史稿》。袁世凱曾發佈申令，徐世昌、趙爾巽、李經羲、張謇為嵩山四友，由此可見趙與袁的親密程度。

殺弟之仇，不是不報，時間一到，該報就報。趙爾巽如何在袁世凱那裡告狀的？他都說了些什麼？這都不重要了，重要的是，倒楣的尹昌衡一進京城，就被袁世凱軟禁起來。

與尹昌衡同時軟禁的，還有兩個民國大人物：黎元洪和蔡鍔。這三個人後來也有扯不清關係。

尹昌衡個頭一米八六，人們私下稱他「尹長子」。從接觸到的史料來看，尹長子小時候專心學習，對異性並無太大興趣，及至成年後，力比豆（性慾）陡然上升，成為舊川軍首領中一著名「花帥」。

在廣西期間，尹昌衡遇到了一個官吏顏輯祜，此人曾任河南固始知縣，與維新派川籍京官劉光弟、楊銳情誼深厚。見到從日本留學歸來的尹昌衡，大感興趣，意欲招為女婿，將三女兒顏機嫁給他。經川中耆老撮合，好事成真，訂立了婚約。遺憾的是，顏機此時只有十二歲，年齡尚幼，不合適娶進門。尹昌衡有名無實，好不心甘，在成都帶兵期間，他先娶了一房姨太太，名字喚作翠香，這還不算，又經常和翠香的貼身丫環廝混在一起。尹長子先娶妾後娶妻的軼聞趣事，傳到顏機的哥哥顏楷耳朵裡，顏楷睜隻眼閉隻眼，沒有去管。

得知尹長子好女色，著急想當皇太子的袁克定對症下藥，安排了一齣謎局。袁克定來到尹昌衡在北京下榻的王府，徹夜作傾心之談，並饋贈衣物費用等，尹昌衡為之感動，與袁克定結為金蘭之好。下一步，袁大公子意興闌珊，為尹昌衡拉皮條，介紹八大胡同名妓良玉樓，陪伴尹昌衡共度寂寞時光。

蔡鍔與小鳳仙的故事為人熟知，其實尹昌衡與良玉樓，故事精彩程度不亞於前者。

良玉樓本名姓殷，名文鸞，父親在山海關一帶趕駱駝，她被舅舅拐騙，賣到八大胡同，淪為青樓女子。同是天涯淪落人，小鳳仙在雲吉班，良玉樓在金祥班，兩家妓館相連，妓女們來往親密，她們二人有共同話題，遂成手帕姐妹。

蔡鍔從雲吉班逃脫後，北京各家報館紛紛刊登這一轟動新聞，大字標題是：「蔡將軍回雲南起義，尹都督在北京坐牢」。可見在當時，尹昌衡與蔡鍔對社會的影響不相上下。和蔡鍔、小鳳仙悲劇故事形成鮮明對照的是，尹昌衡與良玉樓的故事，最後是以皆大歡喜的喜劇結局收場的，尹昌衡娶良玉樓為姨太太，白頭偕老，成全了一段真實的傳奇。

蔡鍔回雲南起義後，尹昌衡以「虧空公款」罪，被判刑九年。一九一六年，黎元洪將尹釋放，不料此時他莫名其妙的生了一場大病。身體康復後，尹昌衡彷彿變了個人，隱居秦淮，淡泊功名，退出了政治漩渦的中心。幾年後，尹昌衡回鄉心切，回到故鄉成都，署其寓所曰「止園」，取「知其所止」之意，也是看透世事的一種心態。尹晚年有《止園文集》、《止園詩抄》等著述，在〈贈良玉樓〉中云：「赫衣寒月對婆娑，去國沉沉可奈何？生意早隨蝴蝶去，死灰常與白駒磨……」悲傷低迴的情緒，讓人仰天歎息。

一九五三年尹昌衡病逝於重慶，享年六十九歲。

生長於一個大時代的尹昌衡之輩，何曾不想把握時代的命脈？不想做社會乃至國家的主宰？可是造化弄人，這些弄潮兒，卻往往被政治浪潮打得暈頭轉向，被更高層的權貴玩弄於股掌之間，最後連自己的命運也無法把握，這真是讓人唏噓不已。

卷四

那些西征的將士們

書生將領戍邊記

當年趙爾豐在川邊康區改土歸流，描畫了一幅新西康的藍圖，激起了無數熱血青年心中的夢想。年輕人對世界充滿了各式各樣的憧憬，本來就是無可厚非的事情，他們心中蟄伏的「邊地情結」經過趙爾豐的召喚甦醒過來，像四月裡漫山遍野的草木蓬勃生長。秦月漢關，羌笛胡馬，大漠孤煙，刀雪落照，建功立業的豪氣，莫名其妙的愁緒……這些既豪邁又悲愴的字眼糾纏在一起，催促著那些熱血青年踏上了向西的征途。

本節將要講述的人物就是其中之一。

他叫羅長椅（一八六五—一九一二），字退齋，湖南湘鄉人。其父羅信南，是曾國藩部下的一名小頭目，負責管理湘軍三個營的糧餉。太平天國滅亡後，羅信南退役回鄉，以教書為業，偶爾也寫字賣錢，養家糊口。

光緒二十一年（一八九五），羅長椅考中進士，授編修，進翰林院。坐了六七年冷板凳，終於得到軍機大臣榮祿的賞識，被提升為江南候補道。

候補道是個虛銜，如果等不到合適的實缺，就將永遠「候補」下去。這樣是很耽擱前途的，一個人的青春歲月不長，如果年輕時得不到提升，將來在仕途上就很難走得順暢。

羅長椅正當苦悶之際，上天給了他一個機會。

清末，內外交困的清廷開始重視新政，修鐵路，開商埠，練新軍，辦學堂……在這樣一種大背景下，羅長椅自請調到四川，主辦四川陸軍小學，為新軍培養未來的骨幹。

羅長椅選擇四川，有他自己深遠的考慮。簡單地說，與趙爾豐在川邊推行改土歸流、亟需大量人才有關。

果然，沒過多久，羅長椅便得到了趙爾豐的賞識。在一份寫給皇帝的〈請自外省調員歸川邊差遣片〉的報告中，趙爾豐提供了「邊地卓然不可少之才」的一份官員名單，其中赫然排列著「三品銜候補道羅長椅」的名字。

趙爾豐認為羅長椅才堪大用，任命他為統領，並將其嫡系精銳部隊——川邊巡防五個營交給羅長椅指揮。

能得到上司的賞識，是所有官場中人的一件大幸事，這意味著升遷的大門已經打開，未來的高官厚祿在向他招手。

這一年羅長椅四十三歲。

但是羅長椅本質上是個書生，他身上保持著耿直的書生本色。

他與上司趙爾豐的衝突，主要是因為治理邊地的理念不同。

趙爾豐暴戾恣睢，素有「屠夫」之名，「壓制番民，幾奴隸不如」。趙認為邊地土民野蠻愚昧，非殺不足以立威。趙爾豐啟用羅長椅，就是想讓羅作為他手中的一把快刀，去為他征服川邊衝鋒陷陣。

然而趙爾豐看走了眼，羅長椅並非他所想像的那種人。作戰行軍之餘，羅長椅喜歡寫點詩文，在那些用心血寫成的文字中，他委婉地表達了對上司趙爾豐鐵血手段的不滿。

請看他寫的〈讀父書〉：

盾頭作檄夜如何？上策安邊在止戈。
倦倚沾床清不寐，隔牆聞聽好兵歌。

眼看著邊地因連年兵災滿目瘡痍，邊民窮苦至極，還被勒令以牛馬供役，這使得羅長椅心裡很難過。他希望自己統率的邊軍是一支好兵隊伍，主張和睦安民，重在招撫，以高尚的道德來安慰人心。

詩中提到的〈好兵歌〉並非空穴來風，羅長椅領兵之餘，確實曾寫過一首〈好兵歌〉，填詞內容是守衛邊疆、愛護百姓之類的短句，配上大家熟悉的當地民間曲調，親自教士兵們學唱。

羅長椅體恤民情，他的管理思路是以恩德克制武威，這樣一來與上司趙爾豐的衝突遲早會爆發，而且是難以避免的。

位於瀾滄江西岸的鹽井臘翁寺，歷史上是個「三不管」地帶，西藏地方政府認為屬藏，趙爾豐認為屬川，屢次因劃界不清引起糾紛，甚至爆發戰爭。為這件事趙爾豐十分惱火，他寫信給西藏噶廈政權，請他們派兩個明白人來共同勘界。

四川這邊負責勘界的也派了兩個人，一個是鹽井縣知事王會同，一個是巴塘知事董濤。派出這兩個知事後，趙爾豐還感到不放心，擔心他們在談判桌上缺少應變能力，難於將事情辦好，於是想請見過大場面的羅長樹出面援手。

誰知羅長樹經過一番調查，向趙爾豐彙報說：「四川與西藏的分界線，歷來都以寧靜山為界，按道理看，臘翁寺附近的地帶應該屬於西藏管轄。」

趙爾豐聽了這話，心中的不快是不言而喻的。本來他就已對羅長樹心存芥蒂，自此以後兩個人分道揚鑣。

再說西藏方面派來談判的兩個官員，他們長時期住在巴塘，羅長樹與兩個藏官之間的關係相處融洽，有一則史料云：藏官受巴塘社會風氣所感染，竟然說出這樣的話：「我們雖是奉命而來，然而親眼看到巴塘的情形，也認為巴塘是福地，羨慕巴塘百姓為有福之人。不知我藏中百姓，何日能脫離暴虐之政也。」藏官的這番言論，恐怕也和羅長樹與之友善相處有很大關係。

當然一涉及到地盤問題，藏官是絕不會讓步的。

羅長樹在一封家書中，講述了當時的情形以及他複雜的心情。

風景優美的南墩（今西藏芒康縣邦達鄉）是四川與西藏的接壤處，那裡有一塊分界碑，碑上鐫刻著「西藏、四川、雲南分界」的字樣。當年就是在這裡，羅長樹參加了川藏雙方的勘界會議。

南墩會議上，西藏派來的兩個官員身穿英國服裝，腰佩西洋刀，所帶衛士也清一色手持新式步槍，擺出一副威風凜凜的姿態。羅長裿心頭飄過一絲不悅，同時也為藏人背後的英國勢力而隱隱擔憂。

四川方面代表王會同侃侃而談，當王知事談到趙爾豐已決定收回鹽井臘翁寺一帶的土地時，西藏的兩個代表相互看了一眼，不經告辭，竟站起身來揚長而去。談判破裂，兩個西藏代表再也沒有回到談判桌前。羅長裿在那封家書中寫道：「自國家收撫西藏二百餘年以來，未有如此受侮者也……如繼續擅開邊釁，再加之以殘暴不仁之政策，將來此地方多事蓋在其中，真可歎矣！」

在另一封家書中，羅長裿公開抱怨道：

> 此番出關，為邊疆大局起見，苦心維持，而不見諒於上峰。即劃界之事，我不過空言請示，並未寫有證據交給藏官，忠而被謗，問心無愧，其它事可不必問耳！

與西藏代表談判失敗，本來不關羅長裿什麼事。按照羅的說法，他只不過口頭上說了幾句話，並未留下任何字據。但是在鐵腕人物趙爾豐看來，談判失敗毫無疑問與羅長裿的仁愛有關。趙爾豐的字典裡，仁愛等於軟弱。

接下來發生的一件事，為將羅長裿撤職提供了最好的理由，而這件事正是之前提到的「火燒冷磧寺」。而當時下令火攻的正是羅長裿。

鹽井臘翁寺戰役後，逃出的喇嘛們紛紛躲進了四野的山林，有相當數量的一批喇嘛躲進了距離紮玉三十里附近的冷磧寺。

冷磧寺與桑披寺規模相當，也有千餘名藏兵守護，背面是山，寺廟前是一道陡坡，再往前是一條溪流，碉樓連貫，互成犄角。進出只有一道門，真正是「一夫當關，萬夫莫開」之險隘。喇嘛們躲在寺廟中，在藏兵的保護下，堅壁死守。

管帶程鳳翔率兵追擊，追到此處也毫無辦法了。進攻，攻不進去；招撫，招之不出；要退兵，又怕寺廟裡的藏兵趁機反攻。兩軍相峙十幾日，冷磧寺的藏兵沒有任何畏懼之色，反倒是一副勝利在手的姿態。因為他們寺內有泉水，糧食也充足得很，只需要死守待援，已是個不敗之局。

在這種情況下，羅長椅發起了這場火攻戰，使得整個冷磧寺成為一堆灰燼。

消息傳到拉薩，西藏地方政府方面一片譁然。眾多藏官聯名上奏清廷，控告程鳳翔率邊軍「一夜燒殺喇嘛千餘人」，要求嚴厲查辦。

清廷派四川將軍蘇魯岱一查，竟是因為軍令係用草書寫成而遭誤讀所致。

前文說過，這是一個不折不扣的冤案。程鳳翔不僅不是文盲，而且他勤於學習，經常讀古文經典，不可能將羅長椅秘密軍令中的「生獲尤妙」（生获尤妙）誤讀成「生獵火燒」（生猎火烧）。即便程鳳翔沒有文化，他軍中不缺特別有文化的高級幕僚，決不至於犯如此低級的錯誤。

結論只有一個：趙爾豐要借刀殺人，利用這起失誤將羅長椅貶職。

何況，從查辦結果也能看出趙爾豐處理這件事的不公：應當負主要責任的程鳳翔，只得了個革職留任的處分——雖然革了職，卻依然可以帶兵；而本不該在這件事中負主要責任的羅長椅，卻是撤職候參的處分。

羅長椅被革去五營統領之職，調入趙爾豐幕府做了一名文職人員。

當初羅長椅滿腔抱負而來，在川藏邊地行軍作戰，不知經歷了多少辛苦。他在給家人的書信中，曾詳細描述了此中情景：「策馬狂馳，日行二三百里，懸崖陡壁，或回轉河溝中，沒馬腹，鞋襪透濕，飢時無暇作飯，掬澗水和糌粑噬之。此等情形，實平生未經之苦。」軍隊駐防巴塘時，羅長椅親自在石頭上刻下了「易簡師超」幾個字，表達了他要學習班超、在邊陲建功立業的志向。如今壯志未酬，卻落得個每天在幕府裡收發文件、抄抄寫寫的下場，這讓羅長椅覺得既憤懣又無奈，看著窗外美麗的景色，他黯然神傷。

羅長椅的苦日子並沒有到頭，在趙爾豐的幕府中度日，抄抄寫寫對他來說不算難，難就難在還得經常看主人的冷臉。他在寫給家人的信中說：

人生得失升沉自有數。自認為出關以來，藏情兵情均甚悅服，雖未造大福，頗有小善。忠而被謗，信而見疑，如被彈劾而歸去，亦有餘味。至於辭職，屢次電陳，亦未有堅留之意，如得上峰或撤差或准假，屬大幸。否則古人有例，昔李泌在肅宗朝可以拂衣而歸衡山，其在代宗朝則不能行其志，只可置身參佐託以自全。蓋事至今日，即一去而上峰仍不能釋然於懷，而讒言更為易入。莊子云，知其無可奈何而安之若命，所以君子坦蕩蕩也。

一個人在失意的時候，容易產生歸隱的念頭，這並不奇怪。

問題在於羅長裿此時想歸隱山林也十分困難。他給趙爾豐遞交了請辭報告，理由是去年秋天騎馬墜落，腿傷至今尚未痊癒。請辭報告未獲批准之前，他只能老老實實待在幕府中，儘管百無聊賴，卻也無可奈何。若要私自離去，「讒言更為易入」。想想羅長裿當時的處境，著實難受。

對於趙爾豐來說，羅長裿似乎也成了燙手的山芋，不知該如何處置。

趙爾豐在給哥哥趙爾巽的一封電報中，透露了其心情，他說，羅長裿這個人「雖不善自處，我不以無禮加之」。又說，當初用他領兵打仗是用錯了，現在用其筆墨，也還是可以的。對於自己的識人之過，趙爾豐順便也做了自我批評，談到羅長裿將來的安排，他則語焉不詳。

幸運的是，趙爾豐那一次並沒有起殺心。

半年之後，年輕的川兵統帥鍾穎入藏，軍中亟需將領，請趙爾豐推薦人才，趙順水推舟，將羅長裿推薦給了鍾穎。

至此，羅長裿終於得到了解脫。

羅長裿被召入鍾穎部中，又喚回了他身上的熱情。更重要的是，入藏後羅長裿迅速得到了駐藏大臣聯豫的重用，使他重新找回了生命的價值和意義。

鍾穎率領的川軍約一千七百餘人，進駐拉薩後，與駐藏大臣聯豫在西藏就地徵募的一千三百餘名士兵合編成一個混成協（按清兵制，三營為標，兩標為一協，相當於後來軍隊編制中的旅），由聯豫直接指揮。依照清廷練兵處總章，凡是新軍編練達到一協者，均應設立督練公所。這個督練公所，負責管理全西藏軍政及督練新軍事務，衙署設在駐藏大臣衙門的左側，督辦一職由聯豫兼任。

聯豫此時最得力的心腹就是羅長裿。聯豫任命羅長裿為兵備處總辦，其下設計畫科、檢閱科、測繪科等，當時在西藏的新軍隊伍中，羅長裿成了除聯豫之外級別最高的人物。

史書中對聯豫的評價歷來不高，充滿了「糊塗顢頇」、「腹笥甚簡」、「好大喜功」之類的貶義詞，客觀地說聯豫並不像史書中描繪的那樣不堪。比如說他在藏期間興辦新政，舉凡練兵、通商、興學、設警察等事項，均有所涉及。聯豫最大的錯誤在於視滿洲貴族為中國惟一正統，不能充分尊重其它民族的多樣性，最糟糕的事實上與十三世達賴關係鬧僵，致使達賴逃亡印度，並下令鍾穎率領川軍入藏，造成了西藏局勢的更大混亂。

此時聯豫最大的心病，是遠在印度的十三世達賴。

達賴喇嘛被逼出走印度之後，屢次三番地向清廷發電報，申訴他出走實屬無奈之舉，請清廷明察。

但是清廷對達賴的信件置若罔聞。

達賴逃亡至印度西孟加拉邦的小城鎮大吉嶺時，當地一位名叫帕爾的行政長官來覲見他，帕爾跪在地上向達賴行禮，又站起身來敬獻哈達，那一刻，達賴的眼淚流了下來。他像個受了委屈的孩子，絮絮叨叨地抱怨清廷出爾反爾，以前對西藏的美好承諾都已經食言。達賴在給英國公使的一封信中，譴責川軍入藏是大魚吃小魚的行為，「引起了西藏人民的巨大恐慌」，他本人和西藏政府並無反抗清廷之陰謀，希望英國人能夠站出來主持公道。

達賴在印度期間的種種行為，造成了很大的國際影響。當清廷越來越意識到這一點時，終於幡然醒悟，通知駐藏大臣聯豫立即派人前往印度與達賴接觸，並與相關國家洽談和斡旋。

羅長裿是聯豫此時心中最合適的人選，被派往印度勸說達賴返藏。

一九一〇年八月十二日（農曆七月初八），羅長裿從拉薩啟程，經靖西行至印度大吉嶺鎮，在這裡會見了英國在印度的副總督裴凱、哲孟雄政務司貝爾、大吉嶺知事福賴特斯等官員，約定了會談的時間和地點。

羅長裿在家書中詳細地描述了當時的情形：

離開中國境內的最後一個集鎮（靖西）後，是夜宿納蕩，在山頂上有空蕩蕩的營房，這裡原先駐紮過英國兵，現在已經空無一人，房子裡的木樑和檁椽變得腐朽，門前石階上長滿了青苔。兵營旁邊有家英國人開的小旅館。

羅長裿就在那個具有西洋風格的木閣樓裡度過了一個寂寞冷清的夜晚。

第二天早晨，英國方面派來的一名電報員前來當嚮導。一行人翻過龍頭山，宿在山腳下的一戶農夫家中。次日，經帕當、噶倫鋪、巴擦，抵達大吉嶺。一路上，天氣濕熱，草木茂盛，漫山遍野是一壟壟散發著清香的茶園。

大吉嶺鎮的客棧每人每天需銀六兩，少於四兩便不能住。羅長裿選擇了一處洋房，和房東商定租住兩個月，費銀兩百四十兩。

在這個地方，羅長裿與幾名英國官員相見。一個是印度副總督裴凱，為人態度極其謙和；再一個是哲孟雄政務司貝爾，是達賴的助理，也是達賴派來的私人代表；還有一個是大吉嶺知事福賴特斯。在談判桌上，上述官員均表示在達賴這一問題上恪守中立。羅長裿回憶說，當時的氣氛顯得友好而融洽，像是一群商人在心平氣和地商討某宗商品的價格。反而是羅長裿自己的態度略顯強硬，面斥英國人收買達賴和武裝入侵西藏的行為。在羅長裿的強硬態度面前，英國官員裴凱等避其鋒芒，閃爍其辭，語氣有所鬆動。

雖說在談判桌上英國官員表現出了友善的一面，但是羅長裿並不滿意，他在家書中抱怨道：外人接待尚可，但住在異域他鄉極不方便，英國官員臉上流露著笑容，骨子裡卻裝著只可意會難於言傳的冷漠。暗地裡處處掣肘，語言上英國官員平常都說印度話，不易交流……總之，「寄人籬下，處處可以受侮受害」，羅長裿心裡有一種五味雜陳的複雜滋味。

在印度官員方面的安排下，羅長裿約期會見了達賴。

那次會見中，達賴的態度顯得傲慢無禮，聲稱如不能恢復以前的地位，他就不會返藏。

在另一封家信中，羅長裿記錄了當時的情形和他的心情：

……我去見他，依然黃袍坐床，為我設坐於旁，用平日在藏見駐藏大臣之例，我向他勸導多言，尹雲自應回藏，但後事要理論耳。現已談判多日，達賴趾高氣揚，察其情形，非大失主權不能誘之回藏。將來內外交責，必為終身之玷，所以毅然電部，決絕不稍遷就。

雙方談判多日，羅長椅舌敝唇焦，毫無轉機，遂向清廷外務部電報請示，結果是清廷決定放棄達賴，任命班禪攝管西藏政務。

班禪攝管西藏政務後，西藏度過了一段短暫的和平時期，但是無論羅長椅、聯豫還是清廷高層，都低估了達賴的勢力。

羅長椅在家信裡對達賴的評價是：「若輩（指達賴）本無作亂之才，百聞不如一見，我一見後知其無能為矣！」

顯然，羅長椅當時對達賴的認識還停留在比較膚淺的水準，他沒能意識到達賴背後政治勢力之強大，也沒能認識到達賴在西藏大部分僧俗民眾中巨大的影響力。後來的事實證明，達賴那一句「我們必須為宗教和我們的自由而戰」所產生的強大號召力，就使得民國初年西藏局勢變得異常詭異複雜。

羅長椅歸國後，被任命為駐藏左參贊，並兼任聯豫幕府中秘書長角色。成為當時清廷派往西藏的官員中除聯豫、鍾穎之外的重要人物。

誰也沒有想到，就在羅長椅的人生達到頂峰之時，卻像一顆流星轉瞬即逝，拖著耀眼的光亮墜入深淵之中。

川軍入藏後，分駐工布、德摩等地。當時康藏中間地帶有一個叫波密的地方，此地民風剽悍好劫，川軍管帶陳渠珍上書聯豫，請求進剿波密，收為清廷管轄之地。

聯豫聽從了陳渠珍的建議，派遣鍾穎進兵冬九（波密西境一城鎮），然而卻中了對方的埋伏，大敗而歸。聯豫極為生氣，他素來認為鍾穎是孩童帶兵，形同兒戲，於是將進剿波密的重任交付給他極為倚重的羅長椅，並給趙爾豐發電報，請求趙率邊軍給予支援。

當時趙爾豐在甘孜，電令邊軍統領鳳山率兵四營，分兩路進軍會剿。

這裡先要簡單說說波密的歷史。

波密屬西藏林芝地區，該地四周雪山環抱，谷地海拔只有兩千米左右，氣候溫和，原始森林直達山巔，翠竹漫山遍野，桃花杏花綿延數百里，各種莊稼和蔬菜瓜果長勢喜人，素有「塞外桃花源」之美稱。

據任乃強《康藏史地大綱》記載，藏王松贊干布先後征服羊同、工布、波部，建都拉薩，統一藏境。這裡的「波部」即今天之波密地區。

歷史上的波密曾長期脫離西藏地方政府的管轄，成為藏東南高度自治的一個獨立王國。一部波密古代文明史，就是一部千年藏族部落史。特殊的生存狀態和歷程，使得波密既不同於康區，也異於工布地區獨特的風土人情。

羅長椅率兵到達前線後，出師連連告捷。

關於川軍在波密行軍及作戰的情況，湘西王陳渠珍在《艽野塵夢》中曾有詳細的記載，可以說明我們瞭解當時波密的環境。

從德摩到魯朗有七十里路程，途中在翻越德摩大山，山高十五里。陳渠珍親自率隊前進，走了十多里，只見山峰高聳入雲，目光所及之處全都是懸崖絕壁，道路泥濘，處處冰雪，翻過德摩山，再往前走一會就是波密境內了。

進入冬九之後，道路兩旁的草叢茂盛，高達一兩米，草尖上爬著旱螞蝗，皆細小如針，一旦感到異樣聲響，它們就昂起頭，迅速蠕動。旱螞蝗一旦黏到人身上，立刻穿衣而入，附在皮肉上大吸人血。頃刻之間，細小如針的旱螞蝗便飛快地變大，樣子像是一根腫脹的香煙。川軍士兵大受其害，常常在即將宿營時，放火燒光了周圍的雜草，才可以睡個安穩覺。

波密八登山是一道著名的隘口，四周荒無人煙，惟有亂石堆積，嵯峨險竣，懸崖上有一個洞穴，如同一個巨大的房間，可以臨時駐兵。洞穴下是萬丈深淵，深不可測，探頭一看，隱約只見一線銀浪在山谷中飄蕩——那是一條山溪，水流奔騰的聲音響徹整個山谷。

還有滿目參天的古樹，放眼望去，幾乎每棵樹都需要三、四個人才能合抱，樹幹高達十數丈，每棵古樹之間，都有粗如手臂的古藤盤繞，像是洪荒時代的見證者。那種如手臂般粗的古藤，葉片呈嫩綠色，看上去十分新鮮，但用手去一拉，古藤便會斷，原來那些古藤在千百年前就已經枯死了。

羅長裿率兵與波密土酋展開激戰，大獲全勝。他乘勝追擊，在春多寺、尼祿卡、宿木宗等地連戰告捷。旋即進剿冬九，波密土酋望風迎降。經此數次戰役，各路軍威大振，波密全境初定，全藏轉危為安。羅長裿也因功獲賞二品銜。

波密平定後，羅長裿寫信給聯豫，提出在波密設官分治的設想。羅長裿還組織人員，繪製波密軍用地圖，以備將來分兵駐防之用。他還建議聯豫在波密設立鹽局和鹽官，將鹽業由官府統管專賣，增加政府財源。

羅長裿的計畫應該說很周全，也有較強的可操作性。遺憾的是，後來的時勢未能給他這個機會。

一九一一年十月十日，武昌起義爆發，辛亥革命的風暴波及西藏。羅長裿此時正在波密善後，有人慫恿他起兵回應，羅長裿沒有答應，在原地按兵不動。

其時拉薩駐藏大臣衙門風雲迭起，潛伏在川軍內部的哥老會趁機作亂，聯豫為保命逃往別蚌寺，鍾穎臨時代理駐藏大臣職務，但仍然駕馭不住局勢。

當時羅長裿正駐紮在春多行轅，聞知拉薩兵變，他立即召開緊急會議，在會上羅長裿慷慨陳詞，強調邊地不可輕易撤防，號召士兵們回拉薩討伐叛逆，先撫定全藏，以待中原之定。羅長裿的演講言詞懇切，不少士兵為之感動。

然而，羅長裿沒有想到的是，他的部下也已經被哥老會所收買，稍有風吹草動，變亂就會隨時而至。果然，士兵們聞拉薩騷亂而嘩變，蜂擁闖入營房，將羅長裿綁縛起來，要押解到拉薩去請鍾穎處置。

羅長裿究竟死於何人之手？一樁疑案由此而生。

尚秉和《辛壬春秋・西藏篇》云：鍾穎沒有應允士兵們要求處決羅長裿的呼聲，而是要求士兵們將羅押解回江孜，使其服勞役。押解途中，羅長裿掙脫了繩索，從懸崖上縱身跳下，受了重傷，被士兵們活捉，死於亂槍亂刀之下。

更加較為普遍的說法是，羅長裿為其同僚陳渠珍所殺。

持這種說法者認為，陳渠珍與羅長裿雖是同鄉，但陳曾因違犯軍紀，被羅「摘其頂翎，記大過三次」，陳渠珍殺羅長裿是伺機報復。

武昌起義發生後，陳渠珍唆使本營後隊正目趙本立、劉均福、周國荃、羅玉斌等下級軍官，率隊圍攻春多行轅，奪取關防大印，劫持羅長裿至工布南山道上，羅不甘受辱，自投崖下，手臂折斷，後被解押士兵拽起，強行拖至德摩喇嘛寺。羅長裿自知難免一死，破口大罵鍾穎，在獄中賦絕命詩四首，旋即被殺，屍體亦被焚燒。

羅長裿被殺後，他的外甥、所部炮兵隊長周遜曾在亂中收拾了羅長裿的骨灰，繞道青海逃亡，欲將其骨灰送回湖南安葬。然而在逃亡途中也死於非命，一世英烈羅長裿，連骨灰都不知丟在何處，那段弔詭的歷史真是讓人無言。

三年後，羅長裿之子羅春馭咬破手指寫下血書，請北京政府平反冤案。

那一場驚動朝野的官司，將牽涉到下面一個出場人物。

一九一五年的冤魂

羅長裿慘死的官司，牽涉到的人物是川軍少帥鍾穎。

前面說過，鍾穎率領川軍入藏時只有二十二歲。這個愛新覺羅的後裔，血管裡流淌著滿洲貴族的血液，父親晉昌，官至盛京副都統，母親則是咸豐皇帝的親妹妹。父親曾因支持義和團獲罪，流放西藏，西行至成都病故。其家眷滯留在成都少城——這是清朝時期朝廷專為八旗兵及其家屬修建的一座城中城，高高的城牆圍築成了一個獨立王國，鍾穎就是在這個生活圈子裡長大成人的。

家庭遭遇跌落，鍾穎看盡了人世間的白眼，從中領悟到世態炎涼。他並不像傳說中那些頹廢的八旗子弟終日與女人、鴉片槍為伴，恰恰相反，鍾穎在那些八旗子弟中脫穎而出，他愛讀書，也愛習武，見識和膽略都異於同齡青年。加之深厚的皇室背景，又有慈禧太后在背後撐腰，於是高升變得順理成章，一九〇九年，鍾穎的仕途開始了新的篇章。

不幸的是鍾穎率兵出山的年代正值清末，整個社會動盪不安，而這時他身處的西藏又是焦點，猶如一個漩渦的中心。各種勢力、各種關係錯綜複雜，各種矛盾和衝突應時而生，外人看來眼花繚亂，鍾穎作為漩渦中心的關鍵人物，他所承受的心靈衝擊和激蕩不言而喻。

解讀歷史中各種人物的遭遇和命運，需要撥開撲朔迷離的霧紗，剖析其間的曲折是非，力求獲得客觀準確的史實，方能品嚐其中真實的滋味。

鍾穎被世人誤讀最深的有兩件事，他後來被民國政府誅殺，也是因為這兩件事：一為釀成藏亂，二為仇殺羅長椅。

這裡我們先從「釀成藏亂」說起。

鍾穎率川軍入藏，是應駐藏大臣聯豫所徵召，並被清廷發文授命而西行的。在此之前，聯豫同十三世達賴的關係已經鬧僵，達賴逃亡印度，心裡裝滿了對聯豫的仇恨和對清廷的不滿。眾所周知，西藏後來的亂局，與達賴喇嘛關係甚大。這筆賬自然不能算在鍾穎頭上，至少不能完全算在鍾穎頭上。

藍國華等人所著〈從鍾穎疑案說起〉一文，對此有比較公允的分析：

> 清末民初西藏之緊張局勢，原非一時、一地、一人、一因之釀成。以時來說，遠可溯及一八八八年和一九〇四年的兩次英國入侵西藏；以地來說，除去西藏拉薩以及交界於尼泊爾、錫金、不丹各處外，尚牽涉四川、雲南各地；以人來說，前既有有泰昏庸誤國，後亦有聯豫之謬誤，既有滿漢等族人員之淩肆，亦有西藏人等之偏激，既有官吏之無能，亦有軍士之恃強；以因來說，既有外強之干涉，亦有中央之勢衰，既有處置細節之未妥，亦有經理大節之不周。加以世界潮流之文明時勢而論，更有理念主義之差別。為此，若說鍾穎應對彼時之藏亂負責，亦不過欲加之罪罷了。若徵諸具體事理，更顯構陷。

鍾穎最為世人所詬病者，是指責他率川軍入藏，燒殺擄掠，驚擾西藏。這也是鍾穎亂藏的主要罪證。關於這一指責，鍾穎確實有他不可推卸的責任（比如他治軍過寬，導致川軍軍紀鬆弛），但其中錯綜複雜的原因（比如哥老會乘勢而起，革命黨推波助瀾等），又是令鍾穎深感無可奈何的，況且以一個二十多歲年輕人的能力，將所有責任全部推到他身上，也屬荒謬。

對鍾穎的指責還有一項罪名是「虧空公款」。

這項指責並無實據，純屬捕風捉影。鍾穎出身於皇室，家境又歷經跌落，滿腦子裝著建功立業的念頭，對錢財並不太看重。他在成都出兵之前，以候補知府銜出任過武備學堂、兵工廠、造幣廠等雜差，在公務中克勤克儉，兢兢業業，地主紳士對鍾穎的所作所為均表示認可，鍾穎被殺後，四川紳士盛宗培、張森楷、廖世英等百餘人聯名寫信，為鍾穎鳴冤叫屈，即是明證。

另一份證據，是鍾穎在拉薩履職時，曾變賣田產以資川軍。而據其後陸續從拉薩歸來的川軍士兵回憶，鍾穎為接濟士兵和平民，常常慷慨解囊，乃至多有負債之事。由此來看，鍾穎並非貪吝之人。即便是有虧空，亦決不是那種貪得無厭之人。

讀史會讓我們發現，一個好人常常全部皆好，一個壞人處處皆壞，這種非白即黑的單一思維方式，使得歷史變成了簡單的符號，既不真實客觀，往往還令人生厭。而在對鍾穎的評價上，這一點顯得尤為突出。

究其原因主要有兩點：一是鍾穎為滿洲貴族，且出身於皇室，在清末民初仇滿的民族情緒中，被誅殺的鍾穎成了民眾情緒宣洩的一個主要管道；二是鍾穎死後其家屬倖存者不多，且在當時紛紛避難求生自保，難以顧及到這樁冤案，直到幾年後，鐘家才編撰了《彌天冤案錄》為之辯誣，印行數量很小，流傳不廣，影響甚微。

事實上即使是當時，也有不少人為鍾穎打抱不平。

上述材料提及的四川紳士盛宗培、張森楷、廖世英等百餘人聯名寫信，為鍾穎鳴冤叫屈，便是一例。為鍾穎鳴冤叫屈的還有川軍前任駐藏軍官周恒昌、任連升、孫兆鸞、張鴻升、劉弼良、金象鼎等百餘人，他們在《藏事陳略》、《藏亂紀略》等回憶錄性質的文章中，歷數親身經歷的人和事，樁樁件件，事實俱在。實為替鍾穎洗去不白之冤的最佳佐證。為鍾穎辯白的還有四川統領朱慶瀾、川邊參贊鄧祖望等。然而遺憾的是，這些聲音均淹沒在歷史的洪流中了。

打撈那些沉沒的聲音，是為了還原歷史的真相。

羅長椅被殺，是鍾穎疑案中的一個關鍵點，也是鍾穎被處決的重要原因。那麼讓我們來梳理一下羅長椅被殺前後的種種疑點，將遺失在歷史角落裡的那些小鏡片一一拾起，力求拼湊出民國初年的一幅比較完整的圖景。

鍾穎愛兵是有口皆碑的一個事實。翻閱各種回憶錄性質的文章，到處能找到鍾穎「帶兵寬厚」、「深得軍心」類似的詞句，即使是指責鍾穎的文章，也往往是斥其「縱容士兵」、「統率無方」。一方面這可以看出鍾穎治軍能力之饋乏，另一方面又何嘗不能解讀為鍾穎治軍太過仁愛？如果鍾穎像趙爾豐那樣採取鐵血政策，多殺幾個調皮搗蛋的士兵以立軍威，那麼川軍入藏帶來的藏亂，也許在某種程度上會減輕幾分。從這個意義上說，鍾穎對藏亂應負責任，也不無道理。

鍾穎缺少軍人統帥應有的果敢氣魄，這是他的性格弱點，但是這不能成為所有污水都往他身上潑的理由。

湘西王陳渠珍在《艽野塵夢》中，講述了鍾穎率兵進剿波密的情形，這為我們從側面瞭解鍾穎提供了另一條路徑。

鍾穎率大軍抵達冬九後，決定採取先撫後剿的辦法，派人向波密酋長白馬青翁送去文書，勸其投降，並限他在五天內來冬九談判。

五天過去了，波密酋長方面沒有任何消息。而川軍派出的偵察兵偵知，波密酋長已在緊鑼密鼓地調集人馬，準備作最猛烈的反擊。

鍾穎召集軍官們開會，軍官們一致認為，波密酋長反骨已現，如不及時派兵進剿，反倒可能被對方一口吃掉。會議之後，鍾穎令陳渠珍、張鴻升率部向納衣當噶和八浪登方向推進。

但是，這次進剿中了波密兵的埋伏。在八浪登前方七八里地的一個山谷裡，躲在深山密林中的波密兵齊聲吶喊，火槍土炮一起轟響。此地左面是山林，右面是溪河，道路羊腸一線，川軍士兵無處逃匿，當場傷亡慘重。

消息傳到駐藏大臣府，聯豫大為震怒，斥責鍾穎是孩童帶兵，形同兒戲，決定臨陣換帥，讓其心腹軍官羅長裿去替代鍾穎。

鍾穎從一個朋友的信件中得知聯豫對他猜疑和不信任，要調羅長裿前來取代他的軍職，心情異常鬱悶，言辭也頗多激烈之處。客觀上說，鍾穎用兵事前準備不周，確有失職之處，但因為一次失誤而臨陣換帥，他鬧點情緒也屬正常。從鍾穎後來對羅長椅的態度也可看出，他畢竟是個二十歲的年輕人，身上不乏意氣用事的毛病。

當羅長椅率兵抵達魯朗前線時，鍾穎與羅相見，竟一言不發，他在營房裡默默整理完印製的文件，然後走出營房，解開拴在樹樁上的一匹白馬，翻身跨上去，狠狠加上一鞭，白馬像一團旋風，沿著山路飄逸而去。

按照陳渠珍的講述，鍾穎離開兵營時，川軍官兵皆流淚送別。統帶陳渠珍、陳慶等人一直將他送到德摩山下，鍾穎眼角潮濕，心情激動，不客氣地講了幾句他對羅長椅的看法。鍾穎說，當初羅長椅在趙爾豐手下倍受打壓，是他憐才，將羅召入麾下，並定下兄弟之盟，羅長椅這才有了發展的新空間。沒想到今天羅長椅恩將仇報，竟乘人之危，多方運作謀劃，將我耗盡心血籌辦起來的這支精銳部隊奪走，由他取而代之。只恨我交友不慎，認賊為友啊！

這裡需要注意的是：陳渠珍的這段講述未必可以全信。

眾所周知的一個秘密是，陳渠珍為殺害羅長椅的直接指使人，他寫作《艽野塵夢》前後，羅家後代正在追查殺害羅長椅的兇手，而此時鍾穎已被北京政府逮獲入獄，不久後即執行死刑。既然鍾穎已死，失去了辯白的能力，將全部責任盡可能地往死者身上推卸就是最好的一個辦法。

因此後來有一個說法，陳渠珍寫作《艽野塵夢》，一方面是為紀念他心愛的女人西原；另一方面則是「洗白」自己在西藏的那段歷史。

在當時及後來的各種傳聞中，有一條流傳最廣、影響最大的傳聞說：陳渠珍部之所以要殺害羅長椅，是奉了鍾穎的密令而行事的。

究竟有沒有那樣一封密令？成為深掩在歷史中的一個謎。羅長椅後人為控告鍾穎而編撰的《泣血輯存》一書，搜集了羅長椅被殺前後給友人以及家人的若干信件，另有當時報刊和各類人士為羅鳴冤的文章，惟獨沒有所謂陳渠珍奉密令殺害羅長椅之類的字句，這是否說明了當時並無「密令」一說？

更應該值得思索的是，羅長椅被殺之初，陳渠珍曾給湖南鎮守使伍祥楨寫信，聲明並沒有奉鍾穎手諭一事，白紙黑字有案可查。而且後來陳渠珍在給鍾穎胞兄鍾岳的電報中，也有「確無此（密令）事，實在冤」等語。

況且，羅長椅被殺害時，鍾穎已被解兵權，陳渠珍營不再歸鍾穎管轄，鍾穎在拉薩，陳渠珍營遠在兩千里之外的波密，至此我們可以看出，鍾穎根本就與羅長椅被殺毫無關係。

鍾穎後來被起訴、逮捕直至殺頭，顯然是民國初年的又一樁冤案。

歲月流逝，該紀念的紀念，該祭悼的祭悼，惟有冤魂鍾穎默默地躺在歷史的夾縫中，無人為他辯白。

當初本是率兵西征的一場壯舉，演變到後來卻漸漸變質，加之辛亥革命忽然爆發，川軍內部的哥老會和同盟會相繼行動，造成了一片亂局，鍾穎又因波密用兵失誤而被奪去兵權，剩下的日子裡他就只有苦撐了。

鍾穎居藏四年，尤其以拉薩之亂後的那些日子最為難熬。當時入藏的川軍軍官們在回憶錄中提及那段時光，無不唏噓歎息。「糧盡援絕，馬犬無可殺，草根樹皮無可食，甚至煮草囊而充饑」。臉部浮腫的士兵們每日守在營房裡，經常將雪山上的樹影當作援兵到來而歡呼，等看清不是援兵而是綽約樹影時，士兵們只能更加絕望。

即使在這樣的日子裡，史書記載中的鍾穎仍不失少帥風采：

鍾穎雖身負數處創傷，仍困死窮守，以待援兵。有米先給兵民，有傷者親為之敷藥餵食，有亡者親為之殮葬，由之士卒團結一心，誓死血戰至最後。

入藏川軍軍官的回憶錄中最為動情的描述，是鍾穎營救駐藏大臣聯豫的那一幕。當時聯豫已被軍營中的哥老會兄弟們所綁架，命在旦夕，鍾穎聞訊後孤身前往幽禁之地箚什城炮兵營，召集營中官兵，含著眼淚作了一場精彩的演說。鍾穎說道：「弟兄們，我現在雖然不是你們的統領了，但是大家都是我在四川一手招募來的，當年招募之初，家人牽著你們的手，將弟兄們託付給我，我對諸位的感情深厚，也深感責任重大，時刻不曾忘記。大家想一想，在家鄉誰無父母妻小？誰人在召募時沒有請過擔保？你們如今遠在拉薩鬧事，有沒有想過家鄉的父母妻小和那些擔保人？你們在這裡受苦，領不到薪餉，我同樣心中不忍，但是大家這麼一鬧，薪餉更加不能解決。如今內地大亂，歸途遙遙，我願意與弟兄們同甘共苦，共度時艱……」

鍾穎一番動情的演說後，在場的士兵們無不痛哭流涕，環跪一圈，領頭人哽咽著說道：「鍾大人說得極是。我們並非為非作歹之人，只因為聽信了讒言，才誤做錯事。如今我們願意跟隨長官，將聯大人送回衙府。」

正是這個被鍾穎解救出來的聯大人，後來卻在法庭上作偽證，為鍾穎之死遞上了一把鋒利的快刀！

鍾穎留守在拉薩的那些日子，可以用「淒風苦雨」四個字來形容。

一九一二年春，西藏三千多座寺廟響應達賴的號召，紛紛豎起了獨立的旗幟，組成了萬餘人的雜牌軍隊，在總司令達桑占東的統一指揮下開始圍攻江孜。

江孜是西藏開放通商的三大商埠之一，只駐有少量士兵和警察，雙方實力對比懸殊。經英國駐亞東商務委員麥克唐納出面調解，達成協議，當地守軍得到一筆補償後撤離江孜，藏方保證不傷及當地官員和士兵們的性命。

隨後在不到一個月的時間內，西藏雜牌軍用相同的方式，先後驅逐了亞東、日喀則的駐軍。拉薩成了被藏軍四面包圍的一座孤島，在這種情形下，談判成了聯豫、鍾穎的惟一選擇。更尷尬的是，此時他們手中所掌握的談判籌碼幾乎為零。

一九一二年八月四日起，駐藏川軍開始陸續撤出拉薩。早已無心留在拉薩的原駐藏大臣聯豫，也趁此機會開溜。作家馬麗華在《如意高原》中真實描述了聯豫離藏時的情景：

聯豫出藏那天，藏方仍按駐藏大臣待遇送行，馱牛夫馬，浩浩蕩蕩。正當拉薩最美的秋季，柳葉兒由綠轉黃，金颯颯地搖曳在秋陽和風中。布達拉宮紅白鮮明，千年矗立，望見

> 多少人來人往，如今走過的是我。聯豫心頭五味俱全，傷感，淒涼，慶幸，憂心。傷感在昨是今非，淒涼在功業全廢，慶幸為全身而退，憂心在回京之後。議和期間接北京來電，令聯豫撤職回京，令鍾穎任民國駐藏辦事長官，這一信號預示著不祥，預示著回京之後尚有一番口舌之爭，只能走一步看一步了——就此別過，永不再回。

本來在談判議和時，藏方提議留下聯豫而讓鍾穎離藏，其用心良苦明眼人一眼即能看出。鍾穎手握兵權，相對而言，聯豫的威脅性要小許多。早日離藏是聯豫最希望的結局，離藏是解脫，意味著苦熬的日子終於到頭了。

其實對於鍾穎來說，又何嘗不是如此？

然而北京政府轉來了一封電報，赫然寫著大總統袁世凱的命令：堅守條約，保全領土完整，該辦事（鍾穎）等萬勿遽離藏境，致蹈自棄疆土之咎。

聯豫離藏後，鍾穎在西藏的日子更加難熬。

明明鍾穎被民國政府授予駐藏辦事長官職務，藏方卻不予承認，申明「只知欽差，不知辦事長官為何物？」之後又三番五次發佈聲明，決不承認有「駐藏辦事長官」一職，並隔三差五派人到駐藏大臣衙門，督促鍾穎早日離藏。

在鍾穎發給北京政府的電報中，多次透露出了此時他悲涼、悽楚而又無奈的心境。鍾穎在電報中表示：「本辦事長官無兵無槍，又無糧餉，亦不能戰，只有任由藏邊所為，惟有候死而已。」

鍾穎「惟有候死而已」表示的是一種姿態，他內心裡的真實想法還是等候內地形勢稍定，期盼援兵到來。

然而鍾穎的期盼最終還是落空了，內地早已是難以收拾的一片亂局，北洋政府與同盟會的明爭暗鬥進入白熱化，為政者焦頭爛額，自顧不暇，哪裡還能管得了山高皇帝遠的西藏？

每天，鍾穎都要面對成群結隊的民眾，他千篇一律地對那些哭訴者安慰勸勉，這類話說得多了，連他自己也不相信了。

但是，撤離西藏的日子還是到了。一九一二年十二月十二日，在那個寒冷的冬天，鍾穎在一群持槍藏兵的押送下，移往中印邊境的那當鎮，從此開始了他艱難而短暫的漂泊生涯。

從那當鎮遷移到噶倫堡鎮，鍾穎剛剛安頓下來，就收到了印度鎮長的書面通知，稱鍾穎是不受歡迎的人，希望他能趕快離開噶倫堡鎮。仰望蒼天，鍾穎喟然長歎，禁不住悲從中來。

再往前行，到了印度首都新德里。

這座位於穆納河畔的古老城市，到處佈滿了建築風格各異的寺廟，鍾穎平素並不求神拜佛，那天下午閒暇無事，他卻特地去寺廟裡拈了一籤，只見籤上寫道：「汝是人中最吉人，誤為誤作損精神。一聲佛陀自萬機，相遇江湖黃花夢。」

請寺廟裡的高僧解說籤意後，鍾穎心情有些悶悶不樂。傍晚回到住處，便接到了來自中國北京的電報，是大總統袁世凱親自簽發的，電報上寫著「回國聽候查辦」幾個字。彷彿頭頂上響起了一個炸雷，鍾穎癱坐在木椅上，久久不語。

鍾穎輾轉回到北京。兒時的他是在皇城根下長大的，自從父親受義和團的牽連遭貶戍邊，鍾穎全家隨同西遷，那年他十五歲。離京近十年，少年時的印象依稀猶在，親切溫暖中又摻雜著憂傷，如今時過境遷，這個歷經了人間滄桑的青年軍官，雖然只有二十七歲，一顆心已像老人，斑駁陸離，傷痕累累。

使他更感到悲涼無望的是此刻的處境。回京的頭幾天，有親屬和舊友得到消息來看望他，言談中除了安撫勸慰外，少數人也有埋怨和指責。他們指責川軍製造了藏亂，埋怨鍾穎不該離開西藏，應堅守在拉薩，待西藏問題解決後再離開。面對親屬舊友的埋怨指責，鍾穎百口莫辯，惟有搖頭歎氣。

此時，羅長裿之子羅春馭攜帶告狀信赴京，指責鍾穎負有製造藏亂、無辜殺害羅長裿之罪。羅長裿之子的告狀，北京政府最初沒有受理，以證據不足的原由駁回。但是羅春馭找到父親羅長裿原來的上司聯豫，聯豫通過其親戚——原清朝軍機大臣那桐的關係，找到昔日故交袁世凱、徐世昌等人，這樣一來，鍾穎入獄就成了板上釘釘的事情。

逮捕鍾穎由民國政府政事堂發文，執法處抓捕，經高等軍事裁判處三次庭訊，鍾穎均大呼冤枉，不肯在供詞上簽字畫押。

關於鍾穎服罪最流行的一個說法是：後來傳喚證人聯豫到庭，「聯蒞庭面質，且出示主謀證件，鍾語塞，遂定案誅。」

鍾穎大概知道，既然聯豫有本事把他逮捕入獄，現在他說什麼都沒有用了，在一個法制混沌的年代，與其在敵人面前哭泣喊案，毋寧閉口緘默。

但是這個二十七歲的青年軍官內心裡的冤屈，賽過六月飛雪。

鍾穎冤案中，有許多義士為他申冤的故事，值得一提。

鍾穎被逮捕後，他一手提拔的心腹張鴻升心急如焚，命其弟張惠如率六人赴北京申辯。結果行至天津，被羅長椅舊部偵知後派人全部暗殺。張鴻升聞知弟弟的死訊，親自赴京為鍾穎辯護，結果到北京後聽到的第一個消息，就是鍾穎已在三天前押赴刑場殺頭了。張鴻升心如刀割，萬念俱灰，再也沒有回到軍營，獨自去峨嵋山出家當了和尚。

據傳，鍾穎的死訊傳至四川，有前駐藏川軍官兵三百餘人親攜香燭、紙錢，到鍾府舊宅弔祭，「街民填溢，哭聲震瓦，後由成都府警察廳長官溫詞勸導。方才各自解散歸去」。其後，自西藏歸來之軍士、商人等亦往哀悼，數日不衰。

戰地戀曲成絕唱

如今，那一曲盪氣迴腸的愛情故事已經家喻戶曉，故事的男主角是湘西王陳渠珍，女主角是藏族奇女子西原。

陳渠珍，祖籍湖南麻陽，一八八二年九月二十二日生於鳳凰鎮竿城。他原名陳開瓊，七歲入私塾讀書，十六歲考進沅水校經堂，年輕時心高氣盛，自稱是一顆世上罕見的珍珠，空空遺落在溝渠，於是改名渠珍，隱喻其胸懷大志。

作家沈從文年輕時曾經步行到湖南保靖，在湘西王陳渠珍手下「混口飯吃」，成為陳渠珍手下的小書記官。在沈從文的筆下，陳渠珍是一名儒將，常以王定仁、曾國藩自詡，陳酷愛讀書，經常讀書至深夜還不睡覺，他窗前那盞燈光永遠成為沈從文心中溫暖的記憶。陳渠珍的書房裡有四五個楠木大櫥櫃，裝的都是宋明清舊畫、碑帖、舊銅器和古瓷器，還有十幾口木箱子的書籍，沈從文「無事可做時，把那些舊畫一軸一軸地取出，掛到壁間獨自來鑒賞，或翻開《西清古鑒》、《薛氏彝器鐘鼎款識》這一類書，努力去從文字形體上認識房中銅器的名稱和價值，再去翻弄那些書籍……」就在那間無人注意的書房，沈從文完成了他畢生最重要的一段學習歷程，他的心境變了，志向也變了，歷盡人間悲歡的陳渠珍，成為大文學家沈從文最優秀的啟蒙老師。

陳渠珍在西藏還有一段愛情往事，他將那段往事也寫進了自撰的那部奇書《艽野塵夢》。

在那個動盪不定的年代，陳渠珍像所有有志青年一樣，從長沙軍校畢業後，先是在湖南新軍中當過下級軍官（連長），後來受征戰西部的召喚，來到四川成都。此時鍾穎正奉旨組織軍隊進藏，作為軍人，見到有打仗立功的機會，陳渠珍精神大為振奮，他向鍾穎遞上一份西征計畫書，深得鍾穎賞識，被委任為入藏川軍一標三營督隊官。

那是一九〇九年秋天，陳渠珍二十七歲。

陳渠珍來投奔鍾穎前就已成婚，家眷也隨他到了成都。臨近入藏的時候，一路隨行的侄子生了大病，妻子又年少，於是陳渠珍決定將他們兩人留在成都。一聽說陳渠珍即將遠行西藏，妻子和侄子牽著陳的衣角大哭，陳渠珍好生安頓，將家中事情逐一安排妥當，於萬般纏綣中揮淚告別。

陳渠珍與西原的相識，本含有一點逢場作戲的意味。當時入藏的川軍軍官中間，有娶當地女子為妻妾的一股風氣，陳渠珍隨波逐流，娶西原為妻，而並非如後來傳說中的那樣是偉大愛情所驅使。陳渠珍是叱吒風雲的一代軍閥，他絕不是僅僅專注於兒女情長的情種。

至於後來陳渠珍寫《艽野塵夢》，將他和藏族奇女子西原的戰地戀曲演繹成一闋千古絕唱，則是由於他歷經了死裡逃生，於絕境中參透了生死，心境發生了變化，加上西原又已因他而病逝，其追憶之真情輾轉反側，魂牽夢繞。

陳渠珍與西原最初相見是在川軍攻克工布之後。當時陳渠珍認識了貢覺的營官加瓜彭措，那是個面目和藹可親的老人，年齡六十多歲，身材魁梧。加瓜彭措訴說當地居民飽受的痛苦，極力與川軍首領套近乎，盛情請陳渠珍到家中聚餐，還請組織一隊當地女子為陳渠珍等表演歌舞和技藝。

西原是加瓜彭措的侄女，時年十五六歲，也在那一群翩躚起舞的女子中，而且是最為醒目者的一個。

陳渠珍在《艽野塵夢》中對西原的評價是：「中一女子，年約十五六，貌雖中姿，而矯健敏捷，連拔五竿。」當地女子表演技藝的規則，是以騎在馬上飛奔拔竿多少而論，其他女子只能拔一兩竿，而西原連拔五竿，其精湛的騎術贏得了一片喝彩。

從這段描述中能看出，陳渠珍剛開始被西原吸引是因為她騎術精湛。

陳渠珍是個軍人，連聲誇讚騎在馬背上的那個藏族女子，又是擊掌又是喝彩，稱她是今世花木蘭。

加瓜彭措在一旁介紹，馬背上那個女子叫西原，是他侄女。

聽了加瓜彭措的介紹，陳渠珍更加讚不絕口。

加瓜彭措見陳渠珍興致濃郁，笑道：「如果中意，就讓西原來服侍大人！」

當天的笑談中，陳渠珍並沒有太在意，隨口答應下來。

誰知道幾天後，加瓜彭措竟真的將西原送到了軍營中，要與陳渠珍成親。身穿嫁衣的西原，明眸皓齒，別饒風致，與前幾日騎在馬背上英姿颯爽的模樣對比，又是另一番風情。

就在當天夜裡，陳渠珍與西原舉辦了一場簡單的婚禮，由附近一家喇嘛寺的人充當證婚人，川軍將士們都來慶賀，軍營裡一片歡騰景象。

二人成親後，西原便成了陳渠珍的隨軍家眷。

按照計畫，陳渠珍部要進剿波密，本來打算留下西原，但是西原不肯，一定要與新婚的丈夫同行。

沿途樹木參天，雜草茂盛，很難見到人家，西原只能跟隨在軍營中，和川軍將士們同甘共苦。一對新婚夫婦置身於雪山異域，又是另一種浪漫。比如，採擷一束杜鵑花，插在營房的氈壁上，然後看著杜鵑花在一片靜寂中綻開；或者，戰爭的間隙，一塊空地上擺起幾罈白酒老燒，如果天色晚了，就會點亮幾蓬篝火，燒烤剛打來的野麂子，將士們唱起懷鄉的民謠小調，盡情地享受那短暫的歡樂……但是除了浪漫之外，他們領略更多的是現實的殘酷。

戰爭正在如火如荼地進行，滾石檑木排山倒海似的從山上滾落下來，夾雜其間的是子彈貼著耳邊呼嘯而過的聲音，尖銳而鋒利，狠狠地刺激著每個人的神經。有時候還會有殘酷的肉搏戰，川軍士兵與波密兵近在咫尺，到處是淒厲的哀嚎和噴濺的鮮血，男兒心底的原始本性被徹底激發出來，血肉橫飛，屍骨遍地，慘烈的廝殺直殺得天昏地暗，日月無光。在那一時刻，波密的這片山谷已經成了慘不忍睹的修羅場。

西原緊跟在陳渠珍身後，她成了他的保護神。

陳渠珍在《艽野塵夢》裡寫道：「忽番兵數人，傍大石繞出余後，為西原所見，急呼余。余回槍擊之，斃其一，餘皆退走。」

寥寥數語，西原的勇敢機智以及她對陳渠珍的救命之恩，躍然紙上。這段文字猶如海洋上的冰山，飄浮在海面上的只是一小部分。正是因為有西原的提醒，陳渠珍才能很快發現當時的地形對川軍極其不利，幾乎處於兩面受敵的處境，於是他迅速指揮部隊退到河邊。撤退途中，有一道高約丈餘的石坎，西原身手十分敏捷，先縱身跳下，然後伸手來接濟陳渠珍。

殘酷的戰鬥中，西原不僅是陳渠珍最貼身的保鏢，也是陳渠珍最值得信賴的參謀。在一次抵禦波密部落土著的進攻中，陳渠珍這樣寫道：一天早餐後，他走出帳房去巡視，見小河邊一截矮牆太低，擔心敵人由此攻入，於是集合部隊軍官開會，分析形勢，研究方案。正商討時，忽然槍聲大作，栓在牆角的藏獒仰天咆哮。西原貓著腰小跑過來，拉著陳渠珍的手逃離險境，回頭一看，波密土著已佔領了剛才那個地方。另一段描述中，陳渠珍被困在河邊，富有山地生活經驗的西原送來麵餅，盤地而坐，冷靜而委婉地分析形勢，提出及時撤退的主張……一幅幅過目難忘的戰地生活圖景，在《艽野塵夢》中比比皆是。

一個從未經歷戰陣的十六七歲少女，為什麼能在槍林彈雨中表現得如此勇敢？是的，她只是一名普通平凡的女子，目的簡單而明確，就是不能讓自己的愛人受到傷害。換句話說，是愛情使這個天真爛漫的少女變得如此英勇和無所畏懼。

辛亥革命爆發後，入藏的川軍內部哥老會組織發生譁變，士兵們殺掉長官，拉薩亂成一團，川軍幾乎成了一支無主的軍隊。此時陳渠珍手下尚有一百多名家鄉子弟兵，故能保住身家性命。

此時從川藏線東歸的道路已被切斷，如果沿這條道路撤退，勢必會被川軍當成亂軍剿滅，而陳渠珍又不願留在此地與亂兵同流合污，況且，繼續留在這裡又為達賴政權所不容。進退兩難，左右不容，萬般無奈之下，陳渠珍毅然率領一百一十五名湘滇黔籍士兵北闖羌塘，走青海出甘肅，踏上了茫茫征程。

那是一次慘絕人寰的行軍！從衛星地圖上俯瞰，西藏與青海的接壤處是一片幾十萬平方公里的無人區，相當於幾個湖南省那麼大的地域。藏族中稱之為羌塘，平均海拔高度在四千五百米以上，不僅沒有人，連樹都極為罕見。那裡一年四季氣候沒多大變化，即使夏季天上也會飄雪。白茫茫的荒原上，到處暗藏著沼澤地，要從這裡穿行而過，無異於踏入人間煉獄！

根據當地人的說法，要想通過羌塘無人區，必須滿足四個條件：第一，必須是夏天；第二，要有熟悉地形和路線的優秀嚮導；第三，要有良好的後勤保障；第四，拜託老天賜給你好運氣。

陳渠珍和他手下的一百一十五名士兵，被迫險走羌塘的時間是一九一一年十二月，因為是倉促撤退，一時找不到嚮導，也沒有任何後勤保障，也就是說，前三個條件全無。剩下的只有靠運氣，祈求老天爺的保佑了。

不過，在當時的條件下，陳渠珍還是為那次極其艱難的大撤退盡可能地做了充分準備。一百一十五人，每人都備好了一匹馬，另有一百二十頭犛牛分馱糧食和行李，每人帶了一百三十斤糌粑，可以保證三個月的糧食。為防止意外，陳渠珍還將入藏以來所領取的薪俸六千餘元藏洋，以及隨身攜帶的一百七十兩麂香，全部分發給士兵。陳渠珍此舉是擔心財多招禍，他確實有先見之明。後來的事實證明，有少數在殘酷環境中喪失人性的士兵，是什麼事情都幹得出來的。

準備雖說還算充分，但沒有想到的是，進入荒無人煙的羌塘後，鵝毛大雪便紛紛落下，平地裡也有一尺多深的積雪，牛馬本來就疲勞至極，又沒有草料，更加饑餓難行，只好餵以糌粑。如此一來，才進入羌塘十多天，糧食就消耗過半。

更為糟糕的是，陳渠珍臨時找來的一個喇嘛嚮導，年紀五十多歲，只是在十八歲時跟隨他人走過一趟這條路線，如今記憶已模糊，嚮導帶著這支隊伍在茫茫雪原中四處闖蕩，整整走了一個多月，才走到通天河邊。

這時，原來的一百一十五名士兵已死去四十二人，而且糧食也快吃完了，出發時的兩百四十頭馬匹和犛牛，有的半路跑散，有的被宰殺填了肚子，如今只剩下不到四十頭。

士兵們越來越憤怒，滿肚子怨氣無處發洩，只好不停地呵責叱罵嚮導，有時拳腳相交，有時以搶托擊打。陳渠珍看在眼裡，他不能制止，只能和顏悅色相待，他擔心自己的態度稍有不遜，會被那些憤怒的士兵們殺掉。

喇嘛帶路帶到了通天河，就獨自悄悄地溜掉了。在這人跡罕見的蠻荒之地，天氣異常寒冷，沒有任何食物，而且四周豺狼也多，逃跑的嚮導年老體衰，只能是死路一條。陳渠珍不禁為之一再感歎。

通天河，也稱做穆魯烏斯河，處在長江上游，位於海拔四千多米的青藏高原，水流湍急，穿行在深山峽谷之中。這裡自古以來都是青海的重要通道，而當陳渠珍和士兵們到達時，滿目看到的是一片黃沙，渺無人跡。

歷經長途跋涉，白天行走在雪地裡，夜晚睡臥在積雪中，又沒有水可供洗濯，陳渠珍和士兵們蓬頭垢面，都已不復人形了。更為糟糕的是，有的士兵在惡劣的環境中喪失了人性，變得比野獸更加可怕。

所有能吃的東西都已經吃完，而打獵——有時候四周蒼茫一片，無獵物可打，於是士兵們想到了吃人。

一天中午，陳渠珍聽到士兵們在大聲喧嘩，他前去查看。原來有一個姓楊的士兵昨天死在路旁，今天士兵們饑餓難耐，要回轉去尋找他的屍體充饑。士兵們走回去一看，楊姓士兵被狼吃得只剩下兩隻手和一隻腳了。他們撿回了兩隻手和一隻腳，架在篝火上燒烤，因相互爭食而大聲責罵，吵成一片。

面對此情此景，陳渠珍心裡在默默流淚，他耐心勸說，然而這時候，任何語言都顯得那麼蒼白無力。

糧食告罄，犛牛和馬匹也已被宰殺貽盡，有人來找陳渠珍商量：殺掉一直跟隨在陳渠珍身邊的勤務兵，讓其它士兵們吃人肉延緩生命。那人說，眼前風雪這麼大，天氣越來越寒冷，兄弟們已經兩三天沒進食了，四處打獵卻總是空手而歸，饑餓的恐慌像瘟疫一樣在士兵們中擴散，他是受兄弟們的委託來與陳渠珍商談的。

得知士兵們要吃人肉，陳渠珍心中一陣抽搐，他噙著眼淚對來人說：如果殺一個人能讓兄弟們得救，我又有什麼意見呢？只是這個勤務兵一路忠心耿耿，而且如今他已瘦得只剩下一把骨頭，煮了吃還不夠每個人喝碗湯。如果這麼做，只會讓大家更寒心，開了這個先例，後果將不堪設想。

也許是陳渠珍的勸說起了作用，這件事情總算被制止了。

到了這天晚上，士兵們乘著月色，帶上槍進山打獵，直到深夜才回來。打到了四頭野羊，七隻野兔，將肉分了生嚥下去，這才稍微填了下肚子。

在絕境中，西原表現得非常堅韌。她每天和士兵們一起去打獵，儘管冬天野獸不多，且隱伏不出，常常空手而歸，但是西原從來沒有任何一句怨言。她還經常教給士兵們野地生活的一些常識，比如將吃剩下的獸肉用牛糞火烤成肉乾，帶在身上當乾糧，等等。

有一次又斷糧了，陳渠珍餓得實在受不了，解開行囊，儲藏在行囊中的肉乾僅剩一塊。陳渠珍拿刀將肉乾切成兩半，遞給西原一半，西原堅決不肯吃。在陳渠珍的一再堅持下，西原低頭哭了，她說：「我是藏族女子，從小吃慣了苦，能夠忍受饑餓。但是您卻不可以一天不吃。那些士兵跟著您萬里遠行，可以沒有我西原，卻不可以沒有您！您若是因饑餓而死，我西原又怎麼能夠逃生呢？」聽到這話，陳渠珍眼淚掉了下來。絕境之中的生死取捨，直聽得人痛心不已。

就這樣，一路上跌跌撞撞，不知不覺間到了一九一二年四月底。屈指算來，陳渠珍和那些士兵們已經在荒無人煙的羌塘荒原渡過了五個月。

就在他們一行人極度絕望的時候，春天終於姍姍露出了身影。

有一天，他們忽然看見了一座山峰，高十餘丈，形如一隻巨形手掌。山峰下有一道清泉，泉水傍山流過，潺潺水聲賽過世界上最美妙的音樂。水邊小樹叢生，搖曳著無限的生機和詩意。陳渠珍和士兵們自從進入羌塘荒原，一路上餐風宿雨，天寒地凍，睜眼閉眼全都是茫茫黃沙，和以前那些日子相比，眼前的景致簡直猶如一片仙境。

整個隊伍，此時只剩下十七人，火柴也僅剩下一根。陳渠珍將十七人分成三個小組，一組留守原地，另外兩組外出打獵。那天，第一組空手而歸，第二組歸來時，僅獵獲了四隻野兔，饑餓中的士兵們來不及等燒烤，就將四隻野兔撕扯得精光。面對此情此景，陳渠珍只能閉目瞑坐，滿心淒涼，良久無語。西原輕輕走過來，依偎在陳渠珍身邊，溫語安慰道：「現在已經是春天了，天氣漸漸暖和起來，雖然一路艱辛，也死了很多人，但我們畢竟活著走出來了。這是老天爺不讓我們死，是天意！眼下只差一小段路了，我們應該鼓起勇氣，堅持走下去！生死有命，不必如此喪氣。」

陳渠珍聽了西原的話，不禁自覺慚愧，他在《艽野塵夢》中寫道：「豈真女子之不苦耶！遂奮然而起，忽覺胸襟開朗，煩愁頓除。」

一九一二年八月六日（農曆六月二十四），陳渠珍和士兵們終於抵達了青海省湟源縣。至此，他們一行已經走了兩百二十三天，出發時的一百一十五人，如今僅剩七人！

東行至蘭州，陳渠珍遭遇了一場無頭官司。

這樁無頭官司即為羅長椅被殺案。在蘭州，有好友私下告訴陳渠珍，羅長椅的外甥周遜已向衙門遞了狀紙，狀告陳渠珍指使部下殺害了羅長椅。

為這樁案子，陳渠珍一度還前往拜見了甘肅都督趙維熙，詳細講述了羅長椅被殺案的前因後果，趙都督聽後久久不語，特意囑託當時旅居蘭州的湖南老鄉出面調解這件事，告別時說了句話：「亂軍之中，人命賤如泥沙，哪裡能事事都說得清楚呢？」

第二天，十餘位湖南老鄉聚集在會館裡，周遜也到場了。

陳渠珍詳細敘述了羅長椅事件的經過，當場詰問周遜：「羅公不幸遇害，你究竟憑什麼證據指控是我主使的呢？當時的情況是，我脫下衣服讓羅公穿上，將自己的糧食分出來留給羅公，這都是你親眼看到的。歸途中，羅公不肯和我同行，這也是你的主張。留給羅公的護衛士兵，是你和你同鄉親自挑選的。殺害羅公的明明是四川袍哥趙本立！羅公誅殺軍中袍哥的計畫還未能實施，而西藏的局勢已經發生變化，羅公因為這件事激怒了四川兵，惹下彌天大禍，這些你都是知道的，而且都是由你們這些人所促成的。你們既害死了羅公，如今又栽贓誣陷於我，你究竟還有沒有良心？」

周遜起初臉色沉靜，越往下聽越沉不住氣了，勉強笑著解釋道：「給都督府遞的狀紙，也只是陳述事情經過而已。一路東行至蘭州，差旅費已用完，不能將羅公的遺骨送回家鄉，只是想借此懇求趙都督給予一些資助而已。」

陳渠珍道：「你的差旅費用完了，為什麼不來找我商量？而竟然要以殺人之罪誣陷於我？」

周遜默不作聲。這件事情在諸位湖南老鄉的勸解中做了了結。

因為這件事，陳渠珍不願繼續留在蘭州，帶著西原，準備取道西安返鄉。

來到西安，陳渠珍租了間房子，一邊寫信向家中要錢，一邊在城中等候。然而，就在曙光在望的時刻，西原染上了天花。

有一天，陳渠珍從外邊回家，見開門的西原滿臉通紅，動作也稍顯遲緩，便問她怎麼了？西原說，自先生出門後就全身發熱，頭痛不止，但又怕先生馬上會回家，就一直坐在門邊守候著。

這句話說得陳渠珍心尖直打顫。

當天晚上，西原便臥床不起。到第二天，西原吃不進東西了。問她想吃些什麼？西原淡然一笑，說她想起了家鄉牛奶的味道。陳渠珍趕緊上街去買回了新鮮牛奶，餵給她喝，西原只喝了一點，就再也喝不下去了。

請醫生來治療，也無什麼療效。

從此，西原的病情一天比一天嚴重。

一天早晨醒來，西原告訴陳渠珍，昨天夜晚她夢見自己回到了家裡，見到了母親。母親餵給她一塊糖，還讓她喝白酒。斷斷續續講完了這些，西原臉上淒然一笑，說：「按照我們藏族的習俗，人夢見了這些，就一定必死無疑。」西原說著哭了起來。

陳渠珍一邊用好言安慰，一邊避過她偷偷抹眼淚。

到了這天夜裡，西原將陳渠珍叫醒，哽咽著說：「西原不遠萬里跟隨著夫君，只想著能與夫君白頭偕老，沒料到如今病入膏肓，只走到半路上就要與君永訣了。然而能見到夫君能平安返回內地，我死也瞑目了。如今家書遲早可到，祝願夫君早日回家，一路保重！」說完，西原一再長歎，便閉上了眼睛。

蒼天多情，卻又無情，陳渠珍哀撫著西原的屍身，嚎啕慟哭，大放悲聲。

《艽野塵夢》全書至此嘎然而止，猶如正彈奏的一張琴，琴弦忽然間斷了，四周一片靜默。

這一闋戰地戀曲以悲劇而告終。但陳渠珍與西原的愛情卻像一支燃燒著的火炬，讓那些寒冷的日子有了溫暖和慰藉，也讓天下有情人有了一座燈塔。

陳渠珍回到湘西後，被湘西鎮守使田應詔延聘為參謀，讓他主持軍官訓練團。不久，羅長裿案發，陳渠珍被傳喚赴京，繫獄達一年之久。

羅案最後以鍾穎冤死而結案，陳渠珍被開釋，回到湘西。

多年後，陳渠珍將西原的遺骨運回湘西鳳凰縣，為她在統領府做了七天七夜的道場，並寫下了一篇感人至深的墓誌銘，隆重安葬。

而陳渠珍在此之後再一次被捲入歷史的洪流之中，經歷一系列風風雨雨。一九五二年，陳渠珍的人生走到了終點，病故於長沙，享年七十一歲。

野人山記事I

就在陳渠珍跟隨川軍入藏作戰的那幾年，還有一支兄弟部隊也在與之相鄰的幾個縣境內日夜作戰。那支兄弟部隊就是由趙爾豐掛帥的邊軍。

趙爾豐部下最得力的部將是程鳳翔。程鳳翔，山東聊城人，字梧崗，少年從軍，跟隨趙爾豐征戰川西，征鄉城，定鹽井，收復西南數千里，是趙爾豐當年西康建省計畫的功臣之一。

程鳳翔西征途中，當地土著稱他為「程老爺」。關於這位程老爺，當年曾隨其作戰的部下劉贊廷在《西南野人山歸流記》中有詳細生動的描寫。

光緒三十四年（一九〇八）的冬天，時為邊軍中營哨官的劉贊廷奉調西征，一路風雪瀰漫，雜樹遍野，最為奇特的景象是，在那樣一派冰天雪地的景致中，沿途山谷裡竟悄然綻放著一些叫不上名字的野花。

劉贊廷在戰地日記中回憶初次與程鳳翔會面的情景時寫道：

往見程管帶，長袍戎靴，彬彬一丈夫也。自云幼年失學，至從軍無事，發奮讀書，每日由秘書李介然講《綱鑒》、《春秋》或古文一段，甚為明達。遂留便酌，程豪量，對飲五十餘杯，不失常態。李介然雅之，即賦詩一首，以助酒興。令余步韻，乃酒後茫然。曾記一聯：「詩願稱弟子，酒不讓先生」。一笑而散。此余與程鳳翔初次晤面，感為慷慨。

程鳳翔在土著中聲名彰顯，得力於其奉行的鐵血政策。在這一點上，程與上司趙爾豐的屠夫手段十分相似。程鳳翔有個藏文綽號叫「白扒本布」，翻譯成漢文是「食人之官」，這個綽號與他怒殺喇嘛宜喜大吉有關。當地人誤傳他吃宜喜大吉的人肉下酒，對此程並不作任何解釋，以訛傳訛，時人深懼之。

還有一個傳說，程老爺攻克了喇嘛寺後，將寺廟裡的大鼎搬至廳堂，鼎下架柴，點火煮食戰俘的人肉，大口嚼之。現在看來這個傳說的可信度極低，可是在當時原始落後的野人部落，這個傳說的威懾力不亞於一顆重型炮彈。

對這些傳說，程老爺一概不作解釋。久而久之，他的形象在當地土著們的想像中成了打鬼的鍾馗，臉上塗滿了各種各樣稀奇古怪的油彩。

真實的程鳳翔並沒有傳說中的那麼恐怖可怕。劉贊廷的戰地日記中為我們留下的程鳳翔的形象，除了勤於讀書和飲酒海量外，還有他與將士同樂、用兵神奇等描述。

比如說進剿門空的一次戰役中，程老爺親自參與作戰，至傍晚大捷，獎賞各哨肥牛一頭以犒勞，篝火燃起，程老爺與將士們一起喝酒吃肉，樂至夜半。

關於程老爺的用兵神奇，劉贊廷在戰地日記中講述了一個故事：

進入西藏境內後，人煙更加稀少，滿目是不毛之地。有一天，喇嘛寺請邊軍將士看戲。西藏風俗：凡節令，以喇嘛跳神為樂。凡是富裕的喇嘛寺廟，都會前往四川購置戲中所用的靴帽袍帶，以及各種各樣的面具，道具購置得越多，寺廟的地位就越高。那天晚上演出的曲目是文成公主與白布國公主爭風吃醋的故事，其中有生旦丑末，甚為精彩。這齣戲是個長篇連續劇，據當地人說要演一年才能演完，劉贊廷等將士只看了一晚上，等於是管中窺豹，略見一斑，心中感到十分遺憾。

正在這時，程老爺來到了軍營，先是一番噓寒問暖，嘮叨了幾句後，程老爺單刀直入，說道：「今天觀此藏戲，我看必有戰事！」

眾將士不解，用疑惑的眼神看著程老爺，等候他揭開謎底。

程老爺侃侃而談：不知各位注意了沒有，今天來喇嘛寺看戲的老百姓寥寥無幾，而且沒有什麼老人和幼童，由此來看，附近不遠處就有敵情。

當天晚上程鳳翔排兵佈陣，令各哨夜晚守卡，以備不虞。

事後證明，程鳳翔的判斷十分英明，附近不遠處，藏官正在徵兵，準備與邊軍決一死戰。可見，程老爺細心之處，令人欽佩。

程鳳翔率領邊軍，從川西的鹽井進入西藏境內，所到之處，是歷史上有名的野人山。

當年曾征戰至此的劉贊廷在《西南野人山歸流記》中說：

> 野人山在波密之南，維西縣以西，南界緬甸，西與工布相連。東西長約兩千餘里，廣一千四百五十里，踞色隆拉嶺之脊，群山縱橫，一水環繞，斷崖凌空，出入鳥道。因地險遠，向為國人罕跡之地，故名野人山。

野人山位於北緯十八度，自古以來是西藏的流放之地。凡罪犯流放至此，由白馬崗酋長按罪行輕重分配各地，有的關在地牢裡，有的囚於樹籠上，白天由看守人員監視勞作，夜晚各自歸窩，相安無事。

實際上流放至此的罪犯全都成了酋長的奴隸。如果能遵守規矩，由酋長供其囚糧。如果不服看管甚至越獄逃跑，被土著抓捕後剝皮挫骨，售於喇嘛寺，用作巫術之法具。

程鳳翔率兵進剿到野人山時，當地的囚犯基本已絕跡，只有原始部落的土著雜居其間。按照今天的說法，包括納西、傈傈、獨龍、珞巴、門巴、僜人、怒族以及散居其間的吐蕃遺民，傈傈是他們的統稱，操極難懂的土著方言，西藏人也稱其為「野番」。

這些少數民族土著分數十種，大者以山為國，小者以林為城，往往數十戶人家即成一部落，言語不同，風俗各異，無文字，以鑿木結繩記事，以樹木落葉記歲。他們崇尚鬼域，將奇峰異石或家傳之兇器當作神靈，有病了很少用藥，以占卜求卦為醫。不與外人往來，以強悍者為酋長。部落中的女子，年齡到了十五歲必須獻給酋長，經過了初夜之後方能由家人自行婚配。他們曲木為弓，削竹為箭，遇有爭鬥，男女皆兵。勝利的一方日夜在曠野上歌唱狂歡，戰敗的一方須跪在地上向勝者獻花。

至於這些少數民族土著的衣著裝束，程鳳翔在寫給趙爾豐的作戰報告中有詳細描述：說起倮倮族裝束之異，實是「野人」。其髮少而捲曲，粗而焦黃，指天挽髻，如胡桃大，兩耳輪各穿大孔，納手指般大小空竹管於其中，內穿銅環，下垂至望，每環重約一兩。下身裸體赤足，脛多疥癬，時常抓騷。上身以土綢布圍腰，全幅披搭雙肩，下覆蓋至臀部，並未剪裁，此為出門之裝束。至於在家，尚不及此。無論與何人相見，皆無跪拜拱手之禮。持短煙桿，長約四五寸，或坐或立，常握諸手內，或吃於口中。如與交談，大笑則為喜，手舞足蹈，則喜甚。

程鳳翔率邊軍進剿野人山，遭遇大小戰役十數次，其戰場上的情景，並不像想像中的那般激烈。因為野人山歷來為無人管轄之地，當地土著素有歸附官府之心，程部抵達這裡之日，僅有一個原始部落投奔英國人，詢問原因，原來是英國人用金錢誘惑之故。於是，程老爺攜帶藏洋，又派人買來鹽巴，凡遇到前來談判的土著酋長，便以藏洋和鹽巴給之，同時講解普天之下莫非王土的道理。中國與土著本是一家，不像洋人來自海外，如果前來投誠，自會當作一家人看待等等。這樣一來，果然效果奇佳。原始土著聽清廷官兵如此說教，又有藏洋、鹽巴獎賞，於是紛紛前來歸順。

正是因為比較好地執行了民族政策，程鳳翔部遭遇的戰事並不多。戰事不多，不等於沒有戰事。

程鳳翔率兵從鹽井進攻西藏吞多一役就發生在此時。當時他兵分兩路。一路由門空經昌易直撲吞多，由自己親率主力部隊長驅直入；另一路渡江經左貢向吞多進攻，由程部急先鋒彭日升率隊。

野人山附近區域，人煙稠密，土地富庶，簡直堪稱「小江南」，與沿途荒原雪野中的景色相比，簡直是天壤之別。

這不禁使得騎在馬上的程老爺大為感歎。

正感歎間，前方的偵察兵帶來了一個喇嘛。偵察兵說，這個喇嘛是他們抓獲的「舌頭」（能提供情報的俘虜）。喇嘛見狀，早已一膝跪在地上，雙手舉過頭頂，用夾生半熟的漢語念叨了句「阿彌陀佛」，接著交代了他所掌握的全部敵情。

據喇嘛說，前方的藏兵只有幾十人，現正在按戶勒索徵兵，數目還不能確定。喇嘛還說，聽說邊軍來收復野人山的消息，寺廟喇嘛們早有歸順之心，他願意前往原始部落勸導，說服喇嘛主持和土著酋長來投誠。

程鳳翔見喇嘛態度誠懇，便當即釋放了他。

此地距吞多不足三百里。稍作思忖之後，程鳳翔令後哨留守原地，他自己帶左中右三哨，溯鄂宜楚河繞道前行，前往進剿。

繼續行了一程，又見到了那個喇嘛。這一次，他帶來了兩個人，一個是吞多寺的當事喇嘛降巴旺傾，另一個是吞多部落酋長翁曾。三人見了程鳳翔，同時跪拜在地，俯首稱臣。

據這三個人說，西藏的增援部隊還未到，眼下呑多仍然只有藏兵數十人，不足慮。如程老爺率邊軍進剿，他們屆時一定會從內部回應，協助邊軍打贏這場戰役。為了讓程鳳翔放心，部落酋長翁曾自願留在軍中，充作人質。程鳳翔聽到這裡，咧開嘴笑了，揮揮手道：「你們全都回去準備內應吧，程老爺沒有什麼不放心的！」

第二天，程鳳翔率部進攻，沿途不見敵軍的人影，只有幾個老人來到軍營報稱，藏兵見邊軍到來，已退入四周的山林中，並威脅臨時征來的土著兵，誰也不准投誠！

程鳳翔勘察四周地形，邊軍所處為易守難攻之地，用不著太過憂慮。

他正思忖時，土著酋長翁曾來了。翁曾說，據他探聽到的消息，藏兵今天夜晚肯定要來進攻，請提高警惕，早為佈置，注意設防。

果然，這天夜晚，藏兵向邊軍展開了進攻。

未到三更，四周山野火光遍地，號聲震天，火槍土炮射出的流彈拖著一道道火光飛過，賽似過年放焰火般熱鬧。可是，儘管彈如雨下，藏兵卻並不敢前進一步，他們深知自己兵力不足，不敢貿然行動。

而程鳳翔率領的邊軍，久經戰陣，早已知悉了藏兵以狂呼亂的戰略，並未還擊一槍一彈，只是靜靜守候在哨崗裡，各自懷裡抱著槍，相互說著閒話，偶爾抬頭看一下繽紛的夜空，將對方的槍彈當作過年的焰火欣賞。

到了第二天早晨，在四周搖旗吶喊的藏兵撤退了，他們回到山林，邊軍哨崗四周又一次變得寂靜無聲，像是退潮後的海灘。邊軍士兵用喇叭大聲朝他們喊話，刺激他們前來進攻，藏兵似乎識破了這是一個陰謀似的，任憑怎麼喊話刺激他們都無動於衷。

如此這般，十天時間過去了。

十天後，傾盆大雨從天而降，程鳳翔看準了這是一次進攻的極佳機會，令彭日升率兵繞至後山，搭起繩梯，朝山林中發動猛攻。對方據險死守，但終於還是抵擋不住邊軍士兵的猛攻。是役俘獲了甲琫（頭目）宜喜大吉，士兵五十五名，繳獲快槍三支，叉子槍四十七支，刀矛一百二十餘件，馬十九匹，羊一百三十六頭等，其他藏兵向四處潰敗逃散。

邊軍進剿吞多之戰，是程鳳翔部西征野人山數次戰役中比較大的一次，激烈程度尚且如此，其它各次戰役的情況，就可想而知了。

程鳳翔率軍翻越雪山，橫渡怒江，進駐桑昂曲宗、察隅，在察隅清查人口，招撫倮人，建立基層政權，設官施治，推行了多項改革措施。當年邊軍的故事，至今仍在桑昂曲宗、察隅等地口口相傳。

其中最為人們津津樂道的，是程鳳翔派人在壓必曲龔插立大清龍旗，建立界碑，此事後來被人們視作保衛祖國疆土的英雄壯舉。

——這件事說來話長。

英國兼併阿拉姆後，英屬印度軍政官員、探險家、傳教士等多次進入察隅地區進行探險、科學考察等活動。一八八一年，英軍佔領博姆朱爾和尼柴姆加特之後，將其邊界延伸至此，設立政治助理官員，協助處理邊境事務以及協調境外部落的關係。

一九〇七年底至一九〇八年初，新上任的英國政治助理官員威廉森到該地巡視，返回後遞交了一份報告，主張將邊界線從洛希特河向北擴張，在野人山設立警察站，把原始部落群體置於英國的管轄之下。英屬印度當局指示威廉森到原始部落群體中去活動遊說。威廉森再次沿洛希特河上行時，正值程鳳翔率領邊軍開赴桑昂曲宗和察隅，中英雙方幾乎在時間的同一個點上到達了野人山。

在中英關於滇緬北部邊界的交涉中，英文提出以高黎貢山為天然邊界線，圖謀侵佔我國野人山及片馬地區。一九〇〇年，英屬印度派遣赫茲率兵入侵派賴、茨竹等地，打死中方土著守備軍官及士兵一百餘人，武力強佔了中國雲南部分土地。此次的交涉中，英文一直堅持以高黎貢山為界，試圖將其單方面決定的中印邊界和滇緬邊界相銜接。

趙爾豐接到程鳳翔來自前線的偵察報告後，察覺到英國人強佔中國領土的意圖，在給清廷的奏摺中陳述了他的擔憂：

> 自滇緬劃界，英指高黎貢山脈以西為甌脫之地，令我不取，西藏萬難扼守。遂於八月初令程鳳翔先據桑昂曲宗，以分賓主之勢，俾使英人無所藉口，樹我藩屏以舒民困。

針對這種情況，趙爾豐令邊軍採取了插龍旗、立界碑等措施。

根據呂昭義先生在〈關於中印邊界東段的幾個問題〉一文中敘述，辛亥革命前後，程鳳翔的邊軍在壓必曲龔插龍旗、立界碑，與英國人或直接或間接發生關係至少有三次。

第一次是程鳳翔部進兵察隅後不久，威廉森第二次溯洛希特河而上，在日馬聽說清廷進兵桑昂曲宗和察隅。威廉森用金錢收買原始部落裡的土著，在野人山插上英國旗幟，象徵這塊神秘而又尚未被開發的處女地成為了英國人的領土。當時，威廉森還未發現壓必曲龔有中國龍旗，當威廉森即將返回印度時，他聽當地土著說有一千多名清廷士兵已經到達日馬，他擔心有性命之憂，匆匆離開這裡返回到了印度。

一九一一年一月，威廉森第三次溯洛希特河而上，在野人山上發現了兩面中國龍旗，一面已成碎片，另一面還飄揚在樹梢上，依稀可見有一條龍。威廉森見到中國龍旗後望而止步，在龍旗對面插立英國旗幟，並向附近土著詢問有關情況。威廉森的活動引起了當地土著的警惕，並及時報告給了程鳳翔的邊軍。

程鳳翔在給趙爾豐的報告中講述了當時事情的經過：

> 該洋人插旗之後，即於是日往密巴家再三訊問，是否投過漢人？有無憑據？密巴稱，去歲漢人來到桑昂曲宗，我等即投誠，又蒙漢官給予各家護照，以資保護。洋人索取護照，詳細看過，始謂爾等投漢甚好，我等雖插旗，尚未奉有我國明文，所插之旗即應拔去，並當時將旗幟扯下，收捲而去。

三月，威廉森在阿波爾地區意外被殺，英國以威廉森被殺為藉口，組織遠征隊分赴密西米人、阿波爾人和米里人地區勘測地形，為將來戰略邊界的定制做準備。這支遠征隊親眼看到了中國插立在山上的龍旗，並發現了一塊寫有中文和藏文的木牌，「中華帝國川邊察隅南界」幾個字的字跡清晰可見。遠征隊將這一切記錄在他們的日記上。

第二次是一九一二年一月。趙爾豐得知洋人見中國龍旗望而卻步的消息，大感振奮，於是又發給程鳳翔龍旗兩面，並在密信中交代：如野人山土著尚未投誠英國而欲投中國，則須迅速派人將界線劃分清楚，發給土著酋長龍旗以確定邊界。這兩面龍旗，一面插立在壓必曲龔附近，另一面由招撫原始土著的官員帶到了杜萊河谷。

第三次時間大約在一九一二年六月間。英屬印度邊境官員鄧達斯從成都出發，進入桑昂曲宗、察隅地區，在野人山區域附近，從當地土著口中知悉，有三名中國官員帶著一隊烏拉（苦力）正在這一帶積極活動。

鄧達斯並沒有放棄努力，他帶領使團成員繼續沿著洛希特河左岸下行，到達了一九一二年英國遠征隊紮營的地方，並在一塊巨大的鵝卵石上鐫刻了碑文，那是中國聖賢孔子非常著名的一句語錄：「有朋自遠方來，不亦樂乎」。這句語錄下面，鄧達斯莊重地鐫刻上了包括他自己在內的幾位來訪者的名字和日期。

顯然，鄧達斯這次在野人山區域儘量做了他能做的一切。他會見了中國政府派駐察隅的知縣苟國華，並與之一起赴壓必曲龔，巡視了山上的勒石和界碑，並在人跡罕至的山上搭建了一個遮風避雨的簡易棚子，他在棚子裡住了一週多的時間，觀察這裡的地形地貌以及氣候變化。

英國人三次來到野人山，均與程鳳翔的邊軍擦肩而過，偶爾也有所接觸，但這種試探性接觸是在一種溫文爾雅的氣氛中進行的，雙方並沒有到劍拔弩張的地步。

從程鳳翔的角度看，此時中國政府在西藏問題上感覺到困難重重，加之辛亥革命後民國初立，當以維持穩定為大局。這一方針也掣肘了程鳳翔，程擔心其行動稍有不慎會引起更大糾紛，他不願引火焚身，也不敢輕舉妄動。

但在私底下，程鳳翔從來都沒有放棄。他派出鹽井鹽局委員段鵬瑞多次赴察隅查看和勘測地理。段鵬瑞多次勘測的結果，基本理清了野人山一帶的歷史沿革和地理概貌，並著手統計了察隅、壓必曲龔地區民戶人口、田畝銀糧等民政事項，他在一份報告中描述道：

> 桑昂曲宗地面甚為遼闊，察隅當其南面屏障，尤屬關外第一奧區。乃以西南為界，接壤珞隅，西北直通波密。其間重江雪嶺，險峻異常，故向來漢人足跡罕至。州判初至下察隅區，行至桑昂曲宗，見其兩岸岩石，壁立千仞，幾於不容一騎，又偏橋棧道，簸蕩虛懸，即已驚為險絕。及至壓必曲龔查勘洛隅與察隅交界地面，隆隆而下，亦復石峽復互，束鏇河流，愈歎其扼塞為獨絕。

段鵬瑞的勘測和考察，有力證實了下察隅與上察隅一樣，自古以來是在我國西藏地方政權的管轄之下。

而程鳳翔率領的邊軍對野人山原始土著部落的招撫，行之有效，使得那些原始部落群體逐漸歸順。

劉贊廷在《西南野人山歸流記》中，還為我們講述了一個關於洋人在邊境線上插旗的故事，饒有趣味，值得一記。

宣統元年（一九〇九），有個英國人名叫魏克，由雲南渡江而來到察隅一帶，勘測地圖，採擷草木標本，被邊軍管帶程鳳翔知悉。

程鳳翔將此事呈報給其上司趙爾豐，經趙爾豐與英國公使商量，認為在戰事期間，難以保證英國人魏克的安全，令其迅速回國。

這件事情，程鳳翔交給下屬劉贊廷去辦理。

劉贊廷接到命令後，即前往魏克所住宿的紮噶滾寺。

紮噶滾寺距離劉贊廷駐紮的軍營有兩百餘里，沿途峰巒連綿，高入雲端，終年積雪，道路崎嶇。劉贊廷帶著一小隊士兵，剩牛皮筏渡過怒江。牛皮筏每次只能載三、四人，水勢洶湧，渡之極險。

關於那次用牛皮筏渡江，劉贊廷曾作詩一首紀念：

牛皮結舴作行舟，浪裡飄飄水上鷗。
在望西南人渡去，一江洪水入遨遊。

渡江後，行三十里，至泥玉夜宿。這裡有三十餘戶人家，地方富饒，民風淳樸，劉贊廷有「養在深山人未識」之感歎。

當地土著告訴劉贊廷，有洋人三天前曾到過這裡購買雞蛋，現在仍住在附近的紮噶滾寺。劉贊廷聽到消息後，當即率隊前往，翻山越嶺，趕往喇嘛寺，見到了英國人魏克。

魏克剛剛吃過了午餐，迎出寺廟，彬彬有禮地與士兵們相見。劉贊廷上前說明來意，魏克漢語說得很好，夾雜著淡淡的昆明口音，他是個中國通，馬上明白了劉贊廷的意思，連聲答應「好！好！」他臉上始終含著微笑，反復揉搓雙手，不停地往手上哈氣取暖。

魏克告訴劉贊廷，他是個植物科考隊員，來野人山是為了採集植物標本，並沒有任何繪製地圖等不軌行為，希望中國官員能夠理解。說著，魏克從寺廟房間裡搬出幾箱植物標本，請劉贊廷查看。劉贊廷本身是個對世事萬物饒有興致之人，見到了那些從野人山上採擷到的花朵和葉片，心中泛起了驚喜。

當天晚上，魏克設宴盛情招待劉贊廷一行。魏克性情直爽，也許是出於禮貌，他端起酒杯連連往口中灌，劉贊廷喝酒是海量，三五杯酒根本不在話下，客人沒醉反倒是主人先醉了。劉贊廷認為魏克是個有趣之人，很快和他成為十分要好的朋友。

關於那次喝酒劉贊廷也作有詩賦：

自愧平生為口忙，年來及覺更荒唐。滄江洗馬試魚味，怒水橫舟尋乳捍。
曲徑路迷噶滾寺，浮雲繞隔在山莊。閣黎未識劉伶飲，萬里飄飄一酒囊。

第二天，魏克酒醒之後來與劉贊廷交談，說他想從野人山尋找一條路先到緬甸，然後再轉道回英國。劉贊廷思忖片刻，笑道：「魏先生，恕我不能答應你的請求。本人這次前來是執行任務，護送你出境回國，軍人若不能圓滿完成任務，後果你應該是知道的。」

魏克的請求未被允許，遂與劉贊廷及其邊軍士兵一道，經熱金地方護送其出境。一路上，劉贊廷與魏克交談甚歡，氣氛十分融洽。

魏克回到英國後，將他在野人山採擷的植物標本整理成書，並附上他沿途的所見所聞，書名《喇嘛國》，在英國出版。後經蒙藏委員會鄭寶善先生翻譯成中文，書名為《西南水道記》。

若干年後，劉贊廷憶起這段經歷時感慨萬千，歎曰：不啻為雲煙一夢也！

野人山記事II

據說有一本書，如今已經失傳，書名叫《包包老爺西撫記》，寫的是桑昂曲宗知縣夏珊在野人山原始部落招撫土著的故事。

夏珊，湖南長沙人，字蔭吾，在川西藏南邊地從軍做官，歷任知縣等官職四十餘年，熟悉邊情，兩袖清風，深為當地土著原住民所厚愛。他的右耳邊長一贅瘤，加之年歲已大，人皆呼之為「包包老爺」。此人大半生戍邊雲南，曾在桑昂曲宗當縣官，程鳳翔率邊軍進剿野人山時，包包老爺奉令前往招撫當地土著，成效卓著，成為無人不知無人不曉的人物。

劉贊廷的《西南野人山歸流記》一書，收錄有部分散失的《夏珊日記》，字裡行間，還能窺見包包老爺當年風餐露宿、日夜招撫土著的生動情形。

包包老爺夏珊帶著書記官一人，翻譯一人，隨從四人，士兵十二名，從桑昂曲宗縣城出發。七天後，這一行人到達察隅縣，與察隅知縣荀國華見面交談。此時荀國華新納一美妾，正當興致勃勃，設下盛宴邀約包包老爺一行。美妾十七歲，為當地絨密村人，長袖藍衫，鳳頭小蠻鞋，楚楚一玉人也。席間美妾還翩翩起舞，跳了段藏族人的舞蹈，為大家助興。

據察隅知縣荀國華介紹，野人山原始部落眾多，風俗各異，語言也各不相同，要行招撫之事，必須先尋找一兩個熟悉夷情的人作嚮導。荀知縣還熱心地推薦了兩個優秀嚮導，一個叫紮噶，一個叫朗甲朵傑。

包包老爺是個有心之人，聽完了苟知縣的情況介紹，心裡已經有了他自己的想法。原來，包包老爺在出發招撫之前，就派人購買了留聲機、自鳴表、洋錶、望遠鏡等西洋玩藝，希望到時候能派上用場。在察隅，包包老爺又派人去購買了一些鹽巴、布匹和染料，屆時可用作招撫土著酋長時的獎賞。

第二天中午，包包老爺設午宴，招待紮噶、朗甲朵傑二位嚮導。席間包包老爺親自動手，先是演示了一次留聲機，當神奇的匣子播放出美妙的音樂時，兩名嚮導驚訝得如遇神魔，目瞪口呆，嘴巴半張著合不攏來。

包包老爺乘機誇口說，這個小匣子裡裝著千百個神秘的小人，只要他包包老爺高興，讓他們唱歌就唱歌。

兩名嚮導大樂，且為之懾服，當即答應一心一意隨從效命。

酒過三巡，嚮導朗甲朵傑忽然提出，他願意孤身前往野人山腹地，為包包老爺招撫原始土著充當急先鋒。說起來朗甲朵傑的身世並不一般，他本來是雲南原始部落的一個土司，手中掌控著大片土地和百姓。包包老爺思忖，如果朗甲朵傑願意歸順漢人，整個招撫事務就會事半功倍，此時，朗甲朵傑主動提出，何樂不為？於是他當場獎賞了朗甲朵傑一只短柄望遠鏡和一塊洋錶，令其隻身先行。朗甲朵傑果然是忠誠愛國之人，他知曉民族大義，在後來的招撫中屢建奇功，經趙爾豐保薦為都司世襲。

五天後，包包老爺一行行至壓必曲龔。這裡是傳說中的洋人插旗之地，包包老爺在當地土著帶領下進行了巡視，並在日記中記錄下來：

其形勢東西為一小河溝，水向東流，注于大江。其南岸上為倮倮界，北岸屬察隅縣。插旗之處在河之南，百姓沿河而居，十餘戶。據嚮導紮噶說，山中尚有數十戶，原屬察隅協傲管轄，總其名曰下察隅。是晚詳圖具陳，定為縣界。近午夜大雨，讀《儒林外史》一段而眠。

再向前行，一路經過仲宜、馬哩、古里山、魯馬等地方，或坐溜索，或乘羊皮筏，或騎馬緩步行駛，或徒步穿行於羊腸小徑，沿途風光與民情風俗大體相似，又略有差別，有的地方山民以漁獵為生，有的地方桑樹成林，百姓並不知養蠶賣繭，依然過著刀耕火種的原始生活。

這一天，夏珊一行來到顏梯龔拉，早已有一名叫覺根的頭人前來迎候。頭人覺根垂下雙手站在路旁，一個僕人牽著馬，低著頭，另有十幾個土著侍從跟隨在頭人身後，眼睛裡寫滿了疑惑和不安，也有一絲恐懼。

覺根將夏珊一行人帶進寨子，這是一座三層木樓，卻在深山老林中顯出了一種富麗堂皇的氣派。覺根向夏珊獻了虎皮一張，黃連二十斤，雲梨二簍，手編筐籃四種。夏珊再三推辭，覺根堅持要進貢，他只好接受。夏珊令人從木箱裡拿出紅綠綢緞各一匹、馬蹄錶一只、眼鏡一副、鹽二十斤作為回禮。

據覺根說，此地所轄附近人家六百餘戶，前不久程老爺西征至此，已經全部投誠。如今包包老爺前來招撫，不知應該如何辦理？盼望明示，以便遵守。包包老爺道：「只要投誠歸順了，就都是一樣的，如今只需要清查戶數，登記人口，丈量田畝土地，就是大中國之臣民。」

當天下午，包包老爺邀約覺根全家人到郊外野餐。宴席完畢，附近的原始土著聞訊來了數百人，都是來聽包包老爺訓話的。包包老爺簡短講了趙爾豐、傅嵩炑正在籌備西康建省的概況，聽者莫不歡喜，臉上露出淳樸憨厚的笑容。訓話後，由當地嚮導紮噶演示留聲機，唱片在悠悠旋轉著，美妙的音樂在微風中飄揚，恍若一派仙境。紮噶乘機向原始土著宣佈，留聲機匣子裡裝的是天兵天將，是老天派來幫助包包老爺招撫的，如有膽敢不服從者，那些天兵天將就會從匣子裡殺出來，將這一帶殺個片甲不留。

收復了顏梯龔拉後，夏珊一行繼續向前行進，西渡左曲河，此河發源於妥壩，水勢洶湧，兩岸懸崖峭壁。有天然藤橋一座，這條藤橋為包包老爺平生所未見，由左曲河兩岸藤條自然生長勾連而成，長約十餘丈，寬也有一丈乃至三四丈不等。攀著藤橋過河，人彷彿回歸了混沌蠻荒的時代，心裡生長了一種原始的野性。藤橋十分柔軟，有的地方低得貼近水面，有的地方甚至於要在水中行走。有的藤條粗如木盆，不知是幾千百年前之古物！

過了左曲河藤橋後，按照嚮導紮噶的建議，改道北行。

紮噶說，往南邊去招撫俚索等部落，道路崎嶇，且多危險，不如向北至甲穹，先去招撫那裡的原始土著。

甲穹在藏語中有兩個含義，一是指一種大鵬鳥，按藏傳佛教的說法，大鵬鳥是神鳥，是苯教徒的祖先，其形象是鷂頭、人身、鳥翅、鷹爪；二是指人口超過百戶的大寨子。

夏珊日記裡的甲穹，顯然是取第二種含義。

這個名叫甲穹的地方，有一座石頭堆砌而成的古城。據《西藏圖考》記載，這裡古為羅喀布占國。地方肥沃，產水稻、粟米、蕎麥、茯苓、琥珀、黑白礬等。

部落酋長名叫朵甲公桑，年約四十多歲，有七個妻子。朵甲公桑伏倒在地，向包包老爺叩了個頭，說道：早已聽說包包老爺在野人山招撫傈傈，因這裡地處偏僻，不知歸順投誠如何辦理，便一直拖延至今。

夏珊將趙爾豐、傅嵩炑正籌備西康建省的概況講述了一遍，然後說道，本包包老爺就是受趙總督的委派，前往野人山辦理招撫事宜的。

第二天，朵甲公桑將數百原始土著召集攏來，聽包包老爺訓話。聽過訓話後，朵甲公桑率大小頭目十餘人來到夏珊的住所，面稱願意內附，並請包包老爺為之主持一切。接下來的幾天，由嚮導紮噶協助清查戶口，共三百四十餘戶並發給投誠護照。

那天傍晚，包包老爺將朵甲公桑等十餘個頭目留下來設宴款待，宴會之後讓他們聽留聲機唱片至半夜午時，盡歡而散。

從甲穹告別時，朵甲公桑送了二隻小老虎，七頭小熊，並組織了一場歡送會。

歡送會是在原始森林中舉辦的。可惜天公不作美，中午時分下起了雨，茂密的樹林中，有三四人才能合抱的大樹數十棵，為之遮風避雨。
只見大樹底下，設有幾排短腿桌凳，有化裝者數人，皆以蕉葉遮身掩體，赤足披髮，頭上插著雉尾，身上塗著白圈，饒有野趣。跳舞時男女數十人，歌音婉轉，響入雲霄。朵甲公桑帶來的一群土著圍坐在場地四周，一邊看歌舞，一邊喝酒食生肉，一個個嚼得津津有味。包包老爺一行人因不擅食生肉，於是請廚役另行燒了一桌菜。就餐時，桌上擺滿了胡桃仁、稻麥雜粉以及曬乾了的桃杏葡萄乾。包包老爺感歎道：偏遠的蠻荒之地，餐桌上竟能如此豐盛，既有山地肉食野味又有各類水果，此地真乃人間仙境也。
下一站是估宗，酋長阿卜西扎，四十多歲，滿臉的絡腮鬍子，頭頂上戴著顆紅色珊瑚珠，比姆指稍大，他說話時隨著頭顱的擺動，那顆鮮紅的珊瑚珠顯得十分耀眼。
酋長阿卜西扎向包包老爺報告說，此地向來為漢人不跡之域，亦不知漢人禮儀，前不久聽說有個程老爺在察隅地方與倮倮和好，將來要派人來這裡，至今不見有人來，也不知來人到此作何事情？
包包老爺遂將西康建省等事宜簡扼說了一遍，酋長阿卜西扎連連點頭，也不知道他究竟聽懂了沒有？
包包老爺與土著酋長阿卜西扎之間的對話進行得比較艱難。包包老爺的話，阿卜西扎聽不懂，嚮導絫噶翻譯成藏文，他也不懂，還需要另一位精通當地土語的人將絫噶的意思再翻譯一遍，阿卜西扎才能明白。反過來包包老爺聽阿卜西扎的話，同樣也需要反覆轉譯。如此經過兩次翻譯之後，話中的意思大致是明白了，但臉上的表情早已不是先前那個表情了。不方便交流，那就來喝酒吧。

次日，包包老爺老爺邀請阿卜西扎全家來午餐，並聽唱片。

席間紮噶悄聲對包包老爺說，阿卜西扎身世實不簡單，乃西南望族，如果能將他召為部下，定會在野人山招撫土著的過程中建立奇功。包包老爺聽了這話連連點頭，此話正與他心裡的想法不謀而合。

酒過三巡，包包老爺見阿卜西扎興趣正濃，當場獎賞五色綢緞各一匹，鹽茶各五十斤，座鐘一架，風鏡二副，另贈其夫人絲緞兩方，木框鏡一面，藏洋二十塊。當時並不提起讓他幫助招撫土著之事，私底下囑咐紮噶，讓紮噶暗中再準備一份重禮，去收買酋長阿卜西扎。

阿卜西扎很樂意地接受了紮噶帶來的禮物，也很樂意地接受了包包老爺封予的「安撫員」的職務。

一九一一年中秋節的夜晚，包包老爺邀請阿卜西扎全家賞月。

月亮爬上來的時候，阿卜西扎帶著他的夫人來了，一同前來的還有七個妙齡少女。當地習俗：凡女子長至十六七歲，先供予酋長，渡過了初夜後，再各自回家婚配。那七個妙齡少女即為備選之人。席間，包包老爺給那七個少女每人獎賞了一匹綢緞，這使得阿卜西扎大為高興，又派人從寨子裡叫來了十幾個妙齡少女，當夜載歌載舞，明月清風，另是一番風情。

他們邊喝酒賞月邊欣賞歌舞。為了助興，阿卜西扎還講了一個當地的傳說：

月亮上面有一條神龍，原為南山一蟒蛇，千年修煉得道，飛入月宮。神龍伸頭能吸四海之水，擺尾能捲起世界上所有的人。神龍是中秋節那天飛進月宮的，因此每年中秋節，天下人民無不供奉祈禱，免得將來有被捲走之災。

這真是天方夜譚，逗得包包老爺哈哈大笑。

就在中秋節那天夜晚，包包老爺手下的書記官夏徽，結識了阿卜西扎帶來的一個妙齡少女，掉進了愛情的漩渦中，不能自拔。

妙齡少女名叫噶雪，性格天真活潑，像一塊未被開鑿的璞玉，將青年軍官夏徽深深地吸引住了。到了隊伍快要開拔的時候，夏徽帶著噶雪闖進了包包老爺的房間，開口即說明來意：「我要帶她走！」

包包老爺不緊不慢地搖頭道：「邊地行軍，你以為是花前月下？」夏徽碰了一鼻子灰，垂頭喪氣地走了。

過了一會，夏徽又請嚮導紮噶幫忙來做說客。經過一路上的交情，包包老爺和嚮導紮噶已成了很要好的朋友，紮噶的話在包包老爺心中頗有份量。紮噶說，正好借這個婚姻，以示雙方聯姻之誠意，古代還有文成公主下嫁西藏王的故事呢！包包老爺一聽這話有理，思忖片刻，遂答應了紮噶的請求。

為了給夏徽舉行那場婚禮，這支隊伍在甲穹多住了十餘天。包包老爺為噶雪準備了一份隆重的嫁妝，有新緞鞋靴、綢夾衫、珊瑚珠寶、紅綠綢緞等。婚禮那天，附近寨子來了上百人，熱鬧非凡。青稞美酒，山珍野味，應有盡有。酒後，歌舞通宵達旦，乃一盛會也。

起程那天，阿卜西扎夫婦率領當地土著百餘人送至且水河邊，包包老爺勸阿卜回去，阿卜把眼睛一瞇，禁不住英雄淚滴落下來。長亭送別，道不盡無限情誼，包包老爺再三勸他們回去，並乘鐙騎馬而奔，隔得老遠的半山上，仍然看見阿卜站在一棵大樹下抹眼淚。

向前行了三十里至妞朵，路漸平坦，為一狹長山谷。烈日當空，氣溫遽然上升，熱得包包老爺一行紛紛脫掉了衣服。再行五十里，到了一個叫宗中的地方，有土著頭目出現，將他們迎至一喇嘛寺廟下榻。

當天酋長來見。這裡的酋長是個女子，名叫降珍宜瑪，年約五十多歲，為人和藹可親，當場送給包包老爺一份厚禮，有虎皮一張，豹皮一張，松雞八隻，胡桃二筐等。

降珍宜瑪說她有三子一女，長子在一次打獵中被老虎吃了，兩個幼子身體有病，酋長的位置將來只能傳給女兒。以前曾聽說清廷前來招撫的事情，但當時兩個幼子臥病在床，實在走不開，懇請寬恕。

包包老爺聽她說得如此誠懇，心裡升起了一絲暖意，將趙爾豐、傅嵩炑正籌備西康建省，將來此地開礦、修路、通電話、辦學校的大好美景講述一番，女酋長如在雲霧之中，也不知聽懂了沒有，只是連連點頭稱是。

第二天，女酋長降珍宜瑪帶著大小頭目十餘人來到喇嘛寺，包包老爺向她詳細詢問當地情況。據降珍宜瑪講，她所管轄的百姓有二百七十多戶，半為放牧。宗中地方屬藏界，但他們目前尚未屬藏，亦未見有藏人到過這裡，如今清廷官員來了，他們均願意投誠大皇上。

包包老爺聽得心花怒放，當場獎賞給女酋長座鐘一架，馬蹄銥一塊，風鏡二副，邊務大臣趙爾豐照片一幀，金絲緞二匹，鹽茶各十斤，藏洋兩百塊等。

招撫宗中地方後，包包老爺一行人繼續前行。

從這裡翻越支拉山，奇峰峭壁，步步登高。上得山來，只見有無毛雕數十成群，體型大如驢。嚮導紮噶告訴包包老爺，這種老雕原來有毛，但其身上的羽毛脫下後便不再生長，久而久之就變成了無毛雕，再也不能飛翔，只能像駝鳥一樣弓著身子在山地上行走。無毛雕雖然體型碩大，但對人並不造成傷害，平時只以魚為食，偶爾也啄食山坡上的蟲子。

包包老爺望著那些無毛雕感歎道：老雕鵬程萬里，晚年尚且不能展翅，鳥且至此，何況人啊！

再往前行是拉噶米斯山，巍峨不群，高入雲漢，夾道崎嶇，森林瀰漫。走著走著，忽見山頂上出現了一塊平原，包包老爺正感到十分奇怪，嚮導紮噶告訴他說，傳說這裡是熊與老虎搏擊的戰場。

傳說熊與老虎在此搏擊，每當老虎廝撲時感到餓了，就躲到一邊去尋食，而笨熊卻在原地發怒，不斷地轉圈兒，碰到有大塊石頭，往往就一頭撞去。等到老虎吃飽了再來撲殺，笨熊依然使盡全身力氣應戰。如此者數日，笨熊的力氣用完了，老虎抓住空隙而撲上，將大笨熊撕咬而食之。

紮噶講著講著聲音忽然停了，只見從一塊大岩石背後衝出了一彪人馬，手持利刀和弓箭，直朝包包老爺面前撲來。跟隨在包包老爺身後的士兵趕緊開槍，那一彪人馬聽見槍聲，停了下來，卻並不知躲避。嚮導紮噶上前與他們對話，溝通了一會終於弄明白，這是一群打獵的游牧民，他們手裡拿著刀箭是為了防止野獸襲擊，並不是要當「夾壩」（搶劫犯）。

包包老爺的一顆心這才落了下來，當時獎賞他們鹽茶各五斤。那群人也還懂得禮節，將包包老爺一行請到他們的帳房裡，以青稞酒、酥油茶招待。一行士兵環繞在包包老爺左右，絲毫也不敢放鬆警惕，一個個忐忑不安，臉上充滿了疑惑的表情。

聰明的紮噶打開了留聲機，放上張唱片，是京劇名家譚鑫培的《四郎探母》，鑼鼓咚咚嗆，西皮慢板悠然而起，只聽留聲機裡唱道：「想起了當年事好不慘然，我好比籠中鳥有翅難展，我好比虎離山受了孤單，我好比南來雁失群飛散，我好比淺水龍困在沙灘……」

剛唱了幾句，帳房裡那群手持刀箭的土著臉色有異，一個個跪在地上，面對留聲機如尊天神，口中唸唸有詞。包包老爺「噗哧」一聲想笑，看見一邊的紮噶正朝他使眼色，便忍住了。只聽紮噶說到，留聲機裡的聲音是觀音菩薩，她正在這塊地方上巡視，如果誰有不軌之舉，觀音菩薩自會嚴懲。

土著們聽而信之，一個個跪在地上磕頭。包包老爺見形勢稍定，乘勢說了此行招撫的任務，土著們半懂不懂，惟知點頭稱是。

下山後，面前出現的是一道河流。這條河名叫右曲河，他們沿著河岸前行，遍地黃花，一路掩映，行六十里至母宿，再行六十里至妥壩。

先前的另一個嚮導朗甲朵傑，早已來到妥壩郊外迎接。朗甲朵傑將包包老爺等人引至他的官寨，其富麗堂皇的模樣讓人驚訝。樓高四層，畫棟雕樑，四周的圍牆用石頭壘成，足有三尺多厚，威嚴無比。朗甲朵傑將包包老爺安排在二樓佛堂旁邊的廂房裡居住，每天進出廂房，包包老爺都會看見面帶微笑的佛像坐立在那裡，有一種親切和慈祥的感覺。

第二天，朗甲朵傑來請包包老爺去泡溫泉。溫泉寬約數十丈，溫度適宜，浴後身心舒爽。包包老爺泡過溫泉後，心情十分愉悅，遂作郊外之遊。勘察妥壩地方形勢，南北朝向為一狹長的山谷，人煙均在半山腰。此地土質鬆軟，產稻、麥、菽、粟、玉蜀黍等，果木有桃、李、杏、楊、柳、槐、榆、松、杉等，茂密遮天，實為富裕豐足的寶地。

次日，包包老爺召集當地土著訓話。據朗甲朵傑說，妥壩原與白馬崗為一個整體，後來因子女分家，各立門戶成為兩個大部落，而遇事仍相互支持，不失兄弟情誼。妥壩部落疆域寬廣，北連波密，東以雅魯藏布江和桑昂曲宗為界，東南連接顏梯龔拉，南以拉葛米絲嶺為界，西連白馬崗。妥壩部落百姓一四七〇戶，大小寺院一九座，願意改土歸流，同為國民，拱衛社稷。

包包老爺聽了朗甲朵傑的一席話，十分高興。當天晚上給趙爾豐寫信，請求給予朗甲朵傑嘉獎。

接下來朗甲朵傑請包包老爺看傀儡戲。地點在滾都寺，係朗甲朵傑之家廟。有金殿一座，上安寶頂，金碧輝煌。傀儡戲形同藏戲，在寺院前邊的一塊空場壩上演出，四周有老柳樹數十棵，使人想起楊柳依依的江南。前來觀看傀儡戲的還有附近的百姓數百人，他們穿著新衣，帶著酒肉，如同節日一般熱鬧。

所演傀儡戲為兩個國王的戰爭，劇中情節委婉舒緩，不僅僅只是一味追求打打殺殺的熱鬧效果，而有豐富深厚的內涵。據朗甲朵傑介紹，劇情為孟獲大戰諸葛亮。孟獲是個活潑有趣的莽夫，七次被諸葛亮擒獲，都被賜酒食送鞍馬放回，後來在觀音菩薩的勸解下，孟獲與諸葛亮二人和好。整場傀儡戲氣氛始終詼諧生動，山谷中充滿了笑聲。

朗甲朵傑贈給包包老爺一匹青驄馬，千里駒也。包包老爺起初推辭不受，惹得朗甲朵傑滿腹怨言，認為不接受禮物是看不起他。包包老爺解釋說，鮮花送美人，良馬贈壯士，這匹千里駒留下，將來送給西征屢創奇功的程老爺，程老爺嗜好良馬，他一定會喜歡的。至於包包老爺，人已經老了，況且也不善騎，不如送我一匹穩當可靠的慢性子馬，如何？朗甲朵傑一聽，這才露出笑容，說道，包包老爺既然這麼說，那事情好辦。說著令身邊的人從馬廄裡牽出一匹棗紅色的馬，朗甲朵傑笑道：這匹馬已經養了三年，只會長膘，不擅疾馳，性情憨厚得近乎愚笨，不過它有宗好處，騎在馬背上平穩安全。

包包老爺聽了哈哈大笑，連聲說了幾個「好」字。

這之後，那匹棗紅馬成了包包老爺胯下的良騎。騎著那匹馬，在山路緩步慢行，穩如牛車，於閃電驚雷之中也不驚詫，包包老爺十分喜愛。他在日記中充滿感情地寫道：

蓋老人行于塞上，覓以穩健之良駒不易得之。之後此馬隨余十餘年，銅骨鐵血以負識途之責，良可慰也。

招撫妥壩部落之後，包包老爺一行就算結束了這次野人山之旅。他們在濛濛細雨中翻越阿公山，又在烈日曝曬下翻越公噶山，然後渡過龔曲江，上岸後再翻過冬拉崗裡嶺，復翻越拉卡山，眼前即是桑昂曲宗縣城。下坡是一條平原大路，斜陽掩映下的樹林花草，猶如神仙織出的錦繡河山圖。

宣統三年六月二十二日（一九一一年八月四日），夏珊一行從桑昂曲宗出發，至當年十月初八（十一月十六日）行程結束，歷時一〇四天，穿行於茫茫野人山，其且歌且行的古典式奇特遊說經歷讓現代人羨慕不已。

關於包包老爺的這段經歷，劉贊廷在《夏珊軼事》中寫道：

夏珊當宣撫時，帶一留聲唱片及鬧鐘手錶等物，沿途以唱片為引介。時風氣未開，土人驟見驚為神物。叩問之，答曰：此天朝天子所差之天神也。問以何事？曰係查爾等是否真心投誠。土人聞之，跪而聽之。即見鬧鐘報點，又問何神？曰天朝巡邏神也，係查爾等地方事宜。隨將手錶相示人民，尤為奇異，問又為何神？曰此為護身佛也。凡爾等暫態之相，向佛必隨時相告。如是人民皆信以為真，不數日間傳遍西南，來投者皆拜於留聲機下。凡頭目聚會，夏以清燉牛肉羊肉款之，無為讚美稱絕，蓋野人向以生啖，驟然食其熟味，猶如天珍。夏乘此招安各部落，規劃設治，至民國二十四年，有妥壩行商至康定購買茶葉，猶問及包包老爺生活近況。

夏珊一生從未顯赫，他為人耿直，是真性情之人。若非在西南野人山擔任宣撫使數月，其生平經歷恐怕也難為人知。

夏珊原是雲南桑昂曲宗縣的知縣，在任期間為政清廉，兩袖清風，曾撰有《怒俅邊隘詳情》等著述，對滇西北民族地區作了大量詳實的記載。光緒三十一年（一九〇五），夏珊在雲南任地方官時曾發生了一場「維西教案」。當地僧俗民眾焚燒茨姑教堂，殺死法國傳教士余伯南、蒲德元等人。教案發生後，夏珊奉命前往處理，將臨陣逃跑的李學詩抓捕斬首，人心稱快。

但是這個李學詩，是雲南總督李經羲的侄子。

因此，包包老爺夏珊從野人山招撫歸來後，李經羲並沒有論功行賞，反而以「浮職濫報，欺上蒙下」為由，將包包老爺撤職查辦。這時候包包老爺已經是年逾五旬的老者，他在官場的沉浮也就此劃上了一個悲哀的句號。

餘音嫋嫋如泣如訴……

當年跟隨趙爾豐征戰川邊時，有一個湖南永綏人叫彭日升，相傳原來是趙身邊的一名廚師，因勇猛善戰，被趙爾豐提拔為右營副哨，攻打泰甯時受傷，送到打箭爐療養。傷勢稍有好轉，正遇到鳳全巴塘遇難，四川提督馬維騏奉命征討，彭日升主動請纓，參加了巴塘戰役。

巴塘之亂平息後，彭日升擢升為正哨（連長），兩年後升幫帶（營長），再兩年後升管帶（團長），移駐察木多。

此時辛亥革命爆發，各省紛紛宣佈獨立，四川、西藏兩地也深受影響。如前所述，川軍進藏引發了西藏社會秩序進一步動盪，達賴趁亂歸國，號召藏人驅逐當地駐軍，尹昌衡率兵西征，終於使得西康局勢漸趨平穩。

一九一三年十月，在英國的壓力下，中國、英國以及西藏地方政權派代表在印度西姆拉召開會議，試圖以和談的方式解決爭端。

西藏方依照英方單方面劃定的麥馬克洪線，堅持以外藏線為康藏邊界，要求將包括德格、甘孜、瞻對以及金沙江以西的江達、鹽井、察木多、門空、察隅等地區都劃歸西藏地方政府直接統治；中國政府則堅持舊制，以江達為界，後讓步為以怒江為外藏界線，以寧靜山為川藏界線，昆侖山以南及三十九族亦歸內藏。而實際上，西征軍已從藏軍手中收復了怒江以東的類烏齊、察木多、巴塘、鹽井等地區，邊軍從西征軍那裡接管了過來。這是英國人和西藏方面所不能接受的事實，因此這場談判進行得漫長而毫無成效。談判歷時八個月，仍未取得任何實質性的結果而以破裂告終，康藏劃界遂成歷史懸案。

其後的幾年，西康這塊土地未出現大的變局，卻不斷有小的動盪。

民國時期掌管川邊特別區域的軍政長官，一般都是由駐軍最高統帥兼任。民國三年（一九一四），從日本留學歸來的湖北軍官張毅就任川邊第一任鎮守使，財政費用通過川邊西康地區自收自支解決。張毅到任後，分舊邊軍為三部，劉瑞麟駐守巴塘，劉贊廷駐守江卡。彭日升駐守察木多，三部分段設防。防止藏軍沿瀾滄江的東進。

在與藏軍的戰役中，彭日升多次立功，被提升為邊軍統領，被北洋政府特別授予陸軍少將銜。民國六年（一九一七），四川軍閥發生混戰，各支軍閥隊伍為爭地盤、搶奪餉源兵源內訌不已，四川軍民損失慘重的成都巷戰，就發生在這一年。

彭日升此時為邊軍統領，也不失時機地參與了軍閥內亂。他派出其侄子彭斗勝率邊軍第五營，赴川邊打箭爐，攻擊川邊鎮守使殷承瓛，致使康區防衛空虛，且失去了川軍的後援，藏軍乘機展開進攻，西康動盪局勢由此而起。

先是西康東部武城（今屬貢覺縣）發生暴亂，鬧事喇嘛聚眾千餘人圍攻理化，在城中大鬧三日，燒毀民國官府衙門，掠去婦女及小喇嘛百餘人。

接下來發生了類烏齊事件，使得戰事進一步擴大。

類烏齊事件的起因，源自於一個小小的糾紛。

有一天，兩名藏兵越界割草，被邊軍炮兵隊長余金海等人活捉，送到察木多交給統領彭日升處置。

彭日升對這件事的處置方法，頗有武夫特色。幾乎未經過任何審訊，彭日升就下令將那兩個越界割草的藏兵押至刑場，施以酷刑。對方派使者送信來要人，彭日升擺出橫蠻無禮的態度，先是不予理睬，一再追問之下，便交出了兩人的首級。

此舉大大激怒了藏人。以此為導火線，藏軍大舉東進，爆發了第二次康藏邊界戰爭。

巴塘縣知事楊煜在當時的一份報告中詳細述說了這場戰事的來龍去脈，不妨看看當時的人們是怎麼說的：

> 去歲有藏番二人越界割馬草，經類烏齊駐防炮隊隊長余全海將其拿獲，不肯退還人槍，致引釁端，逆番大股出巢，攻撲類烏齊，勢甚猖獗。該隊長余全海會同陸軍第一營營長兼恩達縣知事田文卿，督軍抵抗，仍一面求救於昌都。經彭統領委任封雲樹為臨時司令率兵八十名往援，彼眾我寡，勢不相敵，又復求援。統邊軍幫統聶民德率兵往援，在途中敵埋伏，死傷甚重，退回昌都。該營長等見後援兵不至，余隊長又復陣亡，因此退至恩達，與敵相持月餘，糧彈殆盡。該逆番督隊猛攻，我軍餓困，無力抵禦，于本年一月十二

日兵敗退走，此即恩達失陷日期情形也。

該逆佔據恩達，其鋒甚銳，分兵進攻寧靜，該縣駐防為邊軍第六營營長沈飛龍，因察雅軍情吃緊，奉令往援，僅留士兵一排，防守溜洞江隘口，後被該逆攻破，該排全軍覆沒，長驅直入，于三月一日寧靜失陷。該縣知事吳永賡被擒扣留番營，後因劉分統赴敵交涉，始行釋回。此係寧靜失陷日期情形也。

昌都（察木多）戰事，始自二月十六日，經彭統領派撥軍官，督率抵禦，擊退藏番數次，互相殺傷。後因察雅曹營長被擒，逆番奪得該營大炮一尊，架于財神山上猛攻我軍，死亡甚眾。先失獅子山，後失雞心山兩處要隘，我軍無可扼守，屢戰不利。陸軍第一營田營長中彈陣亡，邊軍七營長張良臣兵敗，投河身死，連排長軍官陣亡三十餘員，計兵夫等四百餘人，帶傷回營者，亦有百餘人。……旋又失去後山新卡，逆番佔據形勢近逼昌都，我軍腹背受敵，城中糧雖有餘而彈盡絕，又被逆番圍攻三日，幾有全軍覆沒之勢。彭統領見勢危急，無力挽回，不得已派員赴敵交涉停戰。於四月十七日繳械獻城，此係昌都失陷日期情形也。

關於類烏齊戰事，多種歷史文本均有記載。

朱繡所著《西藏六十年大事記》是這樣記載的：

是年六月，類烏齊炮隊余金海因割草與藏番開釁，遂擒藏兵兩名，解於察木多。邊軍統領彭日升未詢理由，率而斬之。藏人憤甚，自此發生戰事矣。

民國政府外交部政務司編撰的《藏案紀略》，對戰事記載得更詳細：

至民國六年秋，駐紮類烏齊河之藏兵越界割取馬草，被邊軍拿獲解送察木多。統領彭日升訊明管押，藏人寄信交涉，請將所獲藏人交還，由藏官自行辦理。彭統領不審機勢，輒將獲犯斬訖送還首級，以至激怒藏人，遂發大兵，夜襲因達、察木多。

類烏齊戰事之慘烈，讓人不堪回顧。當時藏方剛得到了英國人援助的快槍五千支，子彈五百萬發，如虎添翼，勢不可擋。他們在西康東部和北部勸導煽動，叛亂投誠者不下十萬餘眾。而邊軍一方武器落後，糧餉匱乏，且長期戍守邊地，軍無鬥志。這一場實力懸殊的戰事，從一開始就註定了邊軍將會以失敗而告終。

一九一八年一月初，藏軍攻陷類烏齊，邊軍一營營長田文卿敗走察木多；歸附民國的類齊烏寺大呼圖克圖（「呼圖克圖」為蒙古語，大意是長壽的活佛）被俘，押解至拉薩，後被毒藥毒死於獄中；二呼圖克圖驚悸而死；三呼圖克圖諾那率殘部僧侶七百餘人逃往察木多。

一月二十二日，邊軍第三營張開勝部、第十營曹樹範部奉命從歐月、煙袋塘兩地出擊，接連戰敗，張部退守察木多，曹部退守察雅。藏軍乘勝反擊，攻陷察雅，曹營繳械投降。

此次戰事中有幾段小插曲，值得一述。

當藏軍進攻類烏齊時，彭日升曾派出幫統聶民德前往援助，聶民德率兵行至途中，遭遇埋伏，死傷慘重，退回察木多。

彭日升對聶民德大為不滿。彭認為，聶民德中埋伏是藉口，實際上是臨陣畏敵逃亡。因為在此之前，聶民德曾勸說彭日升放棄察木多，棄城逃走，扼金沙江以東而固守。彭日升當時將聶民德痛罵了一頓，並派遣聶親自率兵去援助類烏齊。聶民德慘敗後，被彭日升所懷疑，押往刑場執行了槍決。

另一段小插曲是藏軍即將攻破察木多前，彭日升致函對方指揮官噶倫降巴登達，提出停戰議和。藏軍回函稱，邊軍除了繳械投降外，別無出路。四月一六日，彭日升在察木多召開軍事會議，討論繳械議和方案。會議期間，有部分主戰派軍官表示寧死不屈，發誓要與敵人決一死戰，被彭日升含淚勸阻。當天下午，主戰派代表人物張南山（七營營長、察木多知事）抱著一挺機槍投河而死，不願投降的邊軍官兵三百餘人紛紛跳入河中，追隨張南山而去。彭日升聞訊後趕到河邊，波濤洶湧的河面上官兵們在嚎叫、撲騰、掙扎和沉浮，看著那些慘烈的場面，彭日升心如刀絞。

彭日升本人的結局也十分慘烈。察木多城破後，彭日升欲吞金自殺，被家人發覺而未能成功。藏軍入城後，彭日升靜坐官府中等候被俘。後押解至拉薩，死於獄中，被人稱作「民國蘇武」。

據賀覺非《西康紀事詩本事注》云，彭日升所娶的妻子名叫四郎竹瑪，川邊鹽井村人。彭死後其到被擄獲，強令改嫁。彭日升與四郎竹瑪有一子，察木多攻陷後亦被押解至拉薩，後不知所終。

賀覺非有一詩記彭日升之忠魂長埋異域：

遠塞兵單鏖戰時，昌都不復漢旌旗。
歸俘望斷成仁後，妻子飄零世莫知。

結局慘烈的不僅僅是邊軍統帥彭日升。藏軍攻陷察木多後，燒殺擄掠，十室九空，將受降邊軍將士分批押解至拉薩，不准回打箭爐。四月下旬，邊軍一營營長、同普知事蔣國霖繳械投降。五月四日，藏軍清查察木多戶口以及受傷邊軍人員，凡歸附民國之藏人，一律處以酷刑，計刖足者三十三人（「刖」為西藏酷刑之一種，直白點說就是砍斷腳的意思），劓鼻者四十餘人（「劓」也為西藏酷刑之一種，即用刀割掉鼻子）。時避難於察木多的三十九族土官次日旺甲，亦以投降民國罪被處刖刑，同時受刖刑的還有其族數十人。

當藏軍圍攻察木多進入最危急的時刻，邊軍統帥彭日升曾寫信給川邊鎮守使陳遐齡，請求火速給予兵力援助。當時陳遐齡正忙著參與四川軍閥混戰，未能及時派兵救援，此一行徑常常為世人所詬病。

當時的邊軍分統劉贊廷在其著述的《邊藏芻言》中這樣說道：

> 彭統不顧後援實力，徒知勇往直前，開戰數月，士卒枵腹，鎮守使陳遐齡不惟無斗米寸械之接濟，一兵一卒之應援，反抽調甘孜、德格、同普各戰線之軍，入關作戰。不能外禦其侮，專事鬩牆之爭，喪心病狂，莫此為甚！

劉贊廷是當時戰事的直接參與者，他與邊軍將士同心奮戰，傾注了滿腔心血和熱情，對上司彭日升也充滿了敬意，難有持平之論，這不難理解。

事實上有相關史料證明，當時的川邊鎮守使陳遐齡並非未派一兵一卒支援，而是派出了距離察木多最近的蔣國霖營前往援助。只是蔣率兵行至中途，遭遇伏擊，不戰自敗，蔣國霖私吞軍餉潛逃。這也不能完全怪罪於陳遐齡。

陳遐齡與彭日升的怨隙由來已久，當初彭日升派侄子彭

陳遐齡（1873-1950），字立鶴，湖南溆浦人，原是清末武秀才，後東渡日本留學，日本教官聞其名，要與他比武。陳起初委婉拒絕，日本教官以言語刺激，陳大怒，比武時腳踢日本教官致死，因此勒令退學，歸國後在四川任官，在川邊鎮守使張毅手下任團長。張毅去職後，陳遐齡被任命為川邊鎮守使，加福威將軍銜。

斗勝攻打爐城，彭陳雙方就直接交過火，陳遐齡對彭日升的武斷跋扈也經常頗有微詞。藏軍進攻察木多時陳拒絕援助彭部，多少也潛藏了報復的意思。

只是，陳遐齡對戰爭的殘酷性還是估計不足。藏軍佔領察木多後乘勝進攻，很快整個西康地區基本陷落其手。此時陳遐齡似乎才猛醒，他先後派人給達賴喇嘛送信，勸其休兵息戰。但為時已晚，藏軍士氣正盛，就像一輛快速行進中的列車，一時怎麼也刹不住車了。

一九一八年八月，陳遐齡再次派人赴拉薩交涉，英國鑒於藏軍進攻受阻，加上兵力不足，擔心川軍增調兵力反攻，已占地區仍有喪失的危險，遂令駐川邊副領事台克滿出面調解，由英、川、藏三方代表談判議和。

至此，第二次康藏邊界戰爭宣告結束。

彭日升率邊軍駐紮類烏齊時，各大寺廟喇嘛紛紛表態支持邊軍。當時該地區榮共寺、夏仲寺等寺廟還派代表宣誓，要與邊軍榮辱與共，抵禦藏軍。

然而當藏軍發動攻擊時，只有榮共寺仍堅守諾言，為邊軍供應軍餉糧草，夏仲寺喇嘛則違背了諾言，暗中投奔拉薩，並告發了榮共寺，造成了兩大寺廟在政治上的分裂。

榮共寺的代表人物，就是西康後來歷史上赫赫有名的諾那活佛。

早在藏軍攻打類烏齊前，諾那活佛就曾帶一僕人赴拉薩，試圖通過談判的方式解決爭端。然而西藏方面卻將他扣押起來，關進牢獄。諾那用錢收買了一名獄卒，在獄卒的幫助下逃脫出來，他回到了類烏齊。

彭日升對諾那十分敬重，曾許諾要委任他擔任察木多寺廟總管。因此，諾那對彭日升及其邊軍始終是全力支持。諾那曾帶領由他組建的一支軍隊，配合邊軍作戰，打敗了藏軍的多次進攻，並打死代本（相當於團長）兩名。

一九一八年一月初，類烏齊失守，諾那活佛和他的弟弟達拉夫婦跟隨邊軍潰敗部隊逃往察木多。同年四月底，彭日升部向藏軍繳械投降，諾那等人也被俘虜，並被押解到拉薩，關進了地下土牢。

土牢設在拉薩郊外，四面是大山，中間有一塊凹地，土牢就在凹地上挖掘而成，深約五尺，寬僅五六尺，像一口古井。每天，從井上邊用吊籃放下定量的食物和水，供給諾那活佛食用。據說，在多次勸降失敗後，西藏方面想用毒物害死他，曾三次將毒藥放入吊籃的食物裡，可是每次都被諾那神奇地化解了。在傳說中，諾那活佛有破解毒藥的法力，每次都能在黑暗的土牢裡死而復生。

諾那活佛在土牢裡囚禁了六年，這六年中他每天都用

諾那活佛（諾那呼圖克圖，又名格熱・索朗列旦，1864-1936），西康金塘人氏，七歲被迎入寺廟，修學顯法和密法。他的師父是貝雅嘉瓦，精通五部密法，神通廣大。貝雅嘉瓦弟子甚多，即身成佛的也大有人在，據說其中有一個弟子活了一百三十六歲，死的時候縮身僅一尺多，看到的人們歎為觀止。諾那活佛拜貝雅嘉瓦為師，得其秘傳，顯教、密法無不通曉。

手指去挖土牢底層的泥土，天長日久，挖成了一條幽長的地道。民國十二年（一九二三）農曆九月十三日，諾那活佛終於從土牢裡逃了出來，他見到了滿天閃爍的繁星，終於獲得了自由。

此時的諾那活佛，衣衫襤褸，蓬頭垢面，頭髮長得披到了肩膀上。當他第一次遇到以前熟悉的一個喇嘛時，喇嘛以為是見到了鬼魂。諾那活佛講述了他的遭遇，喇嘛才敢與之相認，兩人抱頭痛哭，徹夜長談，後來結伴一起去了印度。

諾那從土牢中逃脫出來，身無分文，沿途靠幫人行醫為業，救治了不少印度病人。當時有個印度王子的女兒，被病魔纏身，請了許多醫生和巫師來治，都沒有辦法。諾那為他運氣念咒，三天後她的病竟神奇地好了。印度王子為感謝諾那的救命之恩，自願建寺供養。這個故事成為了一段美談。

一九二四年，諾那活佛到了北平，拜見當時執政的北洋政府總理段祺瑞，段氏見了他十分驚異。在傳說中，諾那活佛已經死了，竟能死而復生，並且當場還表演了密法，這使得段祺瑞如獲至寶。黃沙布地，迎請傳法，並答應幫助諾那活佛重回西康，收復失地。只是因為當時政局突變，未能實現。諾那活佛於是趁這個機會，前往五臺山朝拜文殊菩薩，禮拜金剛洞。

一九二六年底，諾那應四川王劉湘邀請，前往重慶。諾那在重慶三年，軍政學商各界對他尊敬有加，皈依弟子有近萬人之多。一九二八年，南京政府成立，劉湘將諾那送往南京。到達南京後，諾那起初從事宗教活動和行醫。之後，他先後在北京、天津、上海、杭州、廣州、南昌、武漢、長沙等處傳法講經，禳災祈禱。

在內地遊歷的諾那活佛，心中始終牽掛著西康那塊神奇的土地。他曾在南京創辦《新西康》雜誌，介紹和研究西康政治、宗教、民族、經濟、教育、文化等領域的問題。並主動請纓，要回西康去協助調解達賴與班禪之間的矛盾。

一九三四年十二月，南京國民政府發文組建「西康建省委員會」，任命劉文輝為委員長，諾那活佛與劉家駒、向傳義等為委員。

可以這麼說，在西康近代史上，到處都活躍著諾那活佛的身影。他還曾參與調解了「大白事件」（即第三次康藏糾紛，涉及面極廣，時間長達一〇年之久），也曾與長征到達西康的紅軍部隊有著深厚的感情。

一九三六年五月諾那活佛身患重病，臨終之際，當時紅軍醫生要為他打針，諾那活佛推辭說：「我是將死之人，用去這些珍貴針藥可惜了，留下來用在紅軍戰士身上吧！」五月十二日晚上，諾那病情忽然轉重，搶救無效而圓寂，終年七十三歲。

諾那活佛就這樣去了，但西康的故事還在繼續……

徵引文獻

《清末川滇邊務檔案史料》（上中下冊），中華書局，一九八九年一版。
《康區藏族社會珍稀資料輯要》（上下冊），趙心愚、秦和平、王川編，巴蜀書社，二〇〇六年一版。
《清季民國康區藏族文獻輯要》（上下冊），秦和不，趙心愚編，四川民族出版社，二〇〇三年一版。
《康藏史地大綱》，任乃強著，西藏古籍出版社，二〇〇〇年。
《西康圖經》，任乃強著，西藏古籍出版社，二〇〇〇年。
《西康札記》，任乃強著，中國藏學出版社，二〇一〇年。
《西康疆域溯古錄》，胡吉廬著，上海商務印書館，一九二五年。
《西康之實況》，翁之藏著，上海民智書局，一九三〇年。
《西康問題》，陳重來著，中華書局，一九三〇年。
《西康》，梅心如著，正中書局，一九三四年。
《民國川邊輯覽》，重慶新民印書館，一九三五年。
《西康貴族調查報告》，莊學本著，西康省政府印行，一九四一年。
《趙爾豐川邊奏牘》，吳豐培編，四川民族出版社，一九八四年。
《川藏遊蹤彙編》，吳豐培輯，四川民族出版社，一九八五年。
《清代藏事輯要》，吳其勤原稿，吳豐培增輯，西藏人民出版社，一九八三年。
《清代藏事輯要續編》，西藏人民出版社，陳家璡主編，一九八四年。
《近代康區檔案資料選編》，四川大學出版社，一九九〇年。

《清代駐藏大臣傳略》，吳豐培編著，西藏人民出版社，一九八八年。
《清末民國川藏關係研究》，吳彥勤著，雲南人民出版社，二〇〇七年。
《籌瞻奏稿》，鹿傳霖著，全國圖書館文獻微縮複製中心，一九九二年。
《錫良遺稿》，錫良著，中華書局，一九五九年。
《定瞻廳志略》，張繼著，中國民族學院圖書館編，一九七八年。
《西康建省記》，傅嵩炑著，中國藏學出版社，一九八八年。
《西康紀要》，楊仲華著，商務印書館，一九三七年。
《西康綜覽》，李亦人著，中正書局，一九四一年。
《西康地區近代社會研究》，王川著，人民出版社，二〇〇九年。
《西藏六十年大事記》，朱繡輯，一九二五年鉛印本。
《艽野塵夢》，陳渠珍著，西藏人民出版社，二〇〇九年第二版。
《泣血緝存》（上下冊），羅春馭輯，全國圖書館文獻微縮複製中心，一九九一年。
《鍾穎疑案》（上下冊），陳家璡編，全國圖書館文獻微縮複製中心，一九九二年。
《西藏地方誌資料集成》（第二輯），劉贊廷編纂，中國藏學出版社，一九九七年。
《喇嘛王國的覆滅》，〔美〕戈爾斯坦著，陳永彬譯，中國藏學出版社，二〇〇五年。
《達賴喇嘛傳》，牙含章著，華文出版社，二〇〇一年。
《雪域求法記》，邢肅芝口述，張健飛、楊念群筆錄，三聯書店，二〇〇三年。
《孔貝康藏見聞錄》，〔英〕孔貝著，鄧小詠譯，中國社會科學出版社，二〇〇二年。
《中英西藏交涉與川藏邊情》，馮明珠著，中國藏學出版社，二〇〇七年。
《邊藏風土記》，查騫著，中國藏學出版社，一九九一年。
《民國藏事通鑒》，郭卿友編著，中國藏學出版社，二〇〇八年。

《中國藏族部落》，陳慶英著，中國藏學學出版社，二〇〇四年。
《康藏大事紀年》，張雲俠編，重慶出版社，一九八六年。
《聯豫駐藏奏稿》，吳豐培主編，西藏人民出版社，一九七九年。
《蜀海叢談》，周詢著，巴蜀書社，一九八五年。
《尹昌衡西征史料彙編》，任新建、何潔主編，四川大學出版社，二〇一〇年。
《清末川邊藏區改土歸流考》，馬菁林著，巴蜀書社，二〇〇四年。
《四川土司史話》，安山著，巴蜀書社，二〇一〇年。
《西康史拾遺》（上下冊），馮有志編著，甘孜藏族自治州文史資料委員會編印，一九九三年。
《民元藏事電稿·藏亂始末見聞記四種》，西藏人民出版社，一九八三年。
《西康紀事詩本事注》，賀覺非著，西藏人民出版社，一九八八年。
《劉贊廷藏稿》（油印本），劉贊廷著，重慶民族文化宮刊刻，一九六二年。
《光緒打箭廳志》，劉廷恕著，巴蜀書社，一九九二年。
《甘孜藏族自治州文史資料》（一至十二輯），甘孜藏族自治州政協文史委員會編印。
《甘孜藏族自治州史話》，格勒著，四川民族出版社，一九八四年。
《康酋溯源》（手抄本），朱祖明輯。
《鹽井天主教史略》，保羅著，載《西藏研究》二〇〇〇年第三期。

血歷史46　PC0379

新銳文創
INDEPENDENT & UNIQUE

消失的西康

作　　者	張永久
主　　編	蔡登山
責任編輯	鄭伊庭
圖文排版	姚宜婷
封面設計	陳佩蓉

出版策劃	新銳文創
發 行 人	宋政坤
法律顧問	毛國樑　律師
製作發行	秀威資訊科技股份有限公司 114 台北市內湖區瑞光路76巷65號1樓 電話：+886-2-2796-3638　傳真：+886-2-2796-1377 服務信箱：service@showwe.com.tw http://www.showwe.com.tw
郵政劃撥	19563868　戶名：秀威資訊科技股份有限公司
展售門市	國家書店【松江門市】 104 台北市中山區松江路209號1樓 電話：+886-2-2518-0207　傳真：+886-2-2518-0778
網路訂購	秀威網路書店：http://www.bodbooks.com.tw 國家網路書店：http://www.govbooks.com.tw

出版日期	2014年4月　BOD一版
定　　價	450元

國家圖書館出版品預行編目

消失的西康 / 張永久著. -- 一版. -- 臺北市 :
新銳文創, 2014.04
面 ;　公分
BOD版
ISBN 978-986-5716-08-0 (平裝)

1. 歷史 2. 西康省

627.82　　103004954

讀者回函卡

感謝您購買本書，為提升服務品質，請填妥以下資料，將讀者回函卡直接寄回或傳真本公司，收到您的寶貴意見後，我們會收藏記錄及檢討，謝謝！

如您需要了解本公司最新出版書目、購書優惠或企劃活動，歡迎您上網查詢或下載相關資料：http:// www.showwe.com.tw

您購買的書名：____________________________

出生日期：______年______月______日

學歷：□高中(含)以下　□大專　□研究所(含)以上

職業：□製造業　□金融業　□資訊業　□軍警　□傳播業　□自由業

□服務業　□公務員　□教職　□學生　□家管　□其它____

購書地點：□網路書店　□實體書店　□書展　□郵購　□贈閱　□其他

您從何得知本書的消息？

□網路書店　□實體書店　□網路搜尋　□電子報　□書訊　□雜誌

□傳播媒體　□親友推薦　□網站推薦　□部落格　□其他______

您對本書的評價：(請填代號　1.非常滿意　2.滿意　3.尚可　4.再改進)

封面設計____　版面編排____　內容____　文／譯筆____　價格____

讀完書後您覺得：

□很有收穫　□有收穫　□收穫不多　□沒收穫

對我們的建議：____________________________

請貼
郵票

11466
台北市內湖區瑞光路 76 巷 65 號 1 樓
秀威資訊科技股份有限公司 收
BOD 數位出版事業部

（請沿線對折寄回，謝謝！）

姓　　名：＿＿＿＿＿＿＿＿＿＿　年齡：＿＿＿＿　性別：□女　□男

郵遞區號：□□□□□

地　　址：＿＿＿＿＿＿＿＿＿＿＿＿＿＿＿＿＿＿＿＿

聯絡電話：(日)＿＿＿＿＿＿＿＿＿＿(夜)＿＿＿＿＿＿＿＿＿＿

E-mail：＿＿＿＿＿＿＿＿＿＿＿＿＿＿＿＿＿＿＿＿